大村 華子

日本のマクロ政体
―現代日本における政治代表の動態分析―

The Japanese Macro Polity:
An Analysis of Dynamic Representation in Japan

木鐸社

目 次

表一覧 …………………………………………………………………………… 7
図一覧 …………………………………………………………………………… 9

第Ⅰ部　本書の枠組みの提示―「日本のマクロ政体」

第1章　序論―本書の課題と概念の定義……………………………………13
1.1　日本政治研究と選挙制度への注目 ………………………………………16
1.2　「日本のマクロ政体」………………………………………………………19
1.3　定義―代議制民主主義と政治代表 ………………………………………22
1.4　本書の構成 …………………………………………………………………25

第2章　「日本のマクロ政体」とは―本書の分析枠組み …………………29
2.1　日本政治研究における制度への注目と3つの研究の傾向 ……………29
　2.1.1　選挙制度への注目とミクロ次元の分析視点　(29)
　2.1.2　中選挙区制下の政治の非民主的側面　(32)
　2.1.3　自民党と政府を同一に扱うということ　(35)
2.2　本書の枠組み ………………………………………………………………39
　2.2.1　3つの傾向と本書の枠組みの基盤　(39)
　2.2.2　本書の枠組み―「日本のマクロ政体」モデル　(40)

第Ⅱ部　世論と政府の関係

第3章　世論と政府の関係についての先行研究……………………………47
3.1　アメリカ政治をめぐるマクロ政治分析の始動 …………………………47
3.2　「動態的代表」論文 ………………………………………………………50
3.3　関連の日本政治研究―内閣支持率分析 …………………………………52
　3.3.1　支持率データとマクロ党派性研究　(52)
　3.3.2　内閣支持率と政策選択の関係　(53)

第4章　戦後日本政治における政策ムード…………………………………57
4.1　日本にも政策ムードは存在したのか ……………………………………57
　4.1.1　アメリカにおける政策ムード―スティムソンによる指標化　(58)

4.1.2　政策ムード指標の応用に際して──どの世論データを用いるのか　(59)
　4.2　日本における政策ムード …………………………………………………61
　4.3　まとめ ……………………………………………………………………66

第5章　政策ムードの規定要因の分析──経済状態と政策ムード …………67
　5.1　何が政策ムードを動かすのか …………………………………………67
　　5.1.1　経済状態と経済評価のムードに対する影響　(68)
　　5.1.2　ブラント＝フリーマン・モデルからの発展　(71)
　5.2　経済状態に対する2種類の評価基準 …………………………………72
　5.3　独立変数に何を含めるか ………………………………………………74
　5.4　実証分析 …………………………………………………………………79
　　5.4.1　推定法──客観的状況の外生性と主観的認知の内生性　(79)
　　5.4.2　RF-VARモデルとSVARモデルの分析結果　(82)
　　5.4.3　ARMAモデルによる分析　(87)
　5.5　まとめ ……………………………………………………………………88

第6章　戦後日本政治における動態的代表
　　　　──政策は世論に規定されてきたのか ………………………………91
　6.1　政策選択を何によって測るのか ………………………………………91
　6.2　変数の設定 ………………………………………………………………93
　　6.2.1　従属変数──「補償」と「再分配」　(93)
　　6.2.2　制御変数　(101)
　6.3　政策ムードと政策選択 …………………………………………………104
　　6.3.1　推定法　(104)
　　6.3.2　分析結果　(105)
　6.4　まとめ ……………………………………………………………………112

第7章　個別政策分野の世論と政策選択の関係 ………………………………115
　7.1　個別の政策分野における世論の反応──立法と政府支出への注目 ……115
　7.2　設定──データセットと各変数の説明 ………………………………116
　7.3　政策分野ごとの分析結果 ………………………………………………119
　　7.3.1　社会保障　(119)
　　7.3.2　教育　(124)

7.3.3　農林水産　(128)
　7.4　まとめ ………………………………………………………………133

第Ⅲ部　世論と政党の関係

第8章　世論と政党の関係についての先行研究 …………………137
　8.1　アメリカ政治学におけるマクロ政治分析の問題点 …………137
　8.2　代表制研究の現在―その動向と課題 ……………………………139
　　8.2.1　近年の研究の特徴と問い　(139)
　　8.2.2　空間競争理論とその実証　(140)
　　8.2.3　第一の研究群―政党の公約は何によって決まるのか　(142)
　　8.2.4　第二の研究群―世論に迎合する政党は選挙に強かったのか　(145)
　8.3　日本における政党の政策に関する研究 …………………………148
　8.4　代表制研究の残された課題と日本政治研究の可能性 …………150

第9章　政党の政策に対する有権者の注目 ………………………155
　9.1　有権者は政策に注目していたのか―マクロ次元の分析の必要性 ……155
　9.2　分析の設定 …………………………………………………………158
　　9.2.1　データ　(158)
　　9.2.2　独立変数と従属変数　(161)
　9.3　推定法 ………………………………………………………………166
　9.4　分析結果 ……………………………………………………………168
　　9.4.1　切片にのみ変量効果を含むモデル　(168)
　　9.4.2　各変数の傾きにも変量効果を加えたモデル　(169)
　　9.4.3　与野党の差異の交差項を固定効果に含んだモデル　(170)
　9.5　まとめ ………………………………………………………………173

第10章　政党のコミットメントと世論
　　　　　―政党の公約は世論に規定されてきたのか ………………175
　10.1　世論は政党の政策を規定してきたのか …………………………175
　10.2　分析 …………………………………………………………………177
　　10.2.1　設定―データセットと各変数の説明　(177)
　　10.2.2　分析結果　(179)

10.3　世論に応答する政党は選挙に強かったのか ………………………183
10.4　分析 ……………………………………………………………………185
　　10.4.1　設定―交差項を含む独立変数の構成　(185)
　　10.4.2　分析結果と議論　(186)
10.5　まとめ …………………………………………………………………192

第Ⅳ部　結語

第11章　結論と含意―「日本のマクロ政体」の実相 ………………………195
11.1　本書の知見の要約 ……………………………………………………196
11.2　日本におけるマクロ政体とは ………………………………………198
　　11.2.1　「日本のマクロ政体」の特徴―「弱者救済を重視する民主主義」
　　　　　　(198)
　　11.2.2　「日本のマクロ政体」という議論の限界，そしてなお強調しうる意義
　　　　　　(200)
　　11.2.3　「日本のマクロ政体」の変化　(203)
11.3　今後の展望と課題 ……………………………………………………204

付録

付録A：各章の実証分析における分析単位の一覧 ……………………………211
付録B：RF-VARモデルとSVARモデルについて …………………………212
付録C：RF-VARモデルとSVARモデルの分析結果一覧 …………………216
付録D：パネル・データ分析に際しての推定モデル ………………………226
付録E：CMPデータについて ………………………………………………232
付録F：第10章各節の推定法について ……………………………………234

参考文献 ………………………………………………………………………235
　日本語文献 …………………………………………………………………235
　英語文献 ……………………………………………………………………238
あとがき ………………………………………………………………………248
abstract ………………………………………………………………………253
索引 ……………………………………………………………………………266

表一覧

- 表3.1 世論と政策の関係に注目した日本政治に関するマクロ分析 ……………55
- 表4.1 各政策分野変数の記述統計 ……………………………………61
- 表4.2 ２種類の政策ムード ……………………………………………62
- 表5.1 先行研究の整理 …………………………………………………71
- 表5.2 経済変数の分類 …………………………………………………74
- 表5.3 従属変数と独立変数の記述統計 ……………………………………79
- 表5.4 成長好感ムードをめぐるSVAR推定に際しての内生変数と外生変数の設定と識別制約，係数の符号条件 ……………………………………81
- 表5.5 弱者救済ムードをめぐるSVAR推定に際しての内生変数と外生変数の設定と識別制約，係数の符号条件 ……………………………………81
- 表5.6 成長好感ムードに関するIRFグラフをもとにした分析結果 …………83
- 表5.7 RF-VARとSVARモデルのIRFグラフをもとにした分析結果の総合 …83
- 表5.8 政策ムードに関する経済的変数と政治変化に関するARMAモデル推定 ……………………………………………………………87
- 表6.1 従属変数の記述統計 ……………………………………………101
- 表6.2 各従属変数に対するムードの効果の符号条件 ………………………101
- 表6.3 独立変数の記述統計 ……………………………………………103
- 表6.4 成長好感ムードと政策選択の関係をめぐるARMA推定 ……………110
- 表6.5 弱者救済ムードと政策選択の関係をめぐるARMA推定 ……………111
- 表7.1 各推定における独立変数と従属変数の記述統計 ……………………118
- 表7.2 社会保障支出と世論の関係に関するARMA推定とOLS推定結果 ……121
- 表7.3 社会保障関連立法と世論の関係についてのプレイス＝ウィンステン法による推定 …………………………………………………………122
- 表7.4 教育関連支出と世論の関係に関するARMAモデル推定結果 …………125
- 表7.5 教育関連立法と世論に関するプレイス＝ウィンステン法による推定 …………………………………………………………………127
- 表7.6 農業関連支出と世論の関係に関するOLS推定とARMAモデル推定結果 ……………………………………………………………129
- 表7.7 農業関連立法と世論に関するPW法推定結果 ………………………130
- 表9.1 政党ごとの外交・安全保障政策に関する記述統計 …………………163

表9.2	政党ごとの「小さな政府（myrl2）」変数に関する記述統計	164
表9.3	従属変数・独立変数の記述統計	165
表9.4	切片のみに変量効果を含むMEモデルの推定結果	168
表9.5	全変数の傾きにも変量効果を含むMEモデルの推定結果	170
表9.6	全変数の傾きに変量効果を含み，与野党別の交差項も付加したMEモデルの推定結果	172
表10.1	政党の違いに伴う異なる政策的応答性の予測	178
表10.2	独立変数の記述統計	179
表10.3	世論と世論変化による政策の規定についての実行可能な一般化最小二乗法推定	180
表10.4	与野党の違いによる世論に対する応答性の分析	181
表10.5	主流政党とすき間政党の世論に対する応答性に関する分析	183
表10.6	世論のもとでの政党の得票率に対する公約の説明力に関する分析	186
表A.1	各章の実証分析の分析単位	211
表C.1	成長好感ムードに関する6変数間RF-VARモデル	218
表C.2	弱者救済ムードに関する6変数間RF-VARモデル	219
表C.3	成長好感ムードに関する客観的変数を外生化したVARモデル	220
表C.4	弱者救済ムードに関する客観的変数を外生化したVARモデル	221
表C.5	成長好感ムードに関する6変数間SVARモデル	222
表C.6	弱者救済ムードに関する6変数間SVARモデル	223
表C.7	成長好感ムードに関する客観的変数外生化SVARモデル	224
表C.8	弱者救済ムードに関する客観的変数外生化SVARモデル	225
表D.1	上位階層（与野党の違い）の交差項を含まないMEモデルの推定結果	229
表D.2	上位階層（与野党の違い）の交差項を含むMEモデルの推定結果	230
表E.1	内閣改造の変化，および改造に伴う政策データの分解に関する一覧表	233

図一覧

図2.1 マニンらによる政策過程の整理 …………………………………………37
図2.2 本書の実証課題についての概略図 ……………………………………41
図3.1 『マクロ政体』におけるマクロ政治システムのグランド・モデル ……51
図4.1 各政策分野についての世論の時系列的変動 …………………………61
図4.2 スティムソンの手順に基づいて導いた2つの政策ムードの変動 ………63
図4.3 成長好感ムードとGDP成長率の推移 …………………………………63
図4.4 弱者救済ムードとGDP成長率の推移 …………………………………64
図6.1 成長好感ムードと「補償」変数間の関係 ………………………………97
図6.2 弱者救済ムードと「補償」変数間の関係 ………………………………98
図6.3 2種類のムードと租税負担率間の関係 ………………………………100
図6.4 2種類のムードと社会保障支出間の関係 ……………………………100
図6.5 成長好感ムードと「補償」変数間のIRFグラフ ………………………106
図6.6 弱者救済ムードと「補償」変数間のIRFグラフ ………………………107
図6.7 成長好感ムードと再分配変数間のIRFグラフ ………………………107
図6.8 弱者救済ムードと再分配変数間のIRFグラフ ………………………108
図7.1 社会保障政策に関する世論と社会保障支出の推移 …………………120
図7.2 社会保障政策に関する世論と社会保障関連立法の推移 ……………123
図7.3 教育政策に関する世論と教育政策関連支出の推移 …………………126
図7.4 教育政策に関する世論と教育政策関連立法の推移 …………………127
図7.5 農林水産政策に関する世論と農林水産関連支出の推移 ……………129
図7.6 農林水産政策に関する世論と農林水産関連立法の推移 ……………131
図10.1 経済世論の変動に伴う経済政策の得票率に対する説明力の推移 ……187
図10.2 外交世論の変動に伴う現実主義的対外政策の得票率に対する
　　　　説明力の推移 …………………………………………………………189
図10.3 外交世論の変動に伴う非武装中立的対外政策の得票率に対する
　　　　説明力の推移 …………………………………………………………189
図10.4 外交に関する世論と政党の対外政策 …………………………………190
図11.1 「日本のマクロ政体」モデル―本書の分析結果のまとめ ……………196

図C.1　成長好感ムードに関する6変数間RF-VARモデルのIRF関数 ········218
図C.2　弱者救済ムードに関する6変数間RF-VARモデルのIRF関数 ········219
図C.3　成長好感ムードに関する3変数間VARモデルのIRF関数 ···········220
図C.4　弱者救済ムードに関する3変数間VARモデルのIRF関数 ···········221
図C.5　成長好感ムードに関する6変数間SVARモデルのIRF関数 ··········222
図C.6　弱者救済ムードに関する6変数間SVARモデルのIRF関数 ··········223
図C.7　成長好感ムードに関する3変数間SVARモデルのIRF関数 ··········224
図C.8　弱者救済ムードに関する3変数間SVARモデルのIRF関数 ··········225

第Ⅰ部
本書の枠組みの提示—「日本のマクロ政体」

第1章　序論
─本書の課題と概念の定義

　戦後の日本政治において，民主主義は機能してきたのだろうか。そして，選ばれた政治家と国民の間にどのような関係が成立していれば，日本政治においても政治代表（political representation）が認められたと言えるのだろうか。

　こうした問いかけは，日本に限らない多くの民主主義国に共通のものであった。そして，この問題に規範的に答えようとする政治理論の研究は，18世紀から現在に至る長い伝統を持つ（Urbinati and Warren 2008; Ankersmit 2002: Chapter 1; Pitkin 1967）。一方で，政治代表が民主主義国において，どのように働いているのかを経験的に確かめようとする試みは，1960年代以降，アメリカ政治学を中心として始まった[1]。これは，当時の政治行動論（political behavior）の隆盛と軌を一にしてのものである。これらの研究においては，市民と政府は何によってつながっているのか，どのような制度のもとで代表制はよりよく機能するのか，政治代表は民主主義国において充分に認められるものかといった問題が実証的に分析された[2]。

---

(1)　政治代表をめぐる実証研究の系譜をまとめた代表的なものに，G・ビンガム・パウエルのリヴューがある（Powell 2004）。邦語では，たとえば拙稿がある（大村 2011）。また，それぞれの研究群に含まれる個別の分析の詳細については，パウエルによるものや拙稿の一部（2011：26-28）を参照していただきたい。

(2)　本書が依拠する「政治代表」とは，バーナード・マニンらの言う「選挙的代表（electoral representation）」を念頭に置いていることをあらかじめ断っておきたい（Manin et al. 1999）。それは選挙時に，有権者が自分たちの代表を選

これらの問いを扱う政治代表の実証研究は，大きく2つの系譜に分けることができる。第一は，「政治代表における制度への注目」にもとづくものである[3]。第二は，「政治代表における政策への注目」を図ろうとするものである[4]。両者は，それぞれ有権者と政党，あるいは有権者と政府を，選挙時に結節する「制度」と「政策」という2つの回路に呼応していた。

　政治代表の実証分析が始められた当初は，「制度への注目」が中心となった。従って，「政治代表における制度への注目」を基盤とする研究の系譜は，1960年代にまでさかのぼる。その中では，制度それ自体の検討に加えて，特定の制度のもとで議員や有権者がいかに行動するのかが問われた。ゆえに，ここで扱われた研究の多くにおいて，分析の単位は主に「ある時点（one-shot）」における「個」であり，分析の視点はミクロ次元のものに特徴づけられていた。そして，「政治代表における制度への注目」を民主主義の概念に即して分類すると，その手続き的側面への関心が基盤となっていたことを意味する（Dahl 1971）。

　この制度への注目に続くものとして，政策への注目が進められるように

　び，代表制の政治過程が成立していくという認識に基づいてのものである。なお，それが具体的にはどのようなものである時に，「政治代表が機能している」とみなしうるかをめぐる政治代表自体の定義については，本章の「1.3　定義」で節を改めて論じる。また他にも本書では，代議制民主主義，実質的民主主義，政策的応答性，一致性，連動性など有権者と政府のつながりをめぐるカギとなる概念が提示されるが，それらについては，各所で適宜，先行研究における理解を要約することを通して，本書としての設定を明確にしていくことにする。

（3）　本書で制度と言うとき，それはほぼ全ての場合において選挙制度を指す。なぜならば，政治代表の問題を扱う本書にとって，代表の問題と最も密接にかかわるのは，有権者が代表を選ぶ選挙制度だからである。但し，政治代表の構造を広く規定するのは，選挙制度だけとは限らない。たとえば，比較政治学的に政治代表の分析を進めるとき，大統領制か，議院内閣制かという執政制度の側面も考慮する必要が出てくるだろう。執政制度が政党の凝集性に影響を与えることで，議員の立法行動，政策活動が規定されると考えられるからである。しかし，日本政治だけを分析対象とする本書にとって，執政制度の側面は所与として直接分析に組み込まない。

（4）　本書では，政党の政策と言うとき政党公約を，そして政府の政策と言うときに主に政策選択（政策的帰結）に注目するものである。その理由づけについては，本文において後述する。

なった。1980年代の後半から，有権者と政党，有権者と政府をつなぐものとしての政策の役割に関心が注がれるようになり，世論と政策の応答性（responsiveness）が関心の対象となってきたのである[5]。それに伴い分析対象は，ミクロ次元の「個」から，マクロ次元の世論と政府，または世論と政党という「関係」へと変化した。これに応じて，分析単位は年ごとの両者の関係からなる時系列を構成するものとなった。そして，世論と政府，世論と政党が政策を介してマクロ次元で連関しあうという，連続的な動態の解明が目指された。政策に注目するということは，政策，または政策選択という政治的帰結を重視するものであることから（Clark et al. 2008: 152），それをもとに，ある国の実質的民主主義の成否を検証しうるところに特徴があった[6]。

　本書は，日本における政治代表に関して，政策に注目しながら有権者と政党，有権者と政府の関係を探ることを目的としている。そして，その実

（5） 応答性の概念定義について，政治理論の観点も踏まえて詳しく論じることは本書の枠組みを越えるものである。しかし本書では，マニンら（Manin et al. 1999）が，ジェームズ・A・スティムソンら（Stimson et al. 1995）やスーザン・C・ストークス（Stokes 1999）による研究を対照しながら，整理する中でまとめた応答性の定義に従う。それは，「応答性の概念は，市民による初期のメッセージの表明を基盤とする。…中略…［筆者註：スティムソン，ストークス］いずれの場合であっても，メッセージが先にある。その上で公職者が，世論調査や選挙のどちらかを通して，市民によって発信された選好に従うほど応答的である」というものである（Manin et al. 1999: 9）。
（6） 実質的民主主義が機能しているのか否かという問いは，政治代表をめぐる規範的な政治理論研究における伝統的な問いかけに根差したものでもあった。多くの政治理論家が，代表制とはどのようにあるべきかを論じたが，これが実証領域においては，「代表制とは何で，どのように機能しているのか」という問いに変換されうるものだったからである（Stimson 2007: 851-852）。そしてこの点は，手続き的民主主義との対比で重要な意味を持つ。たとえばロバート・A・ダールによる定義（Dahl 1971）の目的を考慮した場合にも，手続き的民主主義，最小限の民主主義，ないしは形式的民主主義といった概念化は，論理実証主義的な研究の基盤として定着したものである（Urbinati 2006: 247 footnote 130）。これに対して，実質的民主主義の側面は規範理論との接合が長く意識されてきた中で，1990年代以降，実証主義政治学の課題のひとつとして取り扱われるようになったのである。

質的民主主義の特徴を提示することを目指す。その意味で，以降の分析は「政治代表における政策への注目」を扱う研究の系譜に属する。ではなぜ本書は，日本政治を分析するに際して，政治代表における政策に注目する意義を強調するのだろうか。

1.1　日本政治研究と選挙制度への注目

　戦後の日本政治に関する研究は，選挙制度への強い関心によって特徴づけられてきた。政治的エリートと政治的大衆のどちらを扱う研究であっても，そこに何らかの選挙制度の効果を読み取ろうとする試みが多くなされた。この背景に，日本の国政選挙における投票ルールが，他の先進民主主義国の多くと異なる形態のものであり，またその変化をも経験したことが指摘できる。中選挙区単記非移譲制（以下，「中選挙区制」）は，自由民主党による一党優位体制の根幹をなした制度配置として，日本政治研究にとどまらず，比較政治学の研究対象としても有効と考えられた。さらに，1993年の小選挙区比例代表並立制の導入によって，政党間競争の在り方，政党組織の強度，議員の関心の所在，有権者の民主主義への意識や投票行動が変化し，さまざまな政治的帰結が制度とその変化によって説明されることが多くの研究によって明らかにされてきている。

　ここで選挙制度の定義を改めて振り返っておくと，それは「候補者間，政党間，あるいはその両方の選挙競争を規定する規則の集合」（Cox 1997: 38）であり，「票を議席に交換する定式」（Gallagher and Mitchell 2005: 3）である。これに従うと，選挙制度は，有権者と政党，あるいは政府とのつながり方を決定づけるという点で政治代表の根本的な構造を規定するものと考えられる。また併せて，政治現象に関する説明の主目的が市民の中から選ばれた代表の問題，つまり代議制民主主義による統治をめぐる問題の解明にあることを考えると，日本の民主主義，あるいは政治代表を検討するに際して，とりわけ制度が果たす役割，機能，効果が重視されてきたことが示唆される。つまり，日本において選挙制度への関心が高かったことは，「制度への注目」が，政治代表にかかわる研究の基盤となってきたことを表している。これは，日本政治分析の多くにおいて，民主主義の手続き的な側面への関心が基底にあったことによるものと理解できるだろう。

一方，制度の効果が政治現象の説明のさまざまな局面で重視され，「政治代表における制度への注目」が進められる中で，有権者と政府間，あるいは有権者と政党間をつなぐもうひとつの回路を確かめようとする取り組みは限定的であった。そのもうひとつの回路とは，「政治代表における政策への注目」である。そしてそれを検討することを通じて，日本における実質的民主主義の動態を解明しようと試みるものである。

　政策に注目する分析とは，有権者が政府や政党に期待していることに対して，政府機関が政策決定や政策実現を通じた応答性を満たしているのかを，動態的に検証することを意味する。制度のもとでの個別アクターの行動に注目するだけでは，両者が互いに反応して変化しあい，その変化が政策に反映されるという「負託（mandate）の動態」を把握することはできない。この負託の動態は，政策が世論に呼応したものになっているのか，世論の変化に政策が対応しながら，選挙ごとに政策が推移するのか，あるいは政府による行政的対応がなされるのかという一連の政治過程を検証することによって，はじめて確認することができる[7]。

　こうした整理に基づくと，日本政治研究においては，制度下での「個」に関心が集中していたと言える。その一方で，政策的応答性を観察することにより，直接的且つ実証的に「関係」の連続性を確かめようとする試みが充分になされてきたとは言い難い。この問題意識のもと，政治的エリートと政治的大衆をつなぐ分析を行うことが本書の主要な課題のひとつである。

　そして本書には，これと関連して，もうひとつの課題がある。それは，

（7）　マニンらは代表制の概念を精緻化する中で，「負託代表制（mandate representation）」としてこのプロセスを定義している（Manin et al. 1999: 30-31）。その性質は，「(1)現職の政策は選挙公約と同様のものであり，(2)公約を追求することが有権者の最善にかなう」ことであるとされる。マニンらは負託代表制を，選挙における「選択（choice）」の段階で生じる代表メカニズムであるとしているが，これに対して「制裁（sanction）」の段階で生じる代表メカニズムとして，「説明責任代表制（accountability representation）」についても論じている（Manin et al. 1999: 40）。但し本書においては，後に分析枠組みとして明示するように，この説明責任代表制をめぐる政治過程までは直接的に分析に組み込まない。これについては，第11章で本書の結論をまとめる際に，「今後の課題」としても改めて論じる。

日本における代議制民主主義の機能をめぐる評価や，実質的民主主義の性質をめぐるいくつかの知見を再検討することである。たとえば小林良彰は，有権者と議員の政策選好の分布を比較し制度改革の効果を検証する作業や，有権者による業績評価の分析を通して，日本の民主主義が機能不全にあることを主張している（小林 2008）。また山口二郎は一連の著書において，政治改革や政権交代の必要性を訴えながら，日本においては「戦後民主主義の融解」が起こっていることを論難した（山口 2004）。こうした知見は，日本において代議制民主主義の擬制がうまく機能してこなかったことを強調するものとなっている。

また利益誘導の恩顧主義的側面に焦点を当てる研究は，明示的ではないにしろ，日本における政治代表の偏向や不平等を示唆してきた（たとえば，小林 2000）。また，斉藤淳は近著において，自民党による統治が有権者から政党の側に向けての逆説明責任に特徴づけられるものであったことを論じている（斉藤 2010）。こうした政治代表のバイアスや倒錯的構造を示唆する研究は，戦後政治の多くの期間を占めた自民党統治のもとで，実質的民主主義と言いうる有権者と政党の関係がほぼ認められなかったか，それが他の民主主義と比べて異型なものであったことを主張するものとも言えよう。

しかしこれらの知見は，全面的に妥当なものと結論できるだろうか。政治代表に関する近年の研究の応用を通して，新たな枠組みから分析を進めた場合にも，代議制民主主義の機能不全を追認できるのだろうか。日本の有権者の政策的期待を特定し，それが政策選択を規定している様子を分析してなお，逆説明責任に象徴される有権者と政党の関係が見てとれるのだろうか。

本書はここまで論じてきたような関心のもと，政治代表における制度への注目だけでは明らかにすることができなかった日本政治における政府と有権者，および政党と有権者の関係を，政策というもうひとつの回路に注目することによって分析し，日本における代議制民主主義，および実質的民主主義の限定性に関する主張を再考するという2つの課題に取り組む。

1.2 「日本のマクロ政体」

　後に詳しく論じていくように，政策的応答性を確認するという課題はマクロ次元の分析視角の導入によって可能となる。この点と関連して，*The Macro Polity*（以下，『マクロ政体』）の著者であるロバート・S・エリクソンらが，同書の冒頭で強調した研究意義を引用しておきたい（Erikson et al. 2002: 1）[8]。

　　大半の政治行動研究にとって，分析の単位は有権者サーヴェイの回答者や政治的エリートの構成員といった個人である。それは「ミクロ政治」の研究である。これに対して，本書は「マクロ政治」についてのものである。個人をめぐる政治に関するものではなく，（そうした個人の）集積（aggregate）をめぐる政治，すなわち「マクロ政体」についてのものである。ここで市民について検討するというとき，その関心の所在は有権者（voter）というより，一般有権者（electorate）である。エリートについて研究するというとき，関心の所在は個別の構成員ではなく制度であり，また，個別の機関ではなく政府の複合体であ

---

(8)　邦語において，「voter」と「electorate」を訳し分けることは容易でない。マクロ政治分析においては，有権者の集合体として，「electorate」という言葉が「voter」との対比で用いられる。「electorate」は，本来ならば，「選挙民」として訳出するのが適切であろう。しかし，本書においては，ここでのエリクソンらの区分と同様の意識を保ちながら，市民の中で選挙権を持つ者の総体を単に「有権者」と総称するか，「public」という言葉，ならびにその訳語との接点も考慮して「一般有権者」と訳出する。またエリクソンらは，ここで制度に焦点を当てると言うが，彼らは同書において制度を分析対象としているわけではない。この冒頭の主張は，方法論的個人主義ではなく，方法論的全体主義に依拠しながら分析を進めるということの宣言としても読むことができるが，その流れで，個別の政治アクターに対比されるものとしての「制度」を挙げたと考えられる。筆者はエリクソンらの関心からして，個別の政治アクターに対比されるものとして，「政策」を挙げるべきであったと考えるし，実際の彼らの取り組みも「政策」への注目によって特徴づけられていると評価すべきであろう。

る。

　このようにエリクソンらは，アメリカ政治における代表制の包括的な分析のために，「マクロ政体」という概念を提起し，それを同書のタイトルとした。本書もそれに倣い，日本において有権者と政府，有権者と政党が政策を介して連関するという政治の総体を，「日本のマクロ政体（The Japanese Macro Polity）」と呼ぶことにしよう[9]。そしてその実態は，日本における実質的民主主義の特徴，すなわち政府や政党によって政策的応答性がどのように満たされているのかを確認することによって分析しうるという立場をとる。また，エリクソンらが「マクロ政体」の基盤として集積的な分析単位を意識したように，本書においてもマクロ次元での分析視点として，「世論と政府」，および「世論と政党」の関係に焦点を当てる。
　その上で，本書の個別具体的な問いは次の諸点に及ぶ。第二次世界大戦後，日本に民主主義が定着してくる過程で，政府や政党は有権者の期待に応えて政策を作り，それを実行しようとしてきたのだろうか。政府や政党は，有権者に対して応答的であったのだろうか。有権者は政党の政策をよく理解していたのだろうか。さらに，政策決定過程に関する研究の多くは，制度の影響を加味しながら，エリート間の政治的な駆け引きに関心を払ってきたが，その中で世論への応答という側面が見過ごされてきたのではな

（9）　しかし，本書は『マクロ政体』と決定的に異なる点をもつ。それはエリクソンらが，彼ら以前のマクロ政治分析が経済状況による説明・予測に終始してきたのに対して，政治的変数による政治的帰結をマクロ次元で分析することに注力したことであり，その際の理論的基盤を，ミシガン・モデルの含意に求めたことである。すなわち，マクロ政体の帰結を，政党支持，候補者評価，政策評価などの集積的データによって分析することを主眼に据えた。彼らは経済的変数を用いるに際しても，それを政治的なものとして捉えることができると強調している。本書は，エリクソンらが課した「政治的変数による政治的帰結の説明」という制約を緩め，より日本政治の説明にとって適切と考えられる説明要因も検討に含める。その過程で経済的な変数の説明力も重視することを強調する。本書が，あくまで「日本のマクロ政体（The Japanese Macro Polity）」であって，「日本におけるマクロ政体（The Macro Polity in Japan）」でないのは，エリクソンらの分析とは異なるマクロ政体の捉え方をしているからである。その点で，「日本の」というところを本書は強調している。

いだろうか。これらの個別の問いに取り組むことで，本書は次の2つの結論を導く。

　第一に，制度が個別の政治アクターの行動変化に与えた影響は多くの先行研究が示すように妥当なものだが，政治代表の構造，すなわち有権者と政党，有権者と政府の関係に対しては，制度が与えた影響は限定的であったと考えられる。本書の分析結果は，政党や政府の政策選択は有権者の政策に対する期待の変動によって影響を受けており，またその政策への期待は多分に時々の社会経済状態によって影響を受けてきたことを示す。日本におけるマクロ政体は，制度によってではなく，政策への期待としての世論を基盤としており，その動きは社会経済状態の変動に従う傾向にあった。もう少し論を進めるなら，日本における選挙制度の変化は，多くの政治変化をそれによって説明しようとする動機を研究者の多くにもたらした。しかし，マクロ政体という「漠然とした動態」は，必ずしもそうしたクリアカットな変化点になじまないことが本書の知見より導かれる。マクロ政体の変化点は，第一次オイル・ショック，新自由主義改革，バブル崩壊，通貨危機など多くの政治経済危機によって特徴づけられるようであり，必ずしもフォーマルな選挙制度の変化によって決定づけられるものではなかったのである。

　第二に，一点目とも密接に関連して，日本政治における代議制民主主義の機能をより積極的に評価する必要性を強調する。なぜなら，マクロ政治分析を通して，日本においても政策的応答性が認められたとみなしうるからである。その意味で本書は，これまで提示されてきた日本の政党像に対しても異なる知見を提示することになる。自民党による統治をめぐっては，同党の安定的な政権担当能力のもと，支持者が政党に対して従属的な傾向にあったとする見解や，恩顧主義的な実態を強調する知見が中核を占めてきた。しかし第Ⅱ部と第Ⅲ部の分析を通じて，55年体制下の自民党は，雇用状況の悪化，暮らし向きの悪化，満足度の低下に応じて，支持者を含む有権者の期待に対してある程度包括的に反応し，救済的な施策を講じてきたという証拠が示されるからである[10]。

(10)　「日本のマクロ政体」として，こうした主張を展開する背景には，従来提示されてきた日本政治における多元主義論との接点がある。たとえば，猪口孝

選挙制度への注目が日本政治研究にどのような分析上の傾向をもたらしたのか，そして本書はその傾向をふまえた上で，どういった新しい枠組みを提示しようと試みるものなのかについては，次章でもう少し詳しく論じることにしたい。その前に，本章においては，これ以降の分析のカギとなる政治代表や代議制民主主義といった概念をめぐって，本書が依拠する定義を整理しておくことにしよう。

1.3　定義──代議制民主主義と政治代表

民主主義に関する定義は，冒頭に整理した2つの政治代表をめぐる研究の類型とも関連して，次の2種類のものに大別できる[11]。第一は政治制度

による「官僚大衆包括型多元主義」（猪口 1983：18），佐藤誠三郎と松崎哲久による「自民＝官庁混合体によって枠づけられ，仕切られた多元主義」（佐藤・松崎 1986：5），村松岐夫とエリス・クラウスによる「パターン化された多元主義」（Muramatsu and Krauss 1987: 537）などのいわゆる日本型多元主義論は，今日なお，日本政治に関する理解の底流をなしている。しかし，これらの多元主義概念はあくまで，官僚，政治家，利益集団の関係性を捉えたものであった。その点で日本型多元主義論は，政治的エリート内と一部の有権者間での関係性を射程とした議論であったと言える。そしてある国の多元主義の形態がどのようなものかを論じることは，その国の民主主義にどのような特徴があるかを検討することにほかならない。従って，日本における多元主義論が，政治エリートと一部の有権者間での関係性に力点を置いて分析してきたということは，日本の代議制民主主義に関する理解において，政治的エリートと広範な有権者間の関係の分析がさほど重視されてこなかったことを意味しているとも言えるだろう。これに対して，本書が取り組むのはエリートと一般有権者の関係性を基軸に，戦後日本における政治代表の態様を明らかにし，民主主義の特徴についても含意を得るという作業である。このように，従来の政治エリートと政治的大衆との関係を捉えなおすという点で，本書の分析は日本型多元主義論とも接点を持つものとなっている。一方で，有権者をより広く捉えなおし，包括的な両者の関係に焦点を当てるところで，従来の多元主義論とは異なるものとなっている。

(11)　なお以下に示す2つの定義の区別は，ダールの政治参加の包摂と異議申し立ての権利に対応するものと考えてよいかもしれない。つまり，制度装置，政治システムに注目するのが前者を意味し，市民の意見や政策への希望が政府に伝達される経路が後者に対応するとも考えうる（Dahl 1971）。

やシステムとしての民主主義の側面を定義しようとするものである。これはたとえば，アダム・プシェヴォルスキーらが「民主主義とは，統治する者が競争的な選挙を通して選ばれるレジームのことである」としているように，市民が平等に政治的決定や選択に加わる際の規則および手続きの側面を重視する定義である[12]。またこれらは，民主主義が「多数決型か，合意形成型か」（Lijphart 1999），あるいは選挙制度が「比例性重視か，代表性重視か」（Rae 1967）といった制度にかかわる諸問題を解くための基盤を提供するものであった。

これに対して第二の定義は，市民が政策決定過程に影響を与える過程をめぐって，民主主義を定義しようとするものである。ジョン・フェアジョンとフランセス・M・ローゼンブルースは，「もし政策が多数派の利益を捕捉していて，それが市民の代理としてなされるならば，その時政府は民主的である」としている（Ferejohn and Rosenbluth 2010: 275）。こうした定義のもとで，選挙とは市民を政策決定過程に参入させることを可能にする「民主主義の装置」（Pitkin 1967; Cohen 1971; Powell 2000; Clark et al. 2008）と考えられることになる。そして政策決定者が，市民に対して「応答性を満たしているか否か」，「責任性を満たしているか否か」が民主主義の成否を探る上での重要な論証課題として扱われることになった[13]。また，それ

---

(12) プシェヴォルスキーらの民主主義概念は，以下の4つのルールとして操作化されている（Przeworski et al. 2000: 18-28）。
 (1) 行政府の長が選挙によって選ばれる
 (2) 議員が選挙によって選ばれる
 (3) 選挙においては，1つ以上の政党が競合する
 (4) 政権交代が同一のルールのもとで行われる
(13) 市民の意向が「どの程度」政府によって汲み取られ，それが政策に組み込まれれば応答性が機能し，民主主義の正機能が保たれていると言えるかという点は，別に検討すべき課題である。この点について，たとえばパウエルは，選挙とは市民が政策決定者を制御するものなのか，政策決定者に影響を与えるものなのかという表現の違いについて論じている（Powell 2000: 4-6）。「制御する」という表現を用いるなら，その時政策決定者の権力は集権的であることが想定される一方で，「影響する」という表現によれば，政策決定者は分権的であることが想定されるという。本書は，パウエルの区別に基づくなら，後者の立場，すなわち「市民が政策決定者に影響を与える」ということを応答性の基準として暗に定めているが，それに際して政策決定者の権限が集中的であるか，

を確認する上で注目されるのは，多数派の利益が反映されているかどうかを推し量るための政策ということになる。

　これら2種類のうち，本書においては第二の民主主義をめぐる定義，すなわち政策の役割を強調するものに依拠する[14]。具体的には，フェアジョンとローゼンブルースが主張したように（Ferejohn and Rosenbluth 2010），「政策が多数派の利益を捕捉している状態」を民主主義が機能している状態であると定めることにしよう。またこの民主主義の定義に関連して，本書は政治代表を，「政府や政党の政策が，政府と有権者，政党と有権者を媒介することによって応答性が機能している状態」であると定める。これは，日本において政治的大衆と政治的エリートが政策によって結びつけられ，民主的な連関を確保しえてきたのかどうかを確かめようとする本書の趣旨に沿ってのものである。政治代表と民主主義をめぐる定義をこのように示すことで，近年の代表制をめぐる比較研究と同様の基盤の上で，日本のマクロ政体を論じることが可能となるであろう。

　他方で，本書が採用する民主主義や政治代表の定義からは，狭い意味において民主主義や政治代表が捉えられてしまうという限界を抱える。つまり，多数派の選好が政策に反映される一方で，ある集団の意向は切り捨てられるかもしれず，政治の実態において存在する民主主義の欠陥を充分に析出できない場合があるかもしれない[15]。言いかえるならば，本書の定義

　　分散的であるかまでは特に問題としておらず，またそれを論じることは本書の域を越えるものと考えている。
(14)　そしてこの定義は，前節で紹介したクラークやパウエルが示した応答性にかかわる定義とも親和性が高いものである（本書15頁脚注5参照）。
(15)　これは本書が，マクロ次元のデータ分析に依拠することとも密接に関連している。なぜなら，マクロ次元の分析では選挙民と政府・政党の関係を分析対象とするが，その中で特異な利益や選好を有する個別有権者と，その意向を汲み取ろうとする利害関係の強い政策決定者の関係はデータ分析上，誤差に含まれるものとして処理されることになる。マクロ分析が導くことができるのは，選挙民と政府・政党間のマクロ・トレンドであって，その導出過程で生起する生態学的誤謬の問題を免れることができず，そうした個別に生じている代表制の偏りが析出できない場合があることはあらかじめ分析の限界として留保しておきたい。それと同時に，この点については，本書第11章2節2項（200-202頁）において，改めて論じるとともに，その利点についても言及する。

に立脚して民主主義ないし代議制が機能しているという場合であっても，それは当該民主主義国家の国民だれもが政策の恩恵を受けていることを意味しているわけではないことになる。

そうした制約はあるが，この定義に基づくことで，比較政治学的な検討ができるかたちで，日本政治において代議制民主主義がどのように機能してきたかを明らかにしていくことが可能となる。

1.4 本書の構成

ここで本書の構成をまとめておこう。第Ⅰ部は本章と第2章から構成される。まず本章においては，日本政治分析において選挙制度への関心の占める割合がいかに大きいものであったかを振り返った。その上で，本書の課題として，それが政策に注目する政治代表研究の系譜に依拠し，マクロ次元で日本における「政体」を分析することにある点を明示した。また，本書の論証を進めるにあたって，代議制民主主義や政治代表といったカギとなる概念に，比較実証分析に適合的な定義を付与した。

第2章においては，日本政治に関する研究が選挙制度への注目に重きをおく中で，どのような研究上の傾向が認められたのかを整理する。その結果明らかになる傾向とは，第一にミクロ次元の分析視点の重視，第二に中選挙区制下の非民主的側面への注目，第三に自民党と政府が同一のものとして扱われてきたことの3点である。これらと関連付けながら，本書の分析枠組みを第2章では明示する。

次に第Ⅱ部「世論と政府の関係」は5つの章からなり，有権者の政策に対する期待に政府がどのように応えてきたのかを分析する。第3章ではアメリカ政治研究を中心に発展してきた，世論と政策選択の関係をめぐる研究の流れをリヴューし，日本政治をめぐってその枠組みを応用することの意義や課題を明確にする。その上で本書の課題が，日本の有権者に潜在する漠然とした政策的な期待を割り出し，その動態が何によって規定されてきたのか，そして政策ムードが政策選択を規定してきたのかを明らかにすることであると主張する。

第4章では，戦後日本政治における政策ムードを特定する作業に取り組む。政策ムードとは，あらゆる政策分野に共通する，有権者全体の潜在的

な気分である。アメリカ政治においては，ジェームズ・A・スティムソンによって「国内政策リベラリズム・ムード（the domestic policy liberalism mood）」として析出されたものである（Stimson 1991, 1999; 待鳥 2003）。本章では，内閣府による「国民生活に関する世論調査」内の「政府への要望」項目をもとにしたデータを，スティムソン自身が公表している「再帰的二項アルゴリズム（recursive dyadic algorithm）」に基づいて分析し，経済成長期に顕著に上昇し，逆の時期に下降するムードと，低経済成長期に高まる2つのムードが析出される。そして，前者を「成長好感ムード」，後者を「弱者救済ムード」として定義した。

第5章では，それらのムードが経済状態によってどのように規定されてきたのかを検討する。その結果，成長好感ムードについての推定では，各経済変数について確からしい結果は得られなかったものの，物価の上下が有権者の成長への実感を左右していることが示される。そして，弱者救済ムードについては，成長好感ムードより，各経済変数が与えている影響が確からしかった。そして政策ムードが，短期的な経済の変化によって規定されているのか，あるいは選挙制度改革という政治的で，クリアな変化点によって特徴づけられるものかも併せて分析する。

第6章では，既述の2種類の政策ムードが政府の政策選択を規定してきたのかを検証する。それに際して，政策選択を「補償」と「再分配」の観点から操作化し，それらと2種類のムードの内生的関係も考慮した分析を行う。具体的には，補償変数として政府投資を，再分配として租税負担の対国民所得割合と社会保障費の対国民所得割合を従属変数として，計量分析により推定した。その結果，成長好感ムードとの連動はさほど顕著ではなかったものの，弱者救済ムードが高まることで，政府は補償と社会保障を増額させることで対応していることが明らかになった。また，ここでも選挙制度改革の影響を分析する。

また第7章では，個別の政策分野である社会保障，教育，農林水産に注目し，世論の高まりに応じて，立法活動や政府支出がどのように変化してきたのかを分析する。立法活動については，1960年以降に制定された法律を数量化したデータと世論との連動関係を確認する。この作業を通して，農業政策分野では世論とは乖離する傾向が認められるが，他の分野では概ね世論への政策の呼応が存在することが明らかとなる。そして，選挙制度

改革の効果についても，6種類の推定においてそれぞれ確認する。

　第Ⅲ部「世論と政党の関係」では，有権者と政党の関係をめぐる個別の政治過程に関して，政党の政策に注目しながら分析を進める。

　第8章では，第3章において整理したアメリカ政治に関する研究において，2つの課題が残されたままであったことをまずは論じる。それらは，第一に理論的基盤が脆弱であったこと，第二に政策と政策的帰結が区別された上で分析に付されなかったことの2点である。この問題点の改善は，2000年以降の新しい政治代表研究につながり，その取り組みは本書の第Ⅲ部の分析全体にも反映されることになる。第8章においては，まず政党の政策について，「マニフェスト国際比較プロジェクト（Comparative Manifesto Project: CMP）」データ内の日本の政党に関するサンプルをもとに分析を進める必要性が残されていることを強調する[16]。また，ヨーロッパとは異なる政治文化を持つ国の分析を追加することで，政治文化という観察が困難な要因が政治代表の機能に与えている影響を制御しながら，推論を導くことが可能になる意義も明示する。

　第9章では，有権者は政党の政策に注目してきたのかを，CMPデータを用いることで分析する。それに際して，「もし有権者が政党の政策に注目して投票政党を選んでいるとするなら，マクロ次元のデータ分析において政党の政策公約量が，得票率の変動を規定しているという証拠が得られるはずである」との仮説に基づき，実証分析を展開する。推定に際しては，「混合効果（Mixed Effect）モデル」を導入しながら分析を進める。その結果，マクロ次元のデータ分析を通しても，有権者は政党の政策に注目しながら投票政党を選んでいることが示され，1990年代初頭の大規模な選挙制度変革の以前と以降でも，その程度はさほど変わらなかったことが明らかとなる。そしてそれが，「日本の合理的一般有権者像」であることを強調する。

　次に第10章では，日本政治において，政党の政策が世論の変化に連動してきたのか，そして世論に従って政策を変更する政党は選挙に強かったのかという，2つの密接に関連した問いに取り組む。これらは，欧州の政党

---

(16)　「マニフェスト国際比較プロジェクト」という訳は，レイヴァー・ブノア（2006：111）における上ノ原の訳出に従った。

についてジェームズ・A・アダムスらを中心として取り組まれてきた，世論変化と政党の政策変化についての分析を，日本政治についての分析にまで拡張することも目的としたものである(Adams et al. 2004, 2006)。分析に際しては，CMPデータによって，日本の政党の政策位置を指標化し，世論の変動に関しては，内閣府による「国民生活に関する世論調査」を使用して有権者の特定の政策分野での期待を操作化した。その結果，経済政策分野と外交政策分野の分析を通して，戦後日本の各政党は，世論の動向に配慮して政策を決定してきたこと，世論に配慮することで政党の選挙パフォーマンスが向上することの2点が明らかになる。

　第IV部第11章では，結論として本書の知見を要約しながら，「日本のマクロ政体」とはどのようなものであったかを論じる。その特徴は弱者への救済を基盤に，ある程度包括的なものであったことを指摘した上で，日本においても実質的民主主義が機能していたと見なしうることを強調する。他方で，やはり農林水産政策分野での利益誘導を背景に一定の代表の不平等が存在した可能性を留保としてまとめる。また，1990年代の半ば以降，規制緩和や新自由主義の台頭を背景に，そもそも政府と有権者の間の応答関係に変化が認められることも併せて指摘する。

第2章 「日本のマクロ政体」とは
―本書の分析枠組み

2.1 日本政治研究における制度への注目と3つの研究の傾向

　日本政治研究は，選挙制度への関心を基盤としてきた。では選挙制度をめぐる分析に力点が置かれることは，日本政治研究にどのような傾向をもたらしてきたのだろうか。そしてなぜ，政策に注目する政治代表の研究が求められるのだろうか。この点を詳しく検討することは，本書の分析枠組みを提示する上で不可欠な作業となる。

2.1.1 選挙制度への注目とミクロ次元の分析視点
　選挙制度への注目がもたらした日本政治研究の第一の傾向は，制度の性質自体の検討に加えて，制度下での有権者や政治的エリートといった個人の行動分析が研究の中心となったことである。三宅一郎が1970年代から日本の有権者の投票行動に関する研究を始めて以降，今日まで，ミシガン・モデルや政策投票モデルに立脚した研究が数多く蓄積された。ミシガン・モデルや政策投票モデルは，本来，選挙制度との接点を明示的に意識する性質のものではなかった。しかし，日本の投票行動研究においては，1993年を境に有権者の政治的選択，政治参加，政治意識がどのように変化したのかに強い関心を持つものとなった。

　こうした有権者をめぐる行動分析に加えて，政治的エリートについての行動分析も，1980年代の後半より本格化した（猪口・岩井 1987 ; Ramseyer and Rosenbluth 1993; Kohno 1997）。これらの議員行動研究の特徴は，合理

的選択論のアプローチから制度によって条件づけられる議員の行動を対象としたことである。さらに建林正彦の『議員行動の政治経済学』（建林2004）をはじめ，制度変化と議員行動変化の関係を探る研究が多く提出されている。またそうした研究は，海外の研究者によるものにまで広く及んだ[17]。

こうしたミクロ次元の行動分析の取り組みは，概して有権者と政治的エリートという別個の対象を扱いつつそれぞれに発展した。そして，日本政治にかかわる各アクターの行動分析の背景には，その行動が導かれる制度的背景への関心が常に存在した。

では日本において，「政治代表における制度への注目」が進んだ一方で，「政策への注目」が限定されてきたのはなぜだろうか。政治的エリートと政治的大衆を架橋するマクロ分析が，多くはなされなかった背景に何があったのだろうか[18]。この点については，1993年の小選挙区比例代表並立制の導入に伴う選挙制度改革を期に，日本政治分析が制度をめぐる「自然な実験場」としての価値を帯び始めたことが指摘できるだろう（大村2011）。中選挙区制という選挙制度への関心も大きかったが，加えて選挙制度改革が起こったことで，それに伴う有権者の投票行動，議員の政策行動の変化に関心が注がれ，当時徐々に蓄積され始めていたロバート・S・エリクソンやジェームズ・A・スティムソンなどによるマクロ分析の知見が，日本政治研究に充分に応用されてこなかったのではないかと考えられる。もし1990年代半ばの段階で，日本政治分析にマクロ次元での政治分析が導入されていたとすれば，有権者と政党・政府のかかわり合いが，制度改革の以前と以降で変化したのか否かという点も分析することが可能になったはずである。

選挙制度改革の目的が政治とカネの結びつきを弱め，候補者志向から政策志向の選挙に誘導するものであったとするなら，選挙制度改革後に政策を媒介として有権者がより政策評価に基づいて政党を選択するようになっ

---

(17) なお，合理的選択アプローチに立脚した日本の議員行動の研究については，建林によるリヴューに詳しい（建林2000）。制度論の観点から，関連の研究をまとめたものとしては，川人貞史のリヴューも参照した（川人2004：第3章）。

(18) 但し，第3章と第8章において，関連の日本政治研究が皆無というわけではないことを指摘した上で，それらの動向について論じる。

たかどうかがまずは確かめられることになったであろう。その分だけ政党も有権者に配慮して政策を決定し、政治代表の機能が制度改革以前よりも顕著に確認されることが想定される。そしてそれらを確認するための、制度改革以前と以降を通した継時的分析がなされることになったかもしれない[19]。しかし、実際には有権者の投票行動の変化、議員の政策活動の変化が別個に分析される傾向にとどまった。

　また、こうしたミクロ次元の分析結果を統合的に理解することによって、日本における政治代表の全体像を組み立てることは不可能な作業ではなかった。ミクロ次元での知見を有権者と政党のつながりとして再構築するに際しては、「ある時点」での有権者の選好と議員の選好の「一致性」が問われることになる。この点に関連してウィリアム・R・クラークらは、代表制における一致性の概念を応答性と峻別するために、時間的な観点をもととして両者を次のように整理している（Clark et al. 2008: 697）。

　　応答性、または動態的な代表とは、選ばれた代表者が選挙民の選好の変化に対していかに反応するかを意味するものである。…中略…この応答性に対して、一致性、または静態な代表とは、選ばれた代表者の選好が選挙民の（静態的な）選好にいかに一致するかを意味するものである［傍点：筆者］。

　これに従うと、議員や有権者の行動分析を行うことで、各時点内での有権者と議員の選好の一致度を選挙区単位などで確かめ、それが全時点においてどのように変化しているのかを照らし合わせながら、代表関係の特徴を問うことも可能である（Miller and Stokes 1963; Erikson et al. 1989; Muramatsu and Krauss 1987）。しかし、個別の政治アクターの行動を、一定の合理性の仮定、選好、アイデア、情報環境の設定をふまえた上で説明するという分析だけでは、政治的エリート全体が政治的大衆の意向を汲み、負託が成立しているのか、あるいは、一般有権者が総体として合理的に政策判断をして政党や政府を選んでいるのか（Page and Shapiro 1992）、それらが

---

(19)　制度改革以前と以降での有権者の離党メカニズムについて、政策評価の要因を検証したものに、たとえば、蒲島郁夫の分析が挙げられる（蒲島 2004）。

連続的にどのようにかかわりあっているのかという応答性の動態，そして負託の動態を，直接的に確かめることはできない[20]。このように考えてくると，動態的な政治代表関係の検討にはマクロ次元の分析視点が不可欠であることが示唆される。従来の日本政治研究において，充分に考慮されてこなかったのはこの点であったのではないだろうか。

2.1.2　中選挙区制下の政治の非民主的側面

　選挙制度への注目がもたらした日本政治研究の第二の特徴は，特に中選挙区制下の政治をめぐって，代議制民主主義の機能に関する懐疑的な見方が共有されてきたことにあるだろう。具体的には，中選挙区制下の政治と日本型民主主義の評価として，2つの側面を指摘できる。ひとつは政党システムの非民主的側面であり，もうひとつは政策的応答性の非民主的側面である。

　アダム・プシェヴォルスキーらによる定義のように (Przeworski et al. 2000)，民主主義の程度を測る基準として政権交代の有無を重視した場合，55年体制や1990年代半ばから2000年代半ばにかけての日本政治は，その政党システムゆえに非民主的な側面を持つということになる[21]。たとえば，『政権交代論』で山口二郎は，政権交代のない日本の民主主義の欠陥を次のように論じている（山口 2004：36）。

　　政党システムとの関連で浮かび上がるのは，政権交代のない民主主義である。日本では長い間，自民党に代わる政権の担い手が存在せず，…中略…また，一党支配は，政治の停滞や腐敗をもたらした。政権交

---

(20)　この点に関して，たとえば森裕城は，小林の研究（小林 1997）を論じる中で「ある局面における合理性が別の局面の合理性とどのような関係にあるか，そしてその集積がどのような秩序をもたらしているかは，無視できない問題である」と評している（森 1998：187）。

(21)　ポリティ（POLITY）やフリーダムハウス（Freedom House）といった一般的な民主主義指標に従えば，日本は民主的国家として位置づけられるし，またメキシコの「制度的革命党（Partido Revolucionario Institucional）」との比較から，同じ一党優位体制であっても，その実態を考慮した上で，日本政治の民主度を評価するのが妥当であるとする見方もある（たとえば，Clark et al. 2008: 545-546）。

代がないという意味では，戦後民主主義はイノベーションを欠いた半人前の民主主義であった。

中選挙区制下では，ある政党がひとつの選挙区に複数の候補者を立て，その棲み分けをめぐるルールを充分に構築し機能させることができるとき，単独で政権を獲得した与党は次の選挙においても勝利しやすいことが想定される。そこからはさらに，中選挙区制がそうした大規模な政党の長期間にわたる単独政権化を自己増幅的に促すという理解も可能になるだろう。であるとすれば，中選挙区制は非民主的側面を帯びるという結論に至るのは自然であった。

そして，中選挙区制下の一党優位体制のもとで，自民党が支持者に対して集中的な利益配分を展開したことが，ミクロ次元の議員行動分析を通して明らかにされてきた[22]。この知見は自民党によって主導された利益誘導政治が，農村部，商工業者などの政策的期待を偏向して反映することで，政治代表のバイアスをもたらしたものとも理解しうる。また，それは単記非移譲式の投票方式のもとで，有権者が候補者投票に依拠する誘因を招き，そのもとでの恩顧主義的な互恵作用によって自民党政権が維持されてきたとする推論の背景となった。斉藤淳は，恩顧主義が想定する庇護者，随従者間の相互的取引という枠組みを発展させ，随従者である有権者の側が説明責任を競い，政党からの支持をとりつけるという「逆説明責任」構造があったことを指摘している（斉藤 2010）。これを，政治代表の分析枠組みとより関連させて考えると，この倒錯的構造は逆応答性と呼びうるものかもしれない[23]。

---

(22) こうした点は，学術的な研究においては，ポーク・バレル政治や候補者投票といった政治現象として重要な分析対象となり，主に価値中立的に扱われてきた。一方で利益誘導政治は，ジャーナリズムや一般市民の視点から政治腐敗として批判され，一般市民の政治不信の根源とも考えられることの多いものであった。それが日本の代議制民主主義の機能不全を印象づけるものであったという側面も指摘できる。

(23) 但し本書は，斉藤の分析枠組みが，日本におけるマクロ政治分析の現時点におけるひとつの到達点をなすものとの認識の上で（大村 2011：35），なお斉藤の著述との差異を強調するものである。斉藤の分析には，明示的ではないにしろ中選挙区制という制度への関心を中心に据えているというよりは，有権者

こうした日本における選挙制度と代議制民主主義の偏りや機能不全をめぐる知見に，より規範的な側面も付与した主張として，小林良彰は日本の代議制民主主義を次のように結論づけている（小林 2008：285-286）。

> 特に，90年代の政治改革の結果，衆議院の選挙制度改革を変更して政策論争による民主主義の機能回復を期待したが，現実にはそのような効果がほとんど生じていないことが計量的に明らかになった。言い換えると，選挙における争点を通じて民意を政治に反映させるという民主主義のインプットの部分が損なわれていると言わざるを得ない状況にある。…中略…有権者の業績評価と投票行動との関連はさほど強くなく，しかも継続的に影響しているわけではないことが明らかになった。わが国では，政府による政策アウトプットに対する有権者の評価が次の投票行動に反映することで，民主主義のフィードバックが生じるとは言い難い状況にあることが明らかになった。…中略…このようにわが国の民主主義は本来の理想の姿からかけ離れたものとなっている。いわば「民主主義の機能不全」が生じている。こうした状況は90年代の政治改革を経ても改善していない。…中略…本書の分析からも明らかなように「選挙に際して政党・候補者が提示した公約の中で，自分の争点態度に最も近いものを選択して投票することで民意を負託する」という間接代議制の「擬制」が実現しているとは言い難い。また，現在に至るまで「政治と金」の問題は絶えることがなく，ポークバレルポリティクスも相変わらず存在し続けている。

このように，中選挙区制への注目は日本における政治代表の機能不全やバイアスを直接的，ないしは間接的に指摘するものであり，加えて小林に

と自民党の関係自体に焦点を当てているものがあり（斉藤 2010：第4-6章），選挙制度の影響の分析という制約に縛られない側面を持つ。本書はその点で，斉藤の分析と同様の基盤に立っている面も少なからずある。従って，この点を考慮すると，中選挙区制が利益誘導政治の逆説明責任をもたらしたとする制度による説明に，斉藤の分析を位置づけることには若干の問題があるようにも考えられる。ここでは利益誘導政治の非民主的側面を特に指摘したものとして，斉藤の著作を捉えているということを断っておきたい。

代表されるように，制度自体の問題を規範的に批判するところにまで及んだ。しかし，政権交代がまれで，利益誘導政治が進められたことは代議制民主主義の機能不全であり，日本における政治代表にバイアスのあるものであったことを，ただちに意味するものであろうか。

　政権交代が頻繁に起こらなかったことは，プシェヴォルスキーらの基準に照らした場合，確かに政治体制の非民主性を示唆するものとして理解されるのが妥当であるのかもしれない。だがそれは，政策的応答性が満たされないことを意味するものではなく，政治代表が機能していないことを示すものでもない。なぜなら，政権交代が起こらないことは手続き的民主主義の側面に欠陥があることを示すかもしれないが，それが必ずしも実質的民主主義の基盤を損なうとは限らないからである。選挙が実施され，そのもとで政党が政策を提示することによって有権者からの負託を受け，政党がそれを実現しようとするシステムが存在するなら，そこには政権交代という手続き的な意味での民主主義の自浄作用は限定されるにしろ，負託の連続性という実質的民主主義の根幹は維持されうる（たとえば，Manin et al. 1999: 30）。また，55年体制下の自民党がそうであったと言われるように，広範な有権者の政策位置を包摂する優位政党が長期的に，安定的に政権につき続けるのであれば，その分その政党によって構成される政府の応答性は高いことが本来的には期待されるはずである。そして，その本来的な期待が，実際に確認されうるのか否かという点が，マクロ次元の実証分析として充分に確かめられてきてはいないところが問題と言えるのではないだろうか。

2.1.3　自民党と政府を同一に扱うということ

　第三の日本政治研究の特徴は，上述の中選挙区制への注目とそのもとでの利益誘導への関心という問題に密接に関連する。それは，現代日本政治の分析において，自民党を分析することは政府を分析することであり，政府を分析することが自民党を分析することであるという前提が暗黙のうちに置かれていたということである。従来の研究においてはもっぱら，55年体制を通じて政権党が自民党であったことを背景に，自民党を観察することが日本政治における政府の民主性や代表性の程度を論じるための根拠として正当化されてきた。また，政府による分配・再分配政策は，自民党内

エリートの政策選好の帰結として自然に解釈された。すなわち利益誘導は，自民党政治の特徴であると同時に，日本の政府の特徴であったと考えられた。しかし，こうした前提は妥当なものであったと言えるだろうか。

この点に関連して，政治代表に関するいくつかの概念整理は，政府と政党それぞれの次元を分化する必要性を強調してきている。代表的なものに，バーナード・マニンらやG・ビンガム・パウエルによる試みが挙げられる（Manin et al. 1999; Powell 2000）。実質的な政治代表のメカニズムを図式化する中で，マニンらやパウエルは，「政党レヴェルで策定される政党の政策」と「政府レヴェルで観察される政策選択」を異なる次元のものとして位置づけた。マニンら以前の政治代表の実証分析においては，スティムソンらに代表されるように（Stimson et al. 1995），政策と政策的帰結はほぼ同様のものとして分析が進められていた[24]。この点を問題視し，マニンらはこれを図2.1のような概念図として整理しなおしている。

こうしたマニンらの整理に従うと，政策は選挙競争を戦うための政党のリソースであるのに対して，政策的帰結は，政府が次の選挙に向けて「説明責任（accountability）」を問うためのリソースであるという違いがあることに気がつく。その意味で，政党と政府は異なる次元に位置するのであり，両者が市民に提供する資源が同様のものであるとは，必ずしも仮定できないことが概念上も示唆される。言い換えるならば，政府と政権与党が同一のものであるという仮定を緩める必要性があると考えられるのである。

これらの議論も参考にした場合，自民党と政府を同一のものとして扱うことによって，2つの問題点がもたらされてきたと言えよう。第一の問題点は，政策的帰結あるいは政策選択とはあくまで政策の結果であり，連動する場合もあれば互いが独立の場合もある可能性が軽視されてきた。マニンらの分類と整理をめぐっては，政府と政権与党の構成が異なる場合（た

---

[24] 興味深い点は，スティムソンらのアメリカ政治分析において政策と政策的帰結が未分化であったのは，政策に対する世論の効果をスティムソンらが測定したいと考えていたにもかかわらず，政策はデータ上の制約から直接的に観察不可能なため，政策的帰結によってそれを代理しようとしたことである（参考：本書3章2節，50頁）。つまりアメリカ政治分析においては，日本の場合と異なり，「世論ー政党」間の関係が扱われたのではなく，「世論ー政府」間の関係が初期の分析の対象になったという大きな違いがある。

図2.1 マニンらによる政策過程の整理

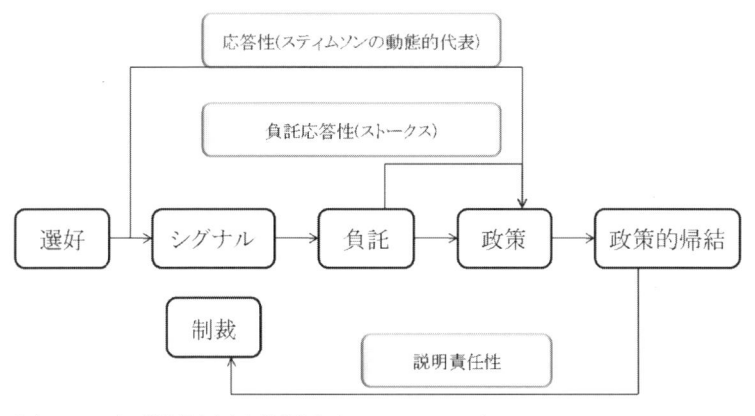

```
                応答性(スティムソンの動態的代表)
                    負託応答性(ストークス)

  選好 → シグナル → 負託 → 政策 → 政策的帰結
         ↑
         制裁 ← 説明責任性
```

出典:マニンらの概念図をもとに筆者作成 (Manin et al. 1999: 9)。

とえば,大統領制下の分割政府)や,政府と政権与党は一致していてもある程度の頻度で政権交代が起こるような場合(たとえば,ウェストミンスター型の議院内閣制下)といった欧米諸国の政党を想定したものであるとの見方もありうるだろう。これに対して日本の一党優位体制に関しては,例外的に政府と政党を統合的に扱うことが可能なようにも思われる。しかし,政党レヴェルの自民党の政策と,政府レヴェルの政策選択は,ほぼ同義のものとして扱うことができるかどうかということ自体が,実際には充分に検討されてこなかったのではないだろうか。むしろそのように仮定することが妥当なのかという点こそが,日本政治における政治代表を検討する上で重要な問いかけをはらんでいる。自民党の政策レヴェルでは,個別議員の選好が特定の地域や職業領域における利益の再分配に偏っていることを背景に,有権者全体の期待と異なる政策選好が形成されていたのかもしれない。しかしこうした想定は,政府の政策選択が有権者の包括的な政策への期待と乖離する傾向にあったか否かという問題と対のものとして検証されてはじめて,利益誘導政策が有権者への分配において偏りをもたらし,政治代表ひいては代議制民主主義の機能を損なうものであったのかを明らかにすることができるのではないだろうか。

そして第二の問題点は,自民党と政府の一体性が重視される中で,自民党以外の政党への関心が限定されたことである。つまり,他の政党が総じ

てどのような政策的傾向を持つものであったのか，そして世論に対してどのように反応する傾向にあったのかという点は充分に分析されてはこなかった[25]。また，野党が持つ政治代表のチャネルも軽視されることになった。

この点は，政治代表に関する多国間比較分析が2000年以降進められる過程で，「すき間政党（niche parties）」研究が進展したことを考慮した場合にも，改善を要するものであることが示唆される。第8章において詳しく論じるように，近年の政治代表研究は政党の政策を直接的に把握できる「マニフェスト国際比較プロジェクト（Comparative Manifesto Project: CMP）」データの普及に支えられて発展してきた。CMPデータの利用を通じて，世論と多様な政党の政策の連動関係が分析されるようになった。その中で，有効な分析対象として注目されたのが，政権担当能力を持つ大規模な「主流政党（mainstream parties）」に対して，小規模ながらも政策的凝集性が高く，特定のイシュー領域において重要な政治代表機能を維持するすき間政党の行動様式である。このすき間政党群には，緑の党，極右政党，共産党，一部の宗教政党などが含まれるとされる[26]。そしてこれらの政党が，独自の政策路線を標榜することで，主流政党と大多数の有権者間だけで構成されるのではない，独自の政治代表の経路を維持してきたことが明らかにされている（Ezrow 2010; Meguid 2008; Adams et al. 2006）。

これらの知見をもとに日本政治を振り返ってみると，中選挙区制下だけでなく小選挙区比例代表並立制下においても，多くのすき間政党が生き残ってきた事実が注目される。それらの「すき間政党野党」が政権には加わらなかったにしろ，ある特定の層の有権者からの政策的なチャネルを維持し，政治代表を担っていたことは確かであろう。従って，それらのすき間政党も含めた野党を加えた上で，全政党の政策と世論の関係を分析することが求められるのである。

---

(25) 無論，個別の野党に注目する研究は多く存在した。その中では，政党の政策過程が追跡されるという作業が主になされた（森 2001；谷 2002；的場 2003）。
(26) すき間政党の定義については，ローレンス・エズロウ（Ezrow 2010: 12）やボニー・M・メグイド（Meguid 2008: 3-5）によって示されている。ここで共産党を加えたのは，エズロウの基準に従ってのものであり，両者の違いは，新しいイシュー軸を付与することをメグイドが重視するのに対して，エズロウが伝統的なイシュー軸の重要性も考慮することである。

2.2 本書の分析枠組み

2.2.1 3つの傾向と本書の枠組みの基盤

ここまで選挙制度への注目がもたらした3つの傾向について論じてきたが，それらと対照することで本書の枠組みの基盤をまずは提示しておきたい。

第一に，マクロ次元で政体を分析することである。すなわち，有権者と政党，有権者と政府の関係に注目することを意味する。ミクロ次元での有権者と議員の個別の選好や行動を分析するのではなく，前章で論じたように，世論と政府，世論と政党の間の動態的な呼応の推移をマクロ次元の分析視点から検証することである。また，その取り組みがすなわち，日本におけるマクロ政体を明らかにする作業であると位置づける。

第二に，日本のマクロ政体において，政治代表の偏りが実際に認められたのか否かを分析することである。議員や有権者の選好，そして行動変化の多くは，制度変化の観点から説明されることが主流であり，現に中選挙区制から小選挙区制という変化は，よくそれらの変化を説明するものであることが示されてきた。しかし，マクロ次元の政治体制の分析を通してはどのような結果が導かれるのだろうか。ひいては，日本のマクロ政体もやはり選挙制度によって規定され，制度変化の影響を受けるものであったのだろうか。

この問いに対して本書では，制度による説明を対抗仮説として，世論や社会経済状態との説明力を対照しながら検証する[27]。そして，政党の政策や政党の政策選択に対して，世論の影響が選挙制度に増して顕著であり，もし世論の規定要因が制度変化というクリアな変化点によって特徴づけられていないのであれば，日本のマクロ政体は選挙制度以外の要因によって

---

(27) なお，本書のもうひとつの対抗仮説は，「民主主義が機能していなかった」，「応答性に決定的な偏りが存在していた」というものだが，これらは分析の結果導かれる結論に即した対抗的説明である。実証分析に臨んで，推定モデルに対抗仮説として組み込むのは，「世論と制度」の効果を対照するための，選挙制度改革の効果ということになる。

変化するものであることが推論されるだろう。そして本書においては、世論をスティムソンが1991年と1999年の著書で定義した「公共政策ムード」（以下、「政策ムード」）[28]として表し（Stimson 1991, 1999）、その主な規定要因が制度変化ではなく、社会経済的なイヴェントや経済状況それ自体であったことを主張していく。

　第三に自民党の政策と政府の政策選択が同一のものであったとする仮定を緩めることで、世論に対して政党が反応してきたのか、世論に対して政府が対応してきたのかを個別に分析する。この設定は、これまで欧米における政治代表に関する実証分析の発展と対をなす。第3章と第8章において詳しく検討するが、政治代表に関する実証分析は1990年代に、アメリカ政治研究において世論と政府の政策的帰結の関係を分析するものとして始まり（Stimson et al. 1995）、2000年代初期にはその概念整理がなされた上で（Manin et al. 1999）、2000年代半ば以降世論と政党の政策公約の関係を多国間比較により分析するものとして発展してきている（Adams et al. 2004）。本書が、自民党の政策と日本の政府の政策選択を分けた上で分析する必要性を強調し、そうした枠組みを採用することは、これらの欧米での研究発展の流れを反映してのものでもある。それと同時に、前節でも指摘したような、政党の政策と政府の政策選択を区別して検証する必要性に対処するためのものである。

　また政党の政策といった場合に、それは単に政権党である自民党の政策を意味しない。本書は、他の野党を含めた分析を行うことで、日本の政党全般が有権者に対してどのように反応する傾向にあったのかを分析するための研究設計に依拠する。

　本書では、日本政治研究の3つの傾向に上述のように対処することを根源的な目的に据えて、以下の枠組みに依拠しながら次章以降の実証分析を進める。

2.2.2　本書の枠組み――「日本のマクロ政体」モデル

　その上で本書の枠組みをまとめると、図2.2のようになる。

（28）　なお、「国内政策リベラリズム・ムード」というのは、アメリカにおいて確認された政策ムードの具体的な呼称である。

図2.2　本書の実証課題についての概略図

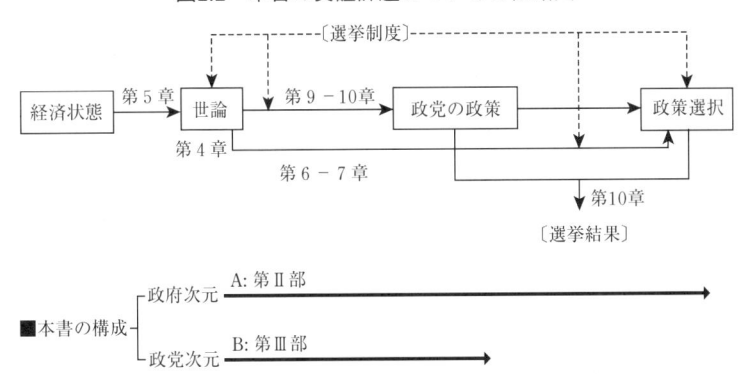

〔選挙制度〕

経済状態 —第5章→ 世論 —第9-10章→ 政党の政策 → 政策選択
　　　　　　　　第4章
　　　　　　　　　　第6-7章
　　　　　　　　　　　　　　　　　　　　第10章
　　　　　　　　　　　　　　　　　〔選挙結果〕

■本書の構成
　政府次元　A: 第Ⅱ部
　政党次元　B: 第Ⅲ部

出典：筆者作成。

(1) 第一の実証課題―「世論と政府の関係」の分析

第一の実証課題は，まず有権者の政策選好の集積としての政策ムードを特定し，それが何によって規定されていたのか，そして，それが政策選択をどのように規定していたのかを論証するものである。これは第Ⅱ部の「世論と政府の政策」での各実証作業に該当する。また図2.2においては，おおまかに「A」の因果経路に相当する。

その中での第一の作業が，第4章の世論としての政策ムードの特定と第5章のその規定要因の分析である。日本における政策ムードとはどのようなものであったのかを特定し，その変動を決定づけた要因を探る。政策ムードが，たとえばアメリカ政治においてはイデオロギー的な性質を有するものであったのに対して，日本政治におけるそれは何によって規定される性質のものであったのかを明らかにしておく必要があるだろう。政策をめぐる世論の規定要因について，スティムソンによる1995年の "Dynamic Representation"（以下，「動態的代表」論文）ではそれを推定モデルにおけるかく乱項として考えるという断りがなされていた。ムードの規定要因に関する明示的な分析がなされなかったのに対して，本書においてはその特定にも充分な関心を払っていく。

その上で，第二の作業として日本の有権者の集積的選好と政策選択の関係を分析し，世論によって政府の政策選択・政策実行が規定されてきたのかを確認する。この「動態的代表」論文と同様の政治過程を分析すること

によって，戦後日本政治においても「政策を介しての政治代表」関係が存在したのかという，包括的な応答性に関する知見を提供することが可能となるだろう。この作業には，第6章と第7章において取り組む。

こうした第Ⅱ部にかかわる分析枠組みは，たとえば『マクロ政体』のグランド・モデル（第3章図3.1，51頁）やマニンらによる政治過程の概念図（本章図2.1）と類似したものになっている。しかし，本書のこの枠組みは，「選挙制度」の影響を検証する点で，それらのモデルとは大きく異なる。ある国の政体を分析する際，選挙制度は時間的に一定で所与のものであるため，その影響を測る必然性はない。しかし，ここまで議論してきたように，日本政治の分析においてはマクロ政体に選挙制度，およびその変化が影響を与えてきたのか，あるいはマクロ政体の規定要因は別のものに求められるのかを検証しておく必要がある。従って本書においては，先行研究とは異なり，社会経済状態と制度，そして世論と制度，それぞれの説明力を比較する作業が新たに加えられている。また制度は，本書が世論の説明力を重視していく中で，それに対する主要な対抗仮説として位置づけられていくことになる。

(2) 第二の実証課題―「世論と政党の関係」の分析　　第二の課題は，第Ⅲ部の「世論と政党の関係」についてである。その中での第一の作業は，有権者が政党の政策に注目してきたのかをマクロ次元の分析を通して明らかにするものである。図2.2においては，おおまかに，「B」の因果経路に該当する。

第一の作業では，「もし有権者が政党の政策に注目して投票政党を選んできたのなら，選挙期のある政党の政策は同党の支持率，得票率を規定する」という仮説に基づき，世論に一定の合理性が認められたのかを検証する。この取り組みは，「合理的な一般有権者」（Page and Shapiro 1992）の議論に通じるものとなる。

そして第二の作業は，政党は世論に配慮して政策を決定しているのかを実証するものである。政党が有権者の意向に配慮して政策を決定しているのかを明らかにするためには，政党の政策は世論によって規定されているのかという問いと，政党の政策変化によって政党の選挙パフォーマンスは規定されるのかという2つの問いに取り組む必要があった。これはアダムスとその同僚らが進めてきた，空間競争理論の含意の検証としての代表メ

カニズムの分析に呼応するものである(Adams et al. 2004, 2006)。その中で取り組まれた2種類の問いを日本政治分析にも応用する試みである。

　これらの2つの作業からなる第二の課題については，CMPデータをもとに，日本の政党の政策位置を特定した上で分析を進める。これにより，多国間比較における非ヨーロッパ地域の政党をめぐる分析が欠落していることに対して，本書の知見からフィードバックを提示することが可能となるであろう。また前章において提示したように，異なる政治文化のもとでの共通の代表制の基盤が確認できるのかも，併せて検討することが可能になると考えられる。

第Ⅱ部
世論と政府の関係

第3章　世論と政府の関係についての先行研究

3.1　アメリカ政治をめぐるマクロ政治分析の始動

　政治代表のメカニズムは，従来の政治的大衆のみ，あるいは政治的エリートのみを分析対象としたミクロ次元での分析だけでは充分に明らかにすることができない。政治代表がある国において機能しているのかどうかを確かめるためには，世論と政府，または世論と政党の間で政策的応答性が維持され，それが負託の連続性を形成しているのかを検証する必要がある。

　こうした問題意識に基づいた研究は，有権者の選好や政党への愛着の集積とは何なのかを特定するという作業として始められた。そして大きな有権者レヴェルでの「うねり（force）」（Stimson et al. 1995: 546）と，政府によるそれへの対応という動態的な代表関係を確認する研究が，1990年代以降，アメリカ政治学を中心に提出されるようになった。そして，その有権者のうねりを捉えるためのマクロ政治指標が，まずは開発された。本章の先行研究の整理は，それらの指標化の動向を振り返ることから始まる。その上でジェームズ・A・スティムソン，ロバート・S・エリクソン，マイケル・B・マキューエンらによる，動態的な政治代表関係をめぐるマクロ政治分析を順に紹介する。

　アメリカ政治において，マクロ政治分析が導入されるようになった背景は，規範的な議論の対象であった政治代表という問題を，「政治代表とは何か」，「政治代表はどのように機能しているのか」という実証上の課題に接合していく必要性が認識されるようになったからである（Stimson 2007:

852)。その作業の端緒として取り組まれたのが、1989年のマキューエンらによる「マクロ党派性」の分析であった（MacKuen et al. 1989; 西澤 1998; 山田 2009）。ミシガン・モデルに立脚した投票行動研究において、政党帰属意識が投票選択の主要な説明要因として強調された一方で、マクロ次元での分析を志向する者にとっての主要な関心事は経済パフォーマンスの良し悪しに伴う選挙結果の予測であった（Erikson et al. 2002: 241-242）。これに対して、代表制の分析を1980年代後半から本格的に始動したマキューエンらは、ミクロ次元での投票行動の知見をマクロ次元での分析にも直接的に反映させようとした。彼らが両者の乖離を埋めようとしたことによって、まずは有権者個人の投票決定の主要因である政党帰属意識のマクロ動態が特定され、その性質として短期変動性が強調された（MacKuen et al. 1989: 1130-1138）。これによりある政党への期待が選挙結果や政策選択を導いているかもしれないという、代表制の一側面が分析の射程に入った。

　ただしマクロ党派性は、あくまで政党に対する感情・愛着を集積したものであって、有権者の選好を直接的に代理したもの、あるいは世論の総体を捉えることに成功したものとまでは言えなかった。また「政党への期待」が政策選択を導くという因果よりも、「政策への期待」が政策選択を導くという因果の方がより明らかにされる必要性の高いものであった。そこで政策への期待としての世論を操作化するためには、有権者の間に潜在する政策に対する漠然とした、包括的な期待・希望を可視化することが求められた。そしてあらゆる政策分野に共通する、有権者の潜在的な雰囲気を割り出すことが最善の方法と考えられた。

　この点で大きな研究発展を導いたのが、スティムソンである。彼は、アメリカにおける主要な世論調査（たとえば、全米社会調査（General Social Survey）、ギャラップ（Gallup）などをもとにして、重要なイシューへの応答に通底する有権者の集積的な選好を政策ムードとして指標化した（Stimson 1991, 1999）[29]。そして税制、国内施策関連分野での支出全般、人種差

---

(29)　あるいは、「市民の長年にわたる実質的選好」であるとの定義もなされている（Erikson et al. 2002: 193）。なおここで、政策分野に共通するムードが存在するのは確かかという疑問が生じるが、エリクソンらは、対象とした政策分野についてそれらの標準偏差内にすべての政策分野の変動が包含されていることを示すことで、その存在の確からしさを立証しようとした。たとえば、「銃

別，福祉，環境，銃規制，防衛予算，金融政策などを含む「国内政策軸」を析出し，それを「国内政策リベラリズム・ムード」として定義したのである[30]。

この国内政策リベラル・ムードの同定は，マクロ投票行動分析において画期的なものであった。なぜなら第一に，それ以前からのマクロ次元での投票分析においては，経済政策に対する業績評価が選挙結果をどのように左右するかが分析されていたが，有権者の政策をめぐっての気分や期待が操作化されたことによって世論が政策に与える影響の測定が可能になり，漠然とした有権者の動向と政治的帰結の関係を分析することができるようになったからである。この世論と政策の関係の分析が，次項において紹介するスティムソンの「動態的代表」論文につながる。

第二に，前出のマクロ党派性指標，それに加えて「全米選挙調査(American National Election Studies)」における候補者評価の集積，および政策ムード指標によって，標準的なミクロ次元の投票モデルであるミシガン・モデルの政党評価，候補者評価，政策評価に対応したマクロ次元での分析が可能となった。ミシガン・モデルが，個人の行動メカニズムの把握に適していたのに対して，これらの変数の同定により，マクロ次元での選挙結果の予測が可能となったのである。またこれは，従来のマクロ分析において，経済状況による選挙結果予測が主流であったのが，より政治的な変数によって政治的帰結の予測が可能になったことも意味していた[31]。

所持に対する警察の許可をより求める態度が，各州の教育支出に対する実質的な態度を適切に予測している」(Erikson 2002: 193)ことが気分の存在の立証には不可欠であるが，主成分分析の結果からも共通の因子としての「リベラリズム」に基づくムードが認められたことを強調している。
(30) その推移の特徴としては，1960年代の顕著なリベラリズムの台頭と，1980年代前半の保守化と1980年代後半にかけてのリベラリズムの復活が挙げられる。
(31) 実際にその分析が行われるのは，エリクソンらによってである（Erikson et al. 2002）。民主党の大統領候補の得票率に対してマクロ党派性単独での効果は認められないものの(256)，政策ムードとマクロ党派性を含んだモデルにおいては国内政策におけるリベラルなムードと民主党に対するマクロ党派性が，同党への得票率を押し上げることが明らかにされた(256-263)。また経済パフォーマンス，候補者評価を加えたモデルにおいて，それらの変数の説明力

3.2 「動態的代表」論文

これらのマクロ政治指標の発展を背景として，政治代表分析の主要な関心である「世論が変われば，公共政策が変わる」(Stimson et al. 1995: 543) というメカニズムが経験的に検証されることになった。その最初の研究が，1995年のスティムソンらによる「動態的代表」論文である。「動態的代表」論文は，これら2つの指標を独立変数とし，政策選択をアメリカ政治における行政，立法，司法の出力に求めながら分析を展開したものである。スティムソンらは，大別して，世論が過去の政党の政策活動に基づいて選挙結果を決定づけ，選挙結果（保守－リベラル比率）が政策を左右し，世論が政策を規定するという3段階の政治過程を設定した[32]。その中で，「世論－政策」間の因果経路が中心的に分析された。

スティムソンらの分析の中でも特に注目されるべきは，従属変数である政策選択の指標化である。彼らは，政策自体は潜在的で観察できないため，それを観察するために三権を網羅する複数の指標で代理するとして，第一に点呼投票などによる議員のイデオロギー格付け（Americans for Democratic Action / Americans for Constitutional Action / American Conservative Union）をもとにした保守－リベラルの比率，第二に主要な立法でのリベラル勝利連合の規模，第三に大統領の議会への支持・不支持をもとにした行政府の長のリベラル志向，第四に連邦最高裁判所判事の保守－リベラル比率を従属変数群として採用した。そしてこれらは，1956年から1993年までのアメリカ政治に関する政策ムード指標と統合された上で推定に付された[33]。こうした分析を通して，リベラリズム・ムードの上昇によって，大統

は認められないものの，政策ムードとマクロ党派性は統計的有意性を示しており，他の変数に優位するものであることが明らかになっている（272-276）。

(32) なおここで，政策ムードの規定要因，選挙結果に他の要因が与える影響，政策決定に他の要因が与える影響は，一部はモデルに組み込むことが可能だが，それ以外はかく乱項として扱うとされた（Stimson et al. 1995: 546）。本書の第4章は，そうした因果経路の分析に取り組むものである。

(33) 具体的な推定モデルには，独立変数として世論（政策ムード），当該機関における保守－リベラルの比率とマクロ党派性が組み込まれている。議会で

領のリベラル志向も助長されること，上下両院でのリベラルな立法活動が促進されること，連邦裁判所の方針も世論と連動していることが明らかになり，世論が公共政策の帰結を規定しているとの結論が導かれた（Erikson et al. 2002: Chapter 8; Stimson et al. 1995: 548-556）。

そして，2002年に出版された研究である，『マクロ政体』において，「動態的代表」論文では扱いきれなかった因果経路が分析され，有権者，政党，政府という三者から構成される「政体」のメカニズムが検証された。同書では，図3.1のグランド・モデルを基盤に，大統領支持率，マクロ党派性，政策ムード，政策選択をめぐって40本近いモデルが推定された。「動態的代表」論文からの発展で重要なものとしては，第一にミシガン・モデルをもとにした政党選択のマクロ・モデル化，第二に業績評価と大統領支持率の関係，第三にマクロ党派性の再考とその規定要因の分析，第四に政策ムードと立法の関係が分析されたことである。そして，それらの中から14の推定式と48のパラメターをもとに，1959年から1960年にかけてと，カーターの再選が阻まれた1980年以降について，経済状態が世論，選挙，政策に与えた影響を確かめるためのシミュレーション分析がなされた。こうした分析を通して，エリクソンらは一般有権者が合理性をもって政府の政策に

図3.1 『マクロ政体』におけるマクロ政治システムのグランド・モデル

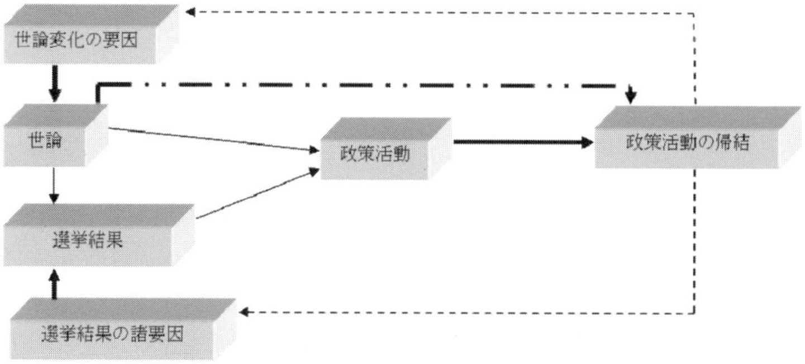

出典：エリクソンらの概念図をもとに筆者作成（Erikson et al. 2002: 390）。

の保守－リベラル比率は，直接的には選挙結果を意味する。選挙結果の規定要因も含めて，世論と立法的帰結について包括的に分析した研究に，スザンナ・デボフとスティムソンによるものがある（DeBoef and Stimson 1995）。

反応し，政府もそれを理解して政策を実行していることを示す証拠を提示したのである。

3.3 関連の日本政治研究—内閣支持率分析

3.3.1 支持率データとマクロ党派性研究

　前章において，マクロ次元の政策的応答性をめぐる研究が，日本においては限定的であったことを指摘した。しかし日本政治分析において，ここまで紹介してきた研究との関連で注目すべき先行研究が皆無だったわけではない。本章で紹介した研究に関連するものとして，政党支持率，内閣支持率についての時系列分析が挙げられる。

　政党支持率および内閣支持率についての分析は，主に時事通信社の『時事世論調査特報』に所収されている政党支持率，内閣支持率についての月次データ（以下，「時事データ」）を用いることで，業績評価モデル，あるいは経済投票モデルの検証として発展した。三宅一郎らは外交路線と政党支持の関係や，経済状態や経済認識が自民党支持に与える影響などについて分析し，経済に対する業績の高評価が自民党への支持を促すことを示した(三宅他 2001)。また，飯田健は政党支持の内閣支持率に対する説明力が時期ごとに一定であるとの制約を緩めることで，1980年代半ば以降の新党の登場を機に，与党支持率が内閣支持率を説明している程度が弱まってくることを示した(飯田 2005)。そして，中村悦大は外交や経済に対する意識変化が自民党支持，社会党支持に与えている影響を，多変量長期記憶モデルを用いて分析している（中村 2006‐2007）。こうした諸分析を統合するようなかたちで，読売新聞社による月次の世論調査データをもとに，経済状態が内閣支持率に与える影響，内閣支持率が政党支持率に与える影響，そしてその時系列的関係の構造変化を複合的に分析したものとして，前田幸男による分析も近年公表されている（Maeda 2011）。

　これらの分析は，たとえば中村が政党支持率データをマキューエンらのマクロ党派性変数とほぼ同義的に捉えているように，有権者の政党への愛着が業績への評価をどの程度説明しているのかを集積的に扱っている点で，日本における代表制の一段階を限られたデータの中から明らかにしようと

した試みであった。しかし，月次で得ることができる変数が各新聞社所収のデータに加えて，いくつかの経済指標に限られていることから，政治代表過程の全貌を分析するには限界があった。そして時事データには，マクロ党派性概念につながる政党支持率データが含まれていたが，政策への期待を代理できるデータ系列は充分に含まれていなかった。こうした点から，政策に対する有権者全体からの期待を集約しうるデータは，時事データ以外のものに求めざるを得ないことも明らかである。

3.3.2 内閣支持率と政策選択の関係

　データにかかわる限界はありながらも，世論と政策選択の関係を扱う研究もいくつか提出されてきている。小林良彰は，「選挙で選出された政党・候補者が依託された民意に基づいて政策を決定し，予算を作成することが求められている」(小林 1997：22) 中で，「有権者へのフィードバック」としての政策決定が行われているのかどうかを分析するために，政党の政策公約と政府支出の関係を検証した。その結果，政策分野ごとに異なりはするものの，「政府支出に対して政党公約が少なからぬ影響を与えている」(小林 1997：36) ことを明らかにしている。これらの分析では，世論と政策選択の関係に多分の注意が払われながらも，直接的に世論が分析に組み込まれたわけではなく，それと政策実行との関係が分析されたわけではなかった。

　また藤村直史は，首相の人気としての内閣支持率を独立変数として，政府支出への説明力を探る分析を行っている (Fujimura 2009)。藤村の分析は，人気のある行政府の長ほど予算決定において充分なリーダーシップを行使できることから財政規律を維持しやすいこと，そして日本のように首相のリーダーシップが他国の大統領制などに比べて脆弱であると考えられている場合においてすら，首相は政策決定に対して政治的資源をもとに影響を与えうることを，内閣支持率と財政支出の変化率との関係を分析することで明らかにしたものである。藤村の研究設計は，たとえば「動態的代表」論文が設定している問いや仮説とはその構造を異にするものの，データ分析としては類似のメカニズムに焦点をあてたものとなっている。藤村は首相のリーダーシップに注目したが，それは実際のところ世論と政府の政策選択の連関を扱った射程の広い研究と捉えることのできるものであっ

た。

　そして斉藤淳は，政府支出の細目に注目する必要性を示唆し，内閣支持率と政府投資の関係を分析することで，日本における政治的予算循環の存在を指摘した（斉藤 2010）。自民党の利益誘導と集票行動を説明しようとする研究においては，たとえば建林に代表されるように（建林 2004），制度下での議員個人の選挙誘引やそれに伴う行動の帰結などが分析対象になることが多かった。斉藤は「大胆な仮定」として，「自民党を一枚岩的な合理的行為主体もしくは比較的均質な内部組織の同型写像」（斉藤 2010：10-11）であると設定することで，自民党と有権者間の戦略的関係をモデル化し，それをマクロ・データにより検証した[34]。

　その上で斉藤は，検証に際し，有権者の離反が起こりそうな時期（政治危機）に自民党が政策転換を行ってきたことを示す，「危機と補償」（Calder 1988）のメカニズムを政治的予算循環の枠組みを用いて分析した（81-101）。すなわち，本来なら再選誘引から財政規律を維持しようとするはずの自民党が，政治危機時に政府による補償を増大させてきたことを論証したのである。その際，彼が採った操作化の手法は政治危機の程度を内閣支持率によって，また補償を政府投資（公的固定資本形成と政府在庫投資の和）によって代理するというものであった。そして，国政選挙前に内閣支持率が低下している時，自民党が公共事業を増やし，補償の増大を図ってきたことが報告されている。

　斉藤の分析枠組みは，長期政権を維持した自民党と有権者間の応答関係のメカニズムを探ろうとする点で，日本におけるマクロ次元での代表制分析に重要な貢献をなしたものであることは疑いを容れない。斉藤の研究は，「自民党政府と支持者の関係」を政策選択に注目しながら論証するという研究設計の点で，現在の日本政治分析におけるマクロ・データ分析のひとつ

---

(34) なお，斉藤の主張は次のとおりである。第一に自民党の一党優位体制のもと，有権者は「利益分配にありつくための競争」である「逆説明責任」の圧力にさらされていたとする。第二に，そうした利益分配を基盤として長期的な集票構造を維持するためには，有権者への監視・報復機能が常に有効でなくてはならなかったが，それが社会構造（都市化），経済構造（成長の頭打ち）のもとついには破綻せざるを得ず，その点で利益誘導政治には不可避な自己矛盾が内包されていたという。

の到達点をなすものと評価できる。

　しかし本書は，これ以降の分析で斉藤の分析とは異なる主張や結論を展開していく。これは斉藤の分析枠組みを，「危機と政策選択」の分析から，「世論と政府の関係」の分析へと発展させる余地があるとの認識のもと，表3.1のような修正を加えていくからである。斉藤の分析では内閣支持率のみが「危機」の代理変数として扱われた。しかし世論からの離反を，有権者による人気の高低に読み取るとするなら，政党支持率や政策に対する期待といった他の世論指標をもとに，分析を拡張することも可能となる。また斉藤の分析では，従属変数として政府投資が用いられた。しかし，他の種類の政策的対応を操作化する必要性もまた指摘できるのではないだろうか。そしてそれらの研究設計の変化が，どういった異なる分析結果を導き，それが斉藤の分析との比較にとどまらず，日本における政府の政策的応答性に対してどのような含意を持つのかを，以降の第Ⅱ部各章において分析していく。

表3.1　世論と政策選択の関係に注目した日本政治に関するマクロ分析

各研究 \ 各変数	世論（独立変数）	政策選択（従属変数）
公約と政策の関係の分析（小林 1997, 2008）	（世論を反映したものとしての）政党公約	各政策分野での政府支出
首相のリーダーシップの分析（Fujimura 2009）	内閣支持率	概算要求基準（の変化率）
政治的予算循環の分析（斉藤 2010）	内閣支持率	政府投資
政策的応答性の分析（本書）	政策への期待	政府投資＋もう1つの変数

第 4 章　戦後日本政治における政策ムード

4.1　日本にも政策ムードは存在したのか

　戦後の日本政治を振り返ってみた場合，たとえば，1960年代の国民所得倍増計画の推進により市民が総じて好況を享受しているような時期と，1990年代のバブル崩壊以降の景気の低迷感の漂う時期とでは，政府への期待は異なっていたであろう。また，1970年代や1990年代に発生した経済危機が，市民生活の悪化に波及したような時期にも，特有の世論の動きが見てとれるかもしれない。

　本章では，戦後の日本政治に注目し，「有権者の選好の集積」（Erikson et al. 2002: 211）としての世論，すなわち，日本政治における「政策ムード」を特定することを目指す[35]。この作業を通じて，有権者の政策に対する期

---

(35)　なお，有権者の間に通底する期待や不満といった漠然とした気分は，厳密な政治科学がその存在を追求する以前から，長く社会学や文化論など幅広い学問分野の関心の対象であった。たとえば，世論としての「ムード」という表現の初出は山本七平の『「空気」の研究』に認められる（山本 1983）。山本は議場の決定を論理やデータを越えて，ある方向に強制してしまうような雰囲気を「空気」とし，それを「戦後らしく『ムード』と呼」ぶことも可能だとしている（山本 1983：20）。また佐藤卓己は，日本において山本が「空気」と称し，それが「まだ認識の対象となっていない心理状態，つまり気分や雰囲気の表出」としての「世論」とほぼ同義であるのに対して，「公衆の社会的意識が組織化されたもの」は「輿論」として区別される必要があると論じた（佐藤 2008：32）。この佐藤の区分は世論に対する規範的な考察を含むものとして重要な基

待の動態を明らかにする。

4.1.1 アメリカにおける政策ムード—スティムソンによる指標化

アメリカ政治における政策ムードは、ジェームズ・A・スティムソンによって、「重要なイシューに通底する、潜在的でリベラルな政策を望む気分」(Stimson 1999: 3, 37) として定義された。この政策ムードは、1973年に開始された「全米社会調査 (General Social Survey)」の設問と回答をもとに算出され、「保守－リベラル」軸に依拠するという性質のものである。

ムードの具体的な算出のプロセスは、次のようなものであった。全米社会調査において、ある有権者がある政策分野に、より大きな支出を望むと回答するとき、それはリベラルな傾向を表し、全回答者に占めるそのパーセンテージが大きい場合に、当該政策分野でリベラルな政策志向が（有権者）全体として高まっていると判断される。その上で、スティムソンの関心は政策分野を横断的に扱った上での、リベラリズム政策ムード指標の作成であった。有権者の集積的選好として潜在する、循環性や推移性を持つムードの存在を明らかにするには、たとえば主成分分析または因子分析などにより各政策分野のリベラリズム志向に共通の挙動を、何らかの相関として抽出する方法が考えられる。しかしその単純な方法を、スティムソンはデータ時点の制約を理由にしりぞけた (cf. Erikson et al. 2002: 197: 201-202)[36]。なぜなら、世論データは設問や回答の関係から、多くの欠損値を含むものだからである。

そこで採用された手法は、現時点と1期前の回答の比率を算出することで欠損値をなるべく減らすという作業に始まる。それによって得られた欠

準と考えられる。それに照らすと、本書の政策ムードは「世間の雰囲気（世論）」と「公的な意見（輿論）」(佐藤 2008：39) という両方の性質を併せ持った、中間的な特性のものと位置づけることもできるだろう。そしてこうした位置づけは、本書における政策ムードの理解の基盤をなす。

(36) 仮に、欠損を補正しない状態での主成分分析によっても全体の分散の69パーセントを説明可能な第一軸が認められることを、エリクソンらは報告している (Erikson et al. 2002)。それがムードの存在を多分に示唆していることは明らかであるが、安定的に同一政策分野への回答が得られているわけではなく、その点で、より正確なムードの析出のためにはデータの欠損を何らかの方法で補う必要性が強調されることになった。

損のない系列をもとに，主成分分析と類似の方法によって全体の分散の多くをカヴァーできる「軸」を割り出すというものである。これをスティムソンは，「再帰的二項モデル（recursive dyadic model）」とした[37]。そうして析出された第1軸をもって，スティムソンは「国内政策ムード軸」とし，「国内政策リベラリズム・ムード」の推移を観察できる世論指標としたのである。

4.1.2 政策ムード指標の応用に際して―どの世論データを用いるのか

では，この政策ムード変数の指標化を，日本政治分析に直接的に応用することができるだろうか。この点をめぐって，アメリカ政治におけるムードと同質のものが，日本政治においても認められるとは想定し難い。

全米社会調査の設問においては，リベラリズム傾向が各政策分野における支出をいとわない態度，すなわち大きな政府を許容する態度として表され，保守主義的傾向が小さな政府を望む態度であるとあらかじめ設定されている。これに対して日本の世論調査において，そのような設定はほとんどなされてこなかった。また，日本政治に関しても，憲法改正問題や日米関係などといった個別の争点分野において，保守か革新かという対立軸が認められる時期があるのかもしれない。しかし，あらゆる政策分野に通底する気分としての「保守－革新」軸が，全ての時期において網羅的に適用可能なわけではない。またアメリカ政治のように，「保守－リベラル」と「小さな政府－大きな政府」という次元をほぼ同義的に扱うことも適切とは言えないだろう。こうした実態を考慮すると，アメリカ政治分析において，リベラリズムに基づくムードが容易に導かれたのに対して，日本政治においても同質のものが確認されるとは考え難いのである。

このような応用上の留意点はあるが，日本においても，マクロ・トレンドを有した固有のムードが認められるのかどうかを，スティムソンと同様の手順によって確認することは可能である。本書では，内閣府による「国民生活に関する世論調査」（以下，「内閣府データ」）内の「政府への要望」の設問を加工することで指標化を進める。具体的な指標化は次のとおりで

---

(37) 再帰的二項アルゴリズムを用いた関連の研究に，飯田健による経済状態と投票参加の関係を分析したものがある（飯田 2009）。

ある。

「政府への要望」項目は国際問題，くらし，経済，社会，教育などに関する各項目からなっている。本書の分析対象年は1959年から2006年までであるが，そのうち1959年から1968年までは複数の選択肢の中から最も要望したいことを1つ選ぶ形式になっている。従って，各項目に報告されている値は項目全体を100パーセントとした場合の当該選択肢の選ばれやすさの程度を表している。そこで，その値をそのまま観測値として採用する。次に，1969年から1978年と1981年から1982年では「1番目に要望したいこと」と「2番目に要望したいこと」をたずねる形式になっている。そこでそれらの年次については，「1番目に要望したいこと」で示されている割合を使用した。そして1983年から1991年では「2つ選ぶ」，1979年から1980年では「3つ選ぶ」，1992年から1997年では「好きなだけ選ぶ」という形式になっており，各項目について報告されている値は調査対象者の何パーセントが当該項目を重要と答えたかを示している。よって，この報告された割合を全て和し，それを分母として各項目の選択割合を除することで，全体に対する当該項目の割合を算出した。

このように選択肢の形式やその選び方，項目の配置などがデータセットの時系列間を通して一定ではなく，何らかの測定上の誤差が生じている可能性は否定できない。一方で，このデータを採用する利点として次の2点が考えられる。第一に，「政府への要望」はまさに政府に対する政策面での期待を問うたものであり，その集積は政策に対する有権者の包括的期待を直接的に反映するものだということである。第二に，設問と回答の形式は変化しているとしても，ここで算出されている各政策分野の値は，全体の中でのその分野における期待の割合を表してはいることである。分母の値の増減はあるにしても，その政策分野が全体の政策分野の中でどの程度関心を持たれていたのかということを，この割合値はまさに示している。従って，本書の目的に沿う最善の世論指標として，このデータに基づいた指標化に依拠することにする。

では，内閣府データをもとに，各政策分野の世論系列の変化について概観しておくことにしよう。各政策分野における世論の動態を示したものが図4.1であり，その記述統計は表4.1に示した。

これらを参考にすると，直観的にも政策分野ごとの世論に共通の挙動が

第4章 戦後日本政治における政策ムード　61

図4.1　各政策分野についての世論の時系列的変動

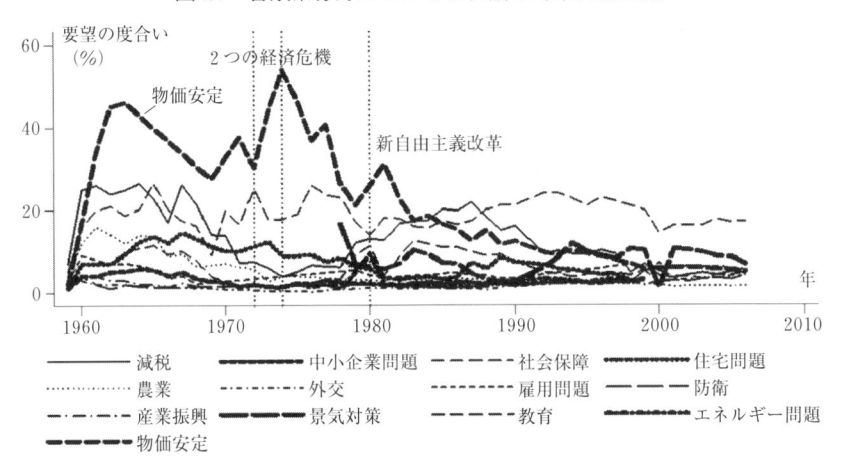

凡例:
―― 減税　―― 中小企業問題　---- 社会保障　―― 住宅問題
‥‥ 農業　‥‥ 外交　---- 雇用問題　―― 防衛
―‥― 産業振興　●●● 景気対策　---- 教育　●●● エネルギー問題
●●● 物価安定

出典：筆者作成。

認められるようであ
る。また，1970年代
ないしは1980年代に
何らかの主要な変化
が生起しているよう
にも考えられる。こ
れらの世論の動きを
総括して捉えられる
ような軸，すなわち
日本政治に固有の政
策ムードが存在する

表4.1　各政策分野変数の記述統計

変数名	観察数	平均	標準偏差	最小値	最大値
減税	47	12.692	7.404	3.441	26.6
社会保障	46	18.747	4.070	5.000	26.6
農業	42	4.797	4.102	1.323	16
雇用問題	30	5.207	1.609	2.100	9
産業振興	10	2.610	0.930	1.400	4
教育	46	6.149	3.296	1.400	12.5
物価安定	42	20.17	14.484	2.000	54
住宅問題	40	7.289	3.429	1.000	14.5
中小企業対策	36	2.720	1.267	1.000	5.8
防衛	16	2.610	1.180	1.000	5.1406
外交	28	1.685	1.192	0.100	4.076
エネルギー問題	25	2.475	1.719	0.800	9.3
景気対策	28	7.785	3.246	0.936	16.5

のか，また，それはどのような特徴をもったムードとして定義可能かを次
節において検討する。

4.2　日本における政策ムード

　ここでスティムソンによる「再帰的二項モデル」のアルゴリズムに基づ
き，上記の世論データを用いることで，日本における政策ムードとはどの

表4.2　2種類の政策ムード

変数名	観察数	相関 第1軸：成長好感	相関 第2軸：弱者救済
減税	47	*0.921*	*-0.812*
農業	42	*0.896*	0.674
中小企業問題	36	*0.902*	0.280
生活環境	41	*0.881*	0.325
地域間格差	2	*1.000*	0.000
教育	46	0.684	*-0.849*
物価安定	42	0.425	*0.777*
住宅問題	40	0.520	*0.715*
社会保障	46	0.135	0.296
雇用問題	30	0.115	0.429
産業振興	10	-0.121	-0.076
防衛	16	-0.512	-0.262
外交	28	-0.268	-0.121
消費者保護	20	0.351	0.066
エネルギー問題	25	0.180	0.113
景気対策	28	-0.416	0.159
地域活性化	16	0.433	0.355
固有値	-	4.070	1.950
比率	-	37.920	18.130

注：斜字字は有意な相関を表す。

ようなものであったかを検討することにしよう[38]。その結果は表4.2に報告し，図4.2にはその動態が示されている。またよりよく2つの軸の性質を把握するために，GDP成長率を併記した図4.3と図4.4を掲げた[39]。それらを参照すると，マクロ・トレンドがうかがえ，また対照的な動きを示しているように見える2つの軸が析出された。

第1軸は，減税，農業，中小企業，生活環境，地域間格差と高い相関が示されており，それによって全体の世論変動の約38パーセントが説明可能なものである。この軸は1960年代の高度経済成長期に高い値を保っていたが，1972年のニクソン・ショック，1973年のオイル・ショックという2つの経済危機を経て大きく低下して底を打つ。そして，それ以降の安定成長期には緩やかに上昇しながら中程度の値を保つが，バブル崩壊以降は下降を続けた。その後，1997年のアジア通貨危機や金融危機を受けて再度底を打ち，現在に至るまで低下し続けるという動態を示している。また特筆すべき点は，図4.3に見られるように，GDP成長率との顕著な連動関係である。GDP成長率が高まれば，ムードも高ま

---

(38)　具体的なアルゴリズムについては，スティムソンによって付録にまとめられているものを参照した（Stimson 1999: Appendix）。また，そのアルゴリズムに基づいたソフトである「Wcalc4」と「Wcalc5」が公開されており，本書は「Wcalc5」を用いた分析結果を提示している。

(39)　GDP成長率については，総務省統計局の「日本の長期統計　第3章：国民経済計算」内の，「国内総生産及び要素所得（名目，実質，デフレーター）－平成2年基準（68SNA）（昭和30年～平成10年）」のデータを参照した（http://www.stat.go.jp/data/chouki/ zuhyou/03-04.xls）。

第4章 戦後日本政治における政策ムード 63

図4.2 スティムソンの手順に基づいて導いた
2つの政策ムードの変動

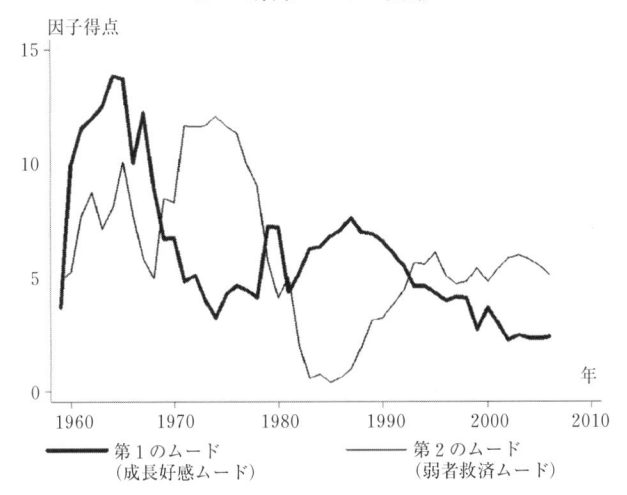

第1のムード（成長好感ムード）　第2のムード（弱者救済ムード）

出典：筆者作成。

図4.3 成長好感ムードとGDP成長率の推移

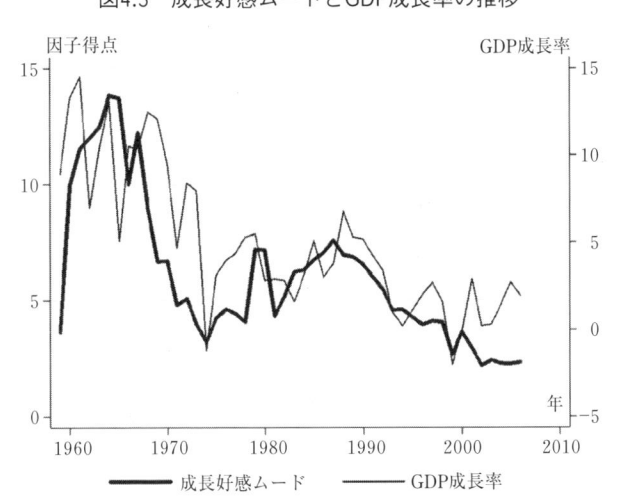

成長好感ムード　GDP成長率

出典：筆者作成。

図4.4 弱者救済ムードとGDP成長率の推移

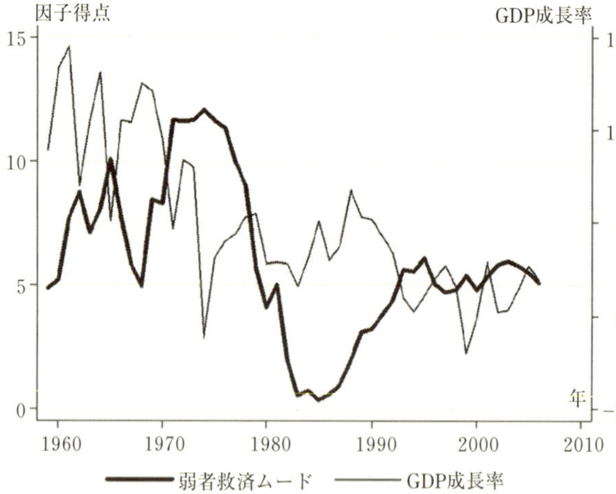

出典:筆者作成。

　り,またその逆の傾向も見てとれる[40]。
　本書では,第1軸を構成する主要な要素やGDP成長率との連動を考慮して,これを有権者の大多数を占める中産階級が経済成長を好感し,さらなる成長に期待する気分を表す「成長好感ムード」として定義することにしよう。成長好感ムードは,市民が成長による好況を享受し,さらなる経済成長を期待する雰囲気を表したものと考えられる。また,税負担の軽減や国家による介入の抑制を期待し,生活の質の向上や経済状況のさらなる改善を望む気分を表してもいるだろう。それは,1970年代初頭や1990年代の経済危機において景気が極端に悪化し,市民の暮らし向きが悪化する時期に低下傾向を示すことによっても示唆される。ではそういった時期には,逆に,どういう性質のムードが高まっていたのであろうか。
　成長好感ムードの挙動と,対照的な推移を示しているのが第2軸である。この第2軸は減税,教育,物価,住宅問題の各変数において高い相関が示

---

[40] 従属変数にこの政策ムードを,独立変数に経済指標の1期前の値を採る単回帰分析によると,「$\beta_{\text{GDPgrowth}} = 0.551\ (t = 6.90)$」という結果が得られる。なお,1960年から2005年までのサンプルをもとにしたものである。以降の経済指標に関する単回帰分析も同様のサンプルにもとづく。

されており，世論全体の変動の約18パーセントが説明可能なものである。この変動の特徴を整理すると，成長好感ムードとは対照的に成長期にはさほど高くないか低下し，逆にいくつかの経済危機を受けての低成長期には顕著な上昇を示すことが見てとれる。

　これを本書では，経済状況の悪化を受けて，市民の間に政府に対する政治行政両面からの対応を求める気分が高まっていることを表す「弱者救済ムード」として定義することにしよう。具体的にはオイル・ショック後の物価の極端な上昇期や，不況期，GDP成長率の下落が明らかな時期に非常に高い値を示す。そして1980年代半ばにかけてのGDP成長率の復調期，そして安定成長期には低い値で推移していた。またバブル崩壊後に急上昇し，その後現在に至るまで相対的に高い値を維持することを特徴としている[41]。GDP成長率が成長好感ムードの上昇と連動する傾向が顕著であったのに対して，弱者救済ムードについての単回帰分析では，低経済成長期にムードが高まることを示す結果は認められてはいない[42]。他方で，生活への不満足度が救済ムードの上昇を促すことは確からしい[43]。この点から，経済状況に対する評価とも密接にかかわっているようである[44]。弱者救済ムードは，経済状態の悪化やそれに対する不満が募った時期に高まる性質

---

(41) 但し，1960年代から1970年代にかけての高度経済成長期にも，救済ムードは相対的に高いことには留意する必要がある。これは戦後の急激な成長のかげで淘汰された，中小零細規模の企業・自営業者や，成長の恩恵に充分に浴することができなかった社会階層の不満を反映したものと解釈できるのではないだろうか。

(42) 単回帰分析の結果は，「$ß_{GDPgrowth} = 0.160$ (t = 1.44)」である。

(43) 単回帰分析の結果は，「$ß_{unsatisfaction} = 0.153$ (t = 1.76)」である。

(44) また，消費者物価指数と弱者救済ムードの関係については，より示唆的な結果を得ている。消費者物価指数と弱者救済ムードの関係について，1960年から2006年までの単回帰分析をするとその結果は消費者物価指数の上昇によって，救済ムードも上がるという想定とは異なるものである（$ß_{CPI} = -0.054$ (t = -4.34)）。他方，両者の関係についての散布図をもとに検討すると，1980年以前では負，1980年以降には正という顕著な逆U字性が確認された。これは1980年以前については1970年代半ばの狂乱物価期に救済ムードが上昇し，以降については1980年代に物価安定のもとで救済ムードが低値で推移したことを反映してのものである。なお逆U字性は，「逆U字検定」の結果からも示されている（Lind and Mehlum 2007）。

のものであることが示唆される。

4.3 まとめ

スティムソンの「再帰的二項アルゴリズム」に基づき，内閣府データを用いながら分析したところ，戦後の日本政治においては，2種類の政策ムードの存在が裏付けられた。本章では，それらを「成長好感ムード」と「弱者救済ムード」として定義した。それらのムードの特徴は，アメリカ政治における政策ムードがイデオロギー的な性質をもつものであったのに対して，GDP 成長率，消費者物価指数といった経済指標との連動性を特徴としたものであることが示唆される。従って，次章では，政策ムードの規定要因として経済状態，経済評価の効果を順次検証する。それに加えて，選挙制度改革の効果との対比についても併せて検討する。

第5章　政策ムードの規定要因の分析
―経済状態と政策ムード

5.1　何が政策ムードを動かすのか

　前章において，日本における政策ムードとして，「成長好感ムード」と「弱者救済ムード」を定義した。では，何がこれらの政策ムードを動かしてきたのだろうか。

　政策ムードが何によって規定されるのかという点は，初期の研究ではほとんど扱われなかった。ジェームズ・A・スティムソンら自身が，ムードの規定要因は「有権者間に潜在するうねりのようなものであり，観察不可能であることからかく乱項として扱う」(Stimson et al. 1995: 546) という断りをおいていた。このように，ムードの規定要因自体は当初分析の対象とはならず，有権者の政策への期待が何によって形成されるのかを明らかにする試みはその後の研究に引き継がれることになった。

　そして，政策ムードの規定要因を探る分析は，3つの系統に分かれて発展してきたと考えられる。ひとつは社会的要因に注目したものである。たとえば，ピーター・K・エンスとポール・M・ケルシュタットは，経済問題などに関するニュースを受容し，それを政治的な態度形成に利用する有権者の「知的洗練度（sophistication）」のマクロ変動によって，政策ムードが規定されるのかどうかを分析した。そして，どの洗練の段階にいる有権者も同程度に，同時期に，同方向に政策ムードを変化させていることを明らかにしている (Enns and Kellstedt 2008)[45]。次に，政治的要因に関する分析が挙げられる。エリクソンらは「動態的代表」論文からの継続的な取り

組みとして，政策ムードにそれ以前の政策活動や立法活動，および政党コントロールが影響していることを報告している（Erikson et al. 2002: Chapter 8）。そして最後は，ロバート・H・デュールによる取り組みを嚆矢として経済的要因に注目することで，「何が政策ムードを動かしているのか」を明らかにする試みである（Durr 1993; Stevenson 2001; Erikson et al. 2002: 230-235）。日本の有権者世論に潜在すると考えられる政策ムードについては，前章でも指摘したように，社会的要因や政治的要因にもまして，経済的要因によって影響を受ける政策ムードの変動について分析する必要性が示唆されている（参考：大村 2010b）。

こうした研究動向を念頭に，次項以降，政策ムードに経済的要因が与えている影響についての分析を進めていくことにしよう。

5.1.1 経済状態と経済評価のムードに対する影響

経済投票モデルにおいては，長期的な有権者の政治態度と短期的な政治行動に対する，経済状況の説明力が問われた（Lewis - Beck and Paldam 2000）[46]。しかし，それらではカヴァーしきれない世論の側面である，市民の政策的選好の集積については，多くの研究が存在したわけではない。

---

(45) これは，従来の経済評価をめぐる分析において，情報処理に優れた有権者とそうでない人々とでは，経済情報によるショックを政治的態度に変換する能力に差異があることが強調されてきたのに対して，社会的な教育という要因の重要性を示唆するものである。

(46) 経済状態と世論の関係については，経済状態が有権者の社会化の過程を通して，政治的態度の形成を促すという長期的な政治過程と，有権者の政党支持や投票といった，選挙ごとに変動する政治的支持に経済状態が影響するという短期的な過程が，それぞれ1990年代以降分析の対象とされてきた。前者の主たる研究は，有権者が政治的成熟期に体験する初期の経済的条件が，その後の長期的な政治態度（たとえば，脱物質主義的価値観）を規定するのかどうかを明らかにしようとするものであり，それを肯定する研究と（たとえば，Inglehart 1971, 1990; Clarke et al. 1999），経済条件のほかに若年時の教育の効果を強調する分析の間に論争が生じるなどして発展した（たとえば，Duch and Taylor 1993; Inglehart and Abramson 1994）。これに対して，後者の政党支持や投票といった有権者の短期的な意思決定をめぐる分析は，後述する経済政策への評価に基づく経済投票モデルとして発展しており，本書も広くはそうした研究の流れを汲むものとして位置づけられる。

1990年代初頭の時点でスティムソンによって政策ムードが同定され，それが多分に経済状態に影響を受ける性質のものであることが示唆されながらも，有権者の経済評価によってムードがどのように変化するのかについての分析は限られていた。

その中で最も初期の研究と考えられるのは，アメリカ一国を対象とした，デュールによる政策ムードと経済状態の関係についての分析である（Durr 1993）。デュールは，ミクロ経済学における消費者の最適化行動に着想を得て，有権者が効用を最大化できる政策選択肢を，国家経済の予算制約のもとで選択することをまず仮定した。その上で有権者は，経済状態が良好なときには福祉拡充を求める左寄りの政策ムードを形成し，経済状態が悪化しているときには，逆に緊縮志向の右寄りのムードが生起するという理論的主張を展開した。スティムソンの政策ムード指標を援用し，それに対する経済への期待の説明力を検証することで，仮説を支持する結果を報告している。

デュール論文の知見は，ランドルフ・T・スティーヴンソンによって追試された（Stevenson 2001）。スティーヴンソンは，デュールの想定が一般化可能なものであるか否かを確かめるために，多国間比較によって経済状態とムードの関係を分析した。それに際し，政策ムードとして，ユーロバロメター（Eurobarometer）内の有権者によるイデオロギーの自己配置などを従属変数とし[47]，各国のインフレ率，失業率，GDP成長率，社会保障費，政府の党派性の影響をあげ，それらを測定している。その結果，経済成長によってムードの左傾化が進み，逆に，失業率やインフレ率が高まることによってムードの右傾化が促されることが明らかになった。これは，デュールの知見が多国間比較によっても支持されることを明らかにしたものと

---

(47) そもそも従属変数となる政策ムード指標については，各国固有のムードが析出されることが望ましいが，世論調査項目の異質性，各国について析出されるであろうムードの異質性を背景とすると，それぞれの国の政策ムードを従属変数として推定を進めることには限界があった（Stevenson 2001; 大村 2011）。そこでスティーヴンソンは，スティムソンによる政策ムード指標の代替として，ユーロバロメターによる自己配置の平均値と，政党の政策位置と有権者の政策位置を統合したイデオロギー配置の2種類を採用することで比較分析を可能にした。

なった。

　その後，エリクソンらは「国内政策リベラリズム・ムード」の規定要因として，フィリップス曲線の含意を念頭に，失業率とインフレ率の説明力を特定しようと試みている(Erikson et al. 2002: 232-235)。ここでエリクソンらのモデル (Erikson-MacKuen-Stimson model: EMS モデル) が，デュールやスティーヴンソンのそれとは異なり，失業率が高くなればそれだけ政府による失業補償の充実が試みられることから，政策ムードは緊縮方向ではなく，リベラルな方向に変化すると想定した点には留意しておかねばならない。そして分析の結果，インフレ率の上昇により政策ムードは保守傾向に転じ，失業率が高くなると，リベラル方向に移動することが明らかになった。

　このようにデュール，スティーヴンソン，エリクソンらの各分析では，想定する理論やそれに伴うモデルの構造の異質性が背景として存在し，同様の結果が得られたわけではない。しかしいずれの場合にも，経済状態が世論に与える影響について，消費者物価指数，失業率，GDP 成長率などの一般的な経済指標が政策ムードの説明要因として検討され，ムードが種々の経済指標によって規定されることが示されてきた。

　これらの研究に対して，パトリック・T・ブラントとジョン・R・フリーマンは，アメリカ政治に関して金融政策，政策金利，GDP 成長率，消費者物価指数，失業率，消費者信頼感指数(Index of Consumer Sentiment)，大統領支持率，マクロ党派性，原材料価格から構成される 9 本の同時方程式からなる構造方程式を推定し，実体経済が政体に与えている影響は限定的であることを主張した (Brandt and Freeman 2009)。ブラントらは，高度な時系列分析モデルの導入により，短期的な経済ショックの影響を受けて変動する傾向にあると考えられてきたマクロ党派性，ないしは大統領支持率といった政治的変数は，実際は長期的な政治的変数自体の自己ショック (own innovation) によってのみ規定されていることを指摘している (135-138)。そしてそれは，EMS モデルにおいて，失業率がマクロ党派性や大統領支持率に影響を与えているとしたエリクソンらの知見を，決定的に覆す結果であったことを強調した[48]。なお，ここまでの先行研究の知見は，表

---

(48)　具体的には，失業率のかく乱項の影響がマクロ党派性，大統領支持率に伝

表5.1　先行研究の整理

先行研究	失業率	消費者物価指数	GDP成長率
Durr(1993)	経済状態の良化により左，逆の場合に右		
Stevenson(2001)	右	右	左
Erikson et al.(2002)	左	右	−
↓追試		↓	
Brandt and Freeman(2009)	非有意	非有意	非有意

5.1に整理してある。

5.1.2　ブラント＝フリーマン・モデルからの発展

　マクロ政体の解明には，本来，高度な手法の援用が不可欠であった。ブラントらの追試は，変数間の内生性やかく乱項の不確実性を正確に測定する方法を通して，EMSモデルをはじめとする諸モデルから導かれた，いわば楽観的な結論を否定することに成功したものであった。しかしそこには，なお追加的に検討すべき課題が2つ残されている。

　第一に，ブラントらはマクロ党派性と大統領支持率に対する諸経済変数の説明力を確かめているが，政策への期待である政策ムードについては分析に含まれなかった[49]。特にブラントらが追試のターゲットとしたEMSモデルは，マクロ党派性や大統領支持率といった政党・政府への支持の程度としての世論よりも，政策への期待としての世論に対する経済状態の影響を確かめることに重きを置いていた。ブラントらは，失業率に付随するショックがマクロ党派性，大統領支持率に与える影響は不確実なものであると論じながらも，政策ムードに与える影響について解答を与えていないのである。ブラントらの結論は，経済変数が一部の政治的な世論変数を限定的にしか規定していないことを示してはいるが，世論指標の中で最も重

わる様子を描写したインパルス応答関数において，その誤差幅（error bands）の信頼区間の間にゼロが含まれていることからの判断である。

(49)　ブラントらの2009年の論文において，政策ムードは分析対象となっていないが，ブラントとジョン・T・ウィリアムズは，政治学における時系列モデルの分析に際して，VARの汎用性を解説したテキストで，政策ムードとマクロ党派性の関係についての分析を例証として取り上げている（Brandt and Williams 2007: 59-70）。その中では，マクロ党派性が政策ムードに与える影響も，またその逆も統計的な確からしさが低いことが報告されている。

要と考えられる政策ムードが，直接的に分析に付されていない点は改善を要する。

第二に，ブラントらの推定においては，経済変数の世論変数に対する内生性と外生性が区別されていなかった。彼らのモデルは，全てのマクロ変数が内生的であることを想定しているが，政治経済変数の中には内生的に世論に影響を与えるものと，外生的なショックとして世論を規定するものがある。ブラントらの分析では，政策ムードに対して有権者自身の主観的な経済認知が内生的に影響しているのか，または経済状態が外生的に影響を及ぼしているのかといった，経済評価に関する多層的側面が理論上分化されていなかった。また経済投票モデルの知見にあるように，個人的な経済状態についての認識がムード形成に影響するのか，あるいは社会的な経済状態についての認識が影響するのかという分類についても，実証分析には充分に反映されていない。有権者の経済評価と投票行動の関係をめぐっては，いくつかのヴァリエーションが存在することが経験的にも示唆されている。この点を考慮すると，ブラントらの分析は理論上も，方法論上も一定の修正を要するものと考えられるのである。

以下では，上記 2 点を考慮した実証モデルを組み立てるために，本書の理論的主張をまとめた上で，推定の技術的な面について整理しておこう。

5.2 経済状態に対する 2 種類の評価基準

有権者が経済状態，あるいは政府の経済政策の実績を評価すると言うとき，何をもって検討材料としているのだろうか。200以上もの先行研究が存在すると言われる経済投票分析をめぐって，マイケル・S・ルイスベックとマーティン・パルダムがその動向を整理した際の基準のひとつが，有権者は国家規模での経済状態に関心をもっているのか（「社会志向（sociotropic）」），あるいは，自身のふところ事情を考慮して経済状態を判断しているのか（「個人志向（pocketbook/ egotropic）」）をめぐってのものである（たとえば，Lewis-Beck and Paldam 2000: 117-118）[50]。ドナルド・R・キン

---

(50) 他の代表的な基準としては，将来期待型投票か，業績評価型投票かをめぐるものが挙げられる（Lewis-Beck and Paldam 2000）。

ダーとD・ロドリック・キーウィートの分析では，彼ら自身の従来の研究（Kinder and Kiewiet 1979）や，モリス・P・フィオリーナが有権者の個人志向型の評価を主張してきたのに対して（Fiorina 1978），有権者は一国の経済状態を考慮する社会志向型の評価を行っていることが主張された（Kinder and Kiewiet 1981）。その後，イギリス政治については個人志向評価の説明力の優位性が示されるといった例外も認められたが，比較研究を通して，概ね有権者は社会志向の経済評価を行い，それが態度形成，行動決定に影響を与えていることが明らかにされてきている[51]。

しかし，これらの社会志向か個人志向かという経済評価に加えて，有権者の認知構造や態度形成のメカニズムを考慮した場合，有権者が「客観的な経済状態」に反応しているのか，それとも社会への満足度・不満度や，暮らし向きの安定感・不安定感といった「主観的な経済認知」をもとに評価を下そうとしているのかという分類もまた重要なはずであった（西澤 2001：124-126）。西澤由隆は，自民党支持と経済業績評価の関係を分析する際，「いわゆるマクロ経済指標で作業定義される客観的経済状況と世論調査データなどで測定された『暮らし向きの良し悪し』などの主観的経済評価は，いずれも『経済変数』として従来まとめられてきたが，厳密にはそれらは区別されなければならない」と強調している（西澤 2001：124）。そして，客観的経済状況としての消費者物価指数，卸売物価指数が主観的経済評価としての暮らし向きに与える影響をまずは測定し，その上で暮らし向きが自民党支持率に与える影響を，2段階に分ける工夫をした上で推定した[52]。

この西澤の分析は，客観的な経済状況と主観的な経済評価の違いを明確

---

(51) 社会志向評価の説明力の高さが繰り返し強調されてきた背景には，経済政策という高度な情報処理を必要とする政策評価において，政治情報を適切に把握できる有権者ほど社会的な経済状況を身近な生活環境に結びつけて考える能力が高く，そうでない有権者はメディア報道や政府による陽動などに影響されて，一国の経済状況のみを考慮するという特徴が指摘されている（Lewis-Beck and Paldam 2000）。
(52) 暮らし向きが，自民党支持率に対して先行指標であることも併せて報告されている点は興味深い（西澤 2001：135）。西澤の分析のほかに，日本政治に関する主観的な満足度をめぐる変数を分析したものについては，平野浩によるリヴューに詳しい（平野 1998：33）。

に区分したものであった一方で,「社会志向」の経済評価をめぐる客観,主観の両評価に相当する指標群は分析モデルに組み込まれなかった。なぜなら西澤の分析は,暮らし・生活という「個人志向」の経済評価における客観的側面(消費者物価指数)と主観的側面(暮らし向き)の説明力に焦点を絞ったものだったからである。有権者の中には,国レヴェルでの経済動向に関心を持ち,景気判断に重きを置きながら政治に対する評価形成を行う者もいるだろう。そういった社会経済状況をさらに深く理解し,社会経済状態への満足感に対する評価を経ながら,政府への信頼の程度を決める人々もいるかもしれない。こうした有権者層を考慮した場合,社会志向か個人志向かという経済評価の基準に加えて,客観的な経済状態と主観的な経済認知を分けた上で,有権者の態度や行動の帰結との関係を検証する必要があると考えられる。では,これらの多面的な経済評価と政策世論の関係を分析する際には,どのようなマクロ指標を採用するのが適切だろうか。

5.3 独立変数に何を含めるか

本章においては,客観的な経済状態への反応と,主観的な経済状況の認知が経済評価の性質を異なるものにしていることを考慮した上で,個人志向の経済評価だけではなく,社会志向の経済評価についても検討する必要性を強調する。従って,「社会志向と個人志向」,「客観性と主観性」という2種類の基準の組み合わせとそれに適応する指標を特定し,それぞれの政策ムードに対する説明力を検討していきたい。すなわち,一国の経済状態に基づく客観的な評価,個人の生活に基づく客観的な評価,一国の経済状態に対する主観的認知に基づく評価,個人の生活に対する主観的認知に基づく評価の4パターンと政策ムードとの関係を探ることにする。そして4パターンにそれぞれ該当する指標を,以下の表5.2のように整理した。以下で,個別に説明していくことにしよう。

表5.2 経済変数の分類

客観 vs 主観 社会 vs 個人	客観性(外生変数)	主観性(内生変数)
社会志向	(i) GDP成長率,失業率	(iii) 満足度(幸福度)
個人志向	(ii) 消費者物価指数	(iv) 暮らし向き

まず有権者が，一国の経済状態を客観的に評価している場合に注目すると考えられるのが経済成長や景況感，失業率といった経済動向である。よって本章では，GDP 成長率[53]と失業率[54]を社会志向の客観的な経済評価指標として採用する（表5.2中の(i)に該当）[55]。次に，個人の生活状況についての客観的な評価が反映される変数としては，西澤の研究にあるように，消費者物価指数[56]を分析に含め(ii)，主観的な認知を表す指標として暮らし向き[57]の効果を検証する(iv)。

そして社会的な経済状況についての主観的な認知を表す変数として，本書では，経済学において注目を集めている「幸福度（happiness）」の概念をもとに分析を進める(iii)[58]。近年，「主観的な幸福度を経済政策の目標と

---

(53) 総務省統計局の「日本の長期統計　第3章：国民経済計算」内の，「国内総生産及び要素所得（名目，実質，デフレーター）－平成2年基準（68SNA）（昭和30年～平成10年）」のデータを参照した（http://www.stat.go.jp/data/chouki/zuhyou/03-04.xls）。

(54) 総務省統計局の「日本の長期統計　第19章：労働・賃金」内の，「労働力状態，男女別15歳以上人口－労働力調査（昭和23年～平成17年）」のデータを参照した（http://www.stat.go.jp/data/chouki/zuhyou/19-04.xls）。

(55) なお，内閣府によって景気動向についてのCI指数，DI指数の長期統計が公表されているが，これらは1980年からの月次データであり，本書のデータセットの形状とは合致し難いため，景気動向についての指標を含めた分析は行わない。一方，景況感も成長率に反映されていると考えることも可能であろう。

(56) 総務省統計局の「日本の長期統計　第22章：物価」内の，「消費者物価指数（全国，中分類別）（昭和30年～平成17年，昭和30年度～平成16年度）」における「持家の家賃を除く総合」の値を消費者物価指数指標として参照した（http://www.stat.go.jp/data/chouki/22.htm）。

(57) 「内閣府データ」において，毎年「暮らし向き」を尋ねる項目があり，それに対する回答の割合をもって暮らし向き指標の値としている（http://www8.cao.go.jp/survey/index-ko.html）。具体的には，昭和51年の場合を例にとって説明すると，設問が「〔暮らしに対する意識〕Q1　お宅の暮らし向きは，去年の今頃とくらべてどうでしょうか。楽になっていますか。苦しくなっていますか。同じようなものですか。」となっているのに対して，回答の割合が，「楽になった（3.2），同じようなもの（46.2），苦しくなった（48.8），不明（1.9）」と報告されているうち，「楽になった」と「同じようなもの」とする，暮らし向きへの「肯定的な回答割合の和（3.2＋46.2＝49.4）」を暮らし向き指標として定めた。

する」という実体的な経済政策上のトレンドを反映して，ミクロ・データにおける主観的幸福度や，マクロ・データにおける生活満足度といった指標に関心が集まりつつある（大竹他 2010；筒井 2009；Frey and Stutzer 2002a, 2002b; 2000)。サーヴェイ・データにおける「主観的幸福度」は，個人の幸福感の申告がベースとなっており，社会的な経済状態に対する考量が含まれているとするには限界がある。他方，マクロ・データにおける「生活満足度」は社会経済状態の検討も含んだ指標と考えることができ，GDP 成長率などの客観的指標に対置する主観的認知の代替指標としての意義が注目され始めている（大竹他 2010)[59]。

また，「幸福の経済学」の代表的な研究者であるブルーノ・S・フライとアロイス・スタッツァーの『幸福の政治経済学』の出版以降，市民の幸福度の個人的，社会的，経済的，政治的（制度的）決定要因についての分析が進められてきた。日本社会についても，大竹文雄らにより『日本の幸福度』が著わされている（大竹他 2010)。この中では主に，幸福の決定要因の検討がなされた。これに対してフライらが，「幸福な人々はそうでない人々と異なる政治家や政党に投票し，また住民投票においても別の選択肢に投票する可能性が高い」と指摘しているように（Frey and Stutzer 2002a: 253)，有権者の幸福度，満足感が投票行動に与えている影響を確かめる必

[58] 日本において，「幸福の経済学」を牽引している筒井は，「幸福の経済学を…中略…『主観的幸福感』を利用する経済学」と定義している。また，「主観的幸福感とは，自分がどの程度幸福であると思っているかであり，幸福感を尋ねる質問に対する回答値である」としている（筒井 2009：2)。

[59] 効用理論による厳密な理論科学として発展した経済学においては，効用の個人間比較が不可能と前提され，所得分配をめぐる実践的問題を扱うことは困難と考えられてきた。「幸福の経済学」が注目を集める背景には，消費者の主観的幸福度に焦点を当てることで，厳密な効用の比較は放棄するとしても，幸福というより実践的な消費者の感じ方に注目することへの関心の高まりが挙げられる（筒井 2009：2, 19)。よって，その取り組みは，効用モデルの代替，もしくは効用モデルの検証に幸福感を応用できるかに究極的な関心を置くものとなっている。政治学においては，合理的選択理論の台頭を背景に，有権者の効用への注目が理論構築の基盤となってきた。しかし今後，投票行動の実証モデルなどにおいては，有権者のより主観的な側面と政治行動の関係を明らかにするものとして，幸福度を取り込んだ分析を展開していくことの意義は大きいと考えられる。

要性が示唆されてきている。このフライとスタッツァーの指摘に関連した日本の選挙をめぐる知見として，筒井義郎らは，「2005年大阪大学 COE アンケート」から小泉政権下において自民党支持者，内閣支持者ほど主観的幸福度が高かったことを指摘している（Tsutsui et al. 2010）。

しかし，この取り組みは幸福度の規定要因の一端として政治行動との関連性を扱ったものであり，これだけでは幸福度が高い有権者の態度形成や投票行動が明らかにされたわけではない。ひいては，有権者全体において社会経済に対する満足度が概して高いとき，あるいは低いときのマクロ党派性，内閣支持率，政策への期待の動向について，政治学者，経済学者の間でも充分に取り組まれていないのが研究の現状である。

本章では，「内閣府データ」の中で，長く有権者に問われてきた，「生活満足度」をもとにした指標を通じて，有権者の政策への期待が，社会的な経済状態に対する有権者の主観的な認知にどれだけ影響を受けているのかを確かめることにする[60]。これにより，満足度・幸福度という新たな経済評価の一側面と，政治的帰結の関係を明らかにすることができる。そして一国の経済状態に対して，主観的認知が与える影響を組み込んだ上でのマクロ分析が可能となる。

総合すると，本章においては，政策への期待である政策ムードが，一国の経済状態に対する客観的な評価としての GDP 成長率，失業率，個人の生活に対する客観的な評価としての消費者物価指数，一国の経済状態に対する主観的な評価としての生活満足度，個人の生活に対する主観的な評価と

---

(60) 「内閣府データ」における，生活に対する満足度を問う設問への回答に基づいて指標化を進める。たとえば平成 2 年の場合では，「Q 8〔回答票 4〕あなたは，現在の生活についてどう思っていらっしゃいますか。この中ではどうでしょうか」という設問に対して，「（ア）充分満足している（7.1），（イ）充分とはいえないが，一応満足している（59.7），（ウ）まだまだ不満だ（27.8），（エ）きわめて不満だ（4.3），わからない（1.1）」との回答のうち（http://www8.cao.go.jp/survey/h02/H02-05-02-01.html），成長好感ムードの推定に際しては（ア）と（イ）と回答したものの割合，すなわち，概して満足感が高いと回答した者の割合（7.1＋59.7＝66.8）をモデルに含めた。一方，弱者救済ムードの推定については，不満によって救済ムードが上昇することが示唆されることから，（ウ）と（エ）と回答したものの割合（27.8＋4.3＝32.1）を含めることで，社会に潜在する不満の程度と救済ムードの関係について検討することにした。

しての暮らし向きによって，それぞれどの程度説明されているのかを分析していくことにする。

加えて本書は，こうした政策ムードが選挙制度の影響を受けてきたのか，ひいては選挙制度改革が日本のマクロ政体に与える影響はどのようなものだったのかを検討することも，主要な目的のひとつとしている。従って，本章ならびに続く2つの章においては，第一に選挙制度改革が政策ムードに与えた影響，第二に選挙制度改革が政策選択に与えた影響，第三に選挙制度改革が政策ムードを条件づけることで政策選択に与えた影響を，それぞれ分析していく。本章においては，第一の課題として選挙制度とその変化が政策ムードに与えた影響を検証する。その際，選挙制度の効果を「制度改革ダミー」として推定モデルに加える[61]。これは，1993年以降を「1」，それより前を「0」とするダミー変数である。このダミー変数が有意な係数を示すかどうかによって，選挙制度改革の効果がマクロ次元での政策的期待に大きな変化をもたらすものであったのか，そしてそれが他の経済的要因と比べて，どのように評価できるものであったのかを検討する。なお，本書で採用する各変数の記述統計は表5.3に示した。

(61) ここでこの「制度改革ダミー」変数の設定には一定の限界があることを断っておかなくてはならない。たとえば，ミクロ次元での議員行動の研究において，1993年以降を「1」とするダミー変数の効果を測定することは，それが個人の行動変化に及ぼす直接的な影響を考慮した場合に重要なものとなる。そこで，「制度改革ダミー」の持つ意味は，「選挙制度改革の以前・以降」というものに容易に集約されるだろう。しかし，本書のようなマクロ次元の分析において，こうしたダミー変数を加える場合，「1993年以降ダミー」の性質は多義的なものにならざるを得ない。それは，選挙制度改革の効果を表すかもしれないが，同時に新党の台頭に伴う政治競争の変化をも意味するかもしれない。そしてそれだけではなく，社会経済的な変化の影響も広く含むとも見なしうる。場合によっては，バブル崩壊のラグ付き効果としてすら解釈することができる。このように考えると，「制度改革ダミー」をマクロ分析において用いることは，必ずしも選挙制度改革の以前・以降の条件づけの効果だけを測っているわけではない可能性もある。他方で，1993年の日本の政治経済における主要な変化が政治的な変化であったことも確かである。また，選挙制度の性質の違いを，マクロ次元のほかの変数によって代理することも容易ではない。従って，本章以降の選挙制度改革の効果を扱う分析においては，93年という年度によって分けられた「制度改革ダミー」を加えた上で検証を進める。

表5.3　従属変数と独立変数の記述統計

統計量	成長ムード	救済ムード	満足度	不満足度	暮らし向き	消費者物価指数	失業率	GDP成長率
観察数	48	48	46	46	46	47	47	48
平均	6.022	6.021	62.689	35.261	67.511	70.038	2.483	4.865
標準偏差	3.183	3.182	5.471	5.291	9.721	31.623	1.235	4.139
最大値	13.843	12.072	72.800	57.300	83.600	103.500	5.400	14.500
最小値	2.196	0.360	38.700	24.600	36.700	19.600	1.100	−2.000
中央値	4.945	5.515	63.300	34.450	69.000	84.700	2.200	3.6000

また本書においては，各章の分析単位が異なっている。従って，本書末尾の「付録A　表A.1」において，各章の分析単位を一覧表に示しているので，そちらも適宜参照していただきたい。

5.4　実証分析

5.4.1　推定法—客観的状況の外生性と主観的認知の内生性

では，前節までの変数の設定を受けて，実証分析においてはどのような推定法を適用するのがよいだろうか。既述のように，有権者の最終的な態度形成や行動決定に対して内生的に影響を与える変数と，それらの決定に対して外生的なショックを加える変数の区別が明確ではなかったことが，マクロ政治分析における方法論上の問題を引き起こしてきた。たとえば意思決定に際して，生活への満足度や暮らし向きといった有権者の主観的認知に基づく変数は，有権者内部で態度・行動決定に双方向に影響を与え合うことが想定される。一方で経済成長や物価の上下動，雇用状況といった客観的な経済状態は有権者の選択に対して外生的なショックを構成するものと考えられる[62]。

こういった経済変数と世論変数間の内生性の問題に関して，EMSモデルでは，「理論的な意味で，犬がそのしっぽを追いかけているようなものである」ということが強調された（Erikson et al. 2002: 383-386）。ここからはマクロ政体の仕組みを分析するに際し，ありとあらゆる従属変数が独立変数

---

[62] アメリカ政治についてのマクロ分析では，世論と経済状態の全面的な内生性がむしろ強調されてきた（たとえば，Brandt and Freeman 2009: 114）。

にもなりうる可能性が指摘されている。そして，その「因果のカスケード」(385)の問題に対処するために，同著内の50本程度の推定式から得られたパラメーターをもとにシミュレーションを行い，理論的主張と実証モデルの整合性を確かめようとした。

これに対して，ブラントらは，シミュレーションでは変数間の内生性や，マクロ政治過程の再帰性を充分に取り込んだ分析ができるわけではないとして，時系列データ推定の方法論的深化の必要性を強調した（Brandt and Freeman 2009; Brandt and Williams 2007）。またブラントらは，変数の内生性を考慮するのであれば，各変数が互いに構造的なショックとして他変数との間に与えあう影響を示す「インパルス応答関数（impulse response function: IRF）」を明示する必要があり，その関数に付随する誤差幅（error bands）が適切に報告される必要があるとした。しかし，それがエリクソンらの研究ではおろそかになっていることを問題視した[63]。そしてブラントらが用いた方法が誘導形ベクトル自己回帰モデル（Reduced Form Vector Autoregressive model: RF-VAR）を発展させた，構造ベクトル自己回帰モデル（Structural Vector Autoregressive model: SVAR）のベイズ推定であった（Baye-sian-SVAR: B-SVAR）[64]。

---

(63) ブラントらは，従来のマクロ政治モデルの構築において，（変数の）規模（scale），内生性（endogeneity），粘着性（persistence），および特定化の不確実性（specification uncertainty）に問題があったとする。規模とは，相互に影響する複数の変数が存在することから，その関係性を表す複数の方程式が必要になることを意味し，それに呼応して内生性の問題が生じるものである。加えて，短期的な外生的ショックを形成する変数（政治的な出来事とそのニュースなど）が存在する一方で，中長期的で累積的な影響をもたらす変数も存在し，そうした粘着的で内生的な変数の影響をどのように処理するかも問題とされた。そして，これら3点の複合の結果，マクロ経済学において導かれるような一般均衡を定式化することは困難であり，そのために煩瑣なパラメーターから導かれるインパルス応答関数や予想（forecast）に大きな誤差が生じること，以上の4点が，過去のマクロ政治モデルをめぐる方法論上の難点であったとしている。

(64) 最新の知見を直接的に応用することを目指すなら，本書も頻度論（frequentist approach）による推定ではなく，ベイズ推定を目指すべきかもしれない。しかし本書では，基礎的な意味において，政策ムードの規定要因を特定するという意義に鑑み，頻度論に基づいたSVAR推定によって分析を進めることにする。

こうした研究動向に沿って，本書もブラントらの手法を応用し前節の変数の設定に基づいた上で，まずは政策ムード，暮らし向き，満足度，GDP成長率，消費者物価指数，失業率の6変数からなるRF-VARモデルの推定を行う。それに際して，6変数間の通常のRF-VARモデルと，既述のとおり，内生変数としての政策ムード，暮らし向き，満足度と，外生変数としてのGDP成長率，消費者物価指数，失業率を設定したモデルの2種類を推定する。次に，6変数からなるSVARモデルについても，RF-VARモデルの場合と同様に，6変数間の通常のSVARモデルと，外生変数と内生変数を区別する分析を進める。なお，RF-VARとSVARを本書の分析に適用していく意義や，それらの理論的な背景については，本書末尾の「付録B」を参照されたい。

そして各変数の符号条件は，表5.4と表5.5に示した通りである[65]。なお

表5.4　成長好感ムードをめぐるSVAR推定に際しての内生変数と外生変数の設定と識別制約，係数の符号条件

変数名	主観的変数			客観的変数		
	成長ムード	満足度	暮らし向き	消費者物価指数	失業率	GDP成長率
成長ムード	1	0	0	0	0	0
満足度	(＋)	1	0	0	0	0
暮らし向き	(±)	(＋)	1	0	0	0
消費者物価指数	(±)	(－)	(－)	1	0	0
失業率	(±)	(－)	(－)	(－)	1	0
GDP成長率	(±)	(＋)	(＋)	(－)	(－)	1

表5.5　弱者救済ムードをめぐるSVAR推定に際しての内生変数と外生変数の設定と識別制約，係数の符号条件

変数名	主観的変数			客観的変数		
	救済ムード	満足度	暮らし向き	消費者物価指数	失業率	GDP成長率
救済ムード	1	0	0	0	0	0
不満足度	(＋)	1	0	0	0	0
暮らし向き	(±)	(－)	1	0	0	0
消費者物価指数	(＋)	(＋)	(－)	1	0	0
失業率	(＋)	(＋)	(－)	(－)	1	0
GDP成長率	(±)	(－)	(＋)	(－)	(－)	1

---

(65) ここでは本書の分析と直接的にかかわるものとして，ゼロ制約を課したSVARモデルに基づいての符号条件のみを提示している。VARモデルによる推定についても，主要な変数である政策ムードに対する各変数の係数の符号条件については，表5.4と表5.5のものと同様である。

各表内で，政策ムードに近い位置に表記されている変数ほど，有権者の政策に対する期待，すなわち政策ムードとの内生性が高く，逆に GDP 成長率に近いところにある変数ほどそれとの外生性が高いことを示している。

本書では，もうひとつの問いにも取り組む。それは，政策ムードが経済状態によって規定されてきたのか，あるいは，選挙制度改革といった大規模な政治変化の影響をより強く受けたのかというものである。この問いを検証するために，変数間の相互関係を確かめる VAR 関連のモデルに加えて，外生的な変化としての選挙制度改革の効果を測ることを目的としたモデルも追加する。その際本章では，時系列モデルの推定において，従属変数の自己相関が確認されるとき，その次数にあわせた自己相関を仮定する自己相関移動平均（Autoregressive Moving Average model: ARMA）モデルを用いた上で分析を進める（Box and Jenkins 1976）。ARMA モデルは，従属変数がそれ自体の過去の値によって規定されている場合に，自己回帰的な従属変数と他の諸変数（独立変数，制御変数），および確率的なホワイト・ノイズに従う誤差項を一次（線形）結合することによって導かれる推定モデルである。本章のモデルに関して，コレログラム（correlogram）をもとに確認したところ，成長好感ムード，弱者救済ムード，それぞれの従属変数に 3 次の自己相関が確認されている。従って，本章では，AR(3) に基づく ARMA モデルによって，各独立変数の直接的なムードに対する効果も測定する。

5.4.2 RF-VAR モデルと SVAR モデルの分析結果

RF-VAR と SVAR 推定に関する，詳細な分析結果は「付録C」に報告した。「付録C」は，各推定結果の表とその推定結果から導かれた IRF グラフを含んでいる。本節では，それらの結果から得られた知見を要約する。それに際して，クリストファー・A・シムズとタオ・ツァーや（Sims 1980, 1986; Sims and Zha 1999; Zha 1999），ブラントらによる一連の分析において強調されてきたように，主に IRF グラフの結果を中心とした分析結果の解釈を進める。なお IRF グラフをもとに，分析結果を一覧にまとめたものが，表5.6と表5.7である。

(1) 成長好感ムード　成長好感ムードに関するほぼすべてのモデルにおいて，各経済変数の有意な結果は確認されなかった[66]。統計

第5章 政策ムードの規定要因の分析—経済状態と政策ムード　　83

表5.6　成長好感ムードに関する IRF グラフ
　　　をもとにした分析結果

成長好感ムード＼モデル　変数名	RF-VAR 6 変数間	RF-VAR 外生変数除く 3 変数間	SVAR 6 変数間	SVAR 外生変数除く 3 変数間
暮らし向き	×(−)	×(−)	×(±)	×(−)
生活満足度	×(+)	×(±)	×(±)	×(±)
消費者物価指数	×(−)	−	△(±)	−
失業率	×(±)	−	×(±)	−
GDP 成長率	×(±)	−	×(±)	−

注：表内の各記号は次の分析結果を意味する。
　　(+) ＝正の有意な効果；(−) ＝負の有意な効果；(±) ＝正から負，または負から正へと移行する有意な効果
　　△(+) ＝正の境界的に有意な効果；△(−) ＝負の境界的に有意な効果；
　　△(±) ＝正から負，または負から正へと移行する境界的に有意な効果
　　×(+) ＝有意ではない正の効果；×(−) ＝有意ではない負の効果；
　　×(±) ＝有意ではない正から負，または負から正へ移行する効果

表5.7　RF-VAR と SVAR モデルの IRF グラフ
　　　をもとにした分析結果の総合

弱者救済ムード＼モデル　変数名	RF-VAR 6 変数間	RF-VAR 外生変数除く 3 変数間	SVAR 6 変数間	SVAR 外生変数除く 3 変数間
暮らし向き	(+)	△(+)	△(±)	(+)
生活満足度	(±)	△(±)	△(±)	(+)
消費者物価指数	(±)	−	(±)	−
失業率	×(+)	−	×(+)	−
経済成長率	(+)	−	(±)	−

注1：表内の各記号は次の分析結果を意味する。
　　(+) ＝正の有意な効果；(−) ＝負の有意な効果；(±) ＝正から負，または負から正へと移行する有意な効果
　　△(+) ＝正の境界的に有意な効果；△(−) ＝負の境界的に有意な効果；
　　△(±) ＝正から負，または負から正へと移行する境界的に有意な効果
　　×(+) ＝有意ではない正の効果；×(−) ＝有意ではない負の効果；
　　×(±) ＝有意ではない正から負，または負から正へ移行する効果
注2：網がけしたセルは有意な結果であったことを表す。

---

(66)　但し，これは信頼区間を両側2.5パーセントとしたときの誤差幅に基づいてのものである。インパルス応答関数の誤差幅の算出について，シムスとツァーはZ値が「1.96」のとき，すなわち95パーセント信頼区間だけではなく，その値が「1」のときに相当する68パーセント信頼区間（両側16パーセント棄却域）に基づいた誤差幅の申告も勧めている（Sims and Zha 1999; Brandt and Freeman 2009; Brandt and Williams 2007）。本書はより厳密な信頼区間の報告を選択し，95パーセント信頼区間によって誤差幅を明示することにした。

的有意性は概して確認されていないものの、各経済変数のショックに伴うムードの反応を傾向としてまとめると、それらは次のように整理できる（付録Cの図C.1；図C.3；図C.5；図C.7参照）。

まず主観的な経済評価に関わる2つの変数について、結果を検討してみよう。暮らし向きのショックによって、成長好感ムードは抑制されるとの反応が見てとれる。生活満足度の高まりが、ムードの上昇を促すことが示唆されるものの、RF-VARモデルでは3年程度でその影響は徐々にゼロへと収束することが示されている。また、SVARモデルにおいては、6年目ごろまで緩やかに成長好感ムードの上昇反応をもたらすが、それ以降、その影響は負に転じるようである。

次に客観的な経済状態に関わる2種類の変数について、結果をまとめておく。物価の上昇に伴い成長好感ムードは低下し、その影響はRF-VARモデルの結果によれば4－5年程度、SVARモデルの結果によれば、2－3年程度継続するが、その後はゼロへと収束する。なお、SVARモデルの推定においては、物価の上昇に伴う成長好感ムードの低下傾向は、当初の一時期において統計的に有意な期間を含んでもいる。このことから、個人の「ふところ事情（ego-tropic）」の悪化は、成長好感ムードを押し下げるようである。そして失業率の上昇に伴い、ムードもいったんは低下するが、4年後には逆に期待を押し上げそのままほぼ横ばいになる[67]。最後に、経済成長がムードの高まりを当初は促すものの、2年程度が経過したころからはさらなる成長への期待を抑制する傾向がうかがわれる。なお、第4章の図4.3において、GDP成長率と成長好感ムードが顕著に連動していることを強調した。しかし他の要因を制御した場合に、GDP成長率がムードを押し上げる程度は確からしいものとはなっていない点は留保を要する[68]。

---

(67) なお、SVARモデルの結果との比較によれば、有意な反応ではないものの、失業率のショックがRF-VARの場合とは異なり、限界効果の値も大きく（Y軸の値に注目）、ショック当初はわずかに成長ムードを高めるが、3年目以降6年目ごろまではムードを押し下げ、その後再度期待を高めるという特徴的な推移を示した。有意な反応でないことには留保を要するが、雇用の悪化というショックに対して、成長への評価が時間とともに変化することが明らかになっている。

(68) しかし、GDP成長率と成長好感ムードの2変数間によるVARモデルを分

(2) 弱者救済ムード

次に，弱者救済ムードについての推定からは，成長好感ムードに関するそれとは異なり，統計的に確からしい結果が，いくつか確認されている（付録Cの図C.2；C.4；C.6；C.8参照）。これらにより総じて，成長好感ムードという社会経済状態に対する楽観的なムードよりも，悲観的な気分の高まりに対して，経済状態や経済評価が寄与している程度の方が確からしいことが明らかになっている。弱者救済ムードは経済状態や，それに対する評価の影響を強く受けてきていた。

まずは主観的な経済状態にかかわる変数について検討してみよう。有意ではない期間が含まれるものの，暮らし向きの改善というショックに対して，救済ムードは上昇の反応を示す[69]。すなわち，暮らし向きが改善することで，救済ムードは高まるという結果が得られた。これについては，暮らし向きの充実を体感している有権者が，弱者救済の方向性に寛容になることから弱者救済ムードの上昇が促されているという解釈を導きうる。次に，生活の不満足度に関して，そのショックの当初は有意な弱者救済ムードの正の反応が認められ，不満足度の高まりによって救済への期待が高まることが示されている。しかし，5年目ごろからは徐々に弱者救済ムードの低下をもたらす方向に転じる。

次に客観的な経済評価にかかわる経済変数については，第一に物価が上がれば救済ムードが上がることが示されている。特にRF-VARモデルにおいて，その傾向は明らかであったが，同様の傾向はSVARモデルによる推定においても維持されている。次に，失業率については，どちらのモデルにおいても有意性は確認されなかったものの，雇用の悪化が救済ムードを高

析したところ，RF-VARモデルにおいても，SVARモデルにおいても，成長率は成長ムードを有意に押し上げることが明らかになっている。それに加えて，成長ムードが成長率を押し上げている程度の方がその逆よりも大きい。すなわち，成長ムードがGDP成長率を押し上げるという因果経路もまた確からしいようである。これについての理論的な検討を進めることは本書の範囲を越えるものだが，成長好感ムードの中に何らかの「成長推進」ともとれる要素が含まれているのかもしれない。そうした点も含めた分析を進めることは，今後の課題として指摘しておきたい。

(69) 但し，SVARモデルにおいては，暮らし向きの悪化に対して当初救済ムードが若干下がるという傾向も示唆されている。

めるという傾向が示唆されている。最後にGDP成長率について，経済状態の悪化が救済ムードを高めるという結果は得られず，むしろ経済成長の高まりによって切り捨てられる貧困層の期待を反映してか，弱者救済ムードを高める方向に作用しているようである（cf. Stevenson 2001）。

(3) 2種類のムードに関する推定結果の比較　　ここで2種類のムードをめぐる結果を，比較検討しておこう。暮らし向きと消費者物価指数という個人志向の経済評価変数において，両者のショックに対するそれぞれのムードの反応が対照的であった点は注意深く理解されねばならない。事前に想定された結果は（表5.4と表5.5参照），物価が上昇することによって，暮らし向きが悪化し，救済ムードが高まる，ないしは，物価が下がることによって，暮らし向きが改善し，成長好感ムードが上がるというものであったが，そうしたストレートな分析結果は得られなかった。第一に，暮らし向きの改善は，さらなる成長好感をもたらす方向には進まないようである。これに対して，暮らし向きの改善がむしろ弱者救済ムードを押し上げるという結果が得られた。この結果をめぐっては，先にも述べたように，暮らし向きの改善は，特段の政府への要求をもたらさないことから成長好感ムードに反映されないことに加えて，生活の安定が弱者救済への寛容度を高めることを通じて，救済ムードの高まりがもたらされたと解釈するのが適切なようである。第二に，物価の上昇が（有意な反応とは言えないものの，）成長好感ムードを抑制し，有意に弱者救済ムードを高めるという発見は，直観的にも妥当なものであった。

なお両モデルの確からしさをめぐる対照は，「付録C」内各表の最右行に報告した「グランジャーの意味での因果関係に関するワルド検定（Granger Causality Wald Test, 以下「グランジャー検定」）」の結果にも反映されている。成長好感ムードに関するグランジャー検定によると，2つのムードに対する各変数の因果性はほぼ認められていない。他方，弱者救済ムードに対しては，各経済変数が政策ムードの変動を説明しているとする結果が，「見せかけ」のものでないことがグランジャーの意味において確認されている。つまり，グランジャーの意味でのワルド検定の結果が有意である変数が，概ね弱者救済ムードに先行し，それを規定しているものであることが明らかになっている。

5.4.3 ARMA モデルによる分析

以下の表5.8には，政策ムードに対してここまで検証してきた経済変数と選挙制度改革以降を表す「制度改革ダミー」変数を加えた ARMA モデルの推定結果を示した。2種類のムードに関する推定はいずれも，VAR モデルと SVAR モデルでの推定結果ともほぼ整合的な結果を得ている。これに対して，選挙制度改革以降に政策ムードが有意に変化したという結果は得られていない。なお，有意ではないものの，1993年以降，成長好感ムードは下がる傾向，救済ムードは上がる傾向が対照的に見てとれる。1993年という時期が，政治の変化期であったと同時に，「失われた10年」の初期にあたっていたことも考えると，1993年という時期区分がこのようにムード変化の方向性を示唆することは直観に沿うものとも言えるだろう。

いずれにせよ，この ARMA モデルの分析結果は，選挙制度改革の影響が政策ムードの変動に対しては限定的であったことを示している。そしてその影響は，いくつかの経済的要因の確からしさをしのぐものではなかった。

表5.8 政策ムードに関する経済的変数と政治変化に関する ARMA モデル推定

従属変数：ムード	成長好感ムード	弱者救済ムード
変数名　　モデル	ARMA (3,1)	ARMA (3,1)
生活満足／生活不満足	−0.004 (0.056)	−0.009 (0.061)
暮らし向き	0.060 (0.033)*	0.005 (0.045)
消費者物価指数	−0.049 (0.048)	−0.067 (0.028)**
失業率	0.141 (0.984)	−0.503 (1.089)
GDP 成長率	−0.063 (0.153)	−0.165 (0.078)**
制度改革ダミー	−1.996 (2.691)	0.834 (3.013)
定数項	4.384 (4.260)	12.305 (4.330)***
自己相関		
1次	−0.356 (0.235)	1.792 (0.157)***
2次	0.502 (0.214)**	−0.811 (0.297)***
3次	0.426 (0.129)***	−0.044 (0.156)
移動平均		
1次	1.000	−1.000
切片 (σ)	1.027 (0.109)***	1.056 (0.126)***
観察数	46	44
ワルド検定	98.39 (0.000)	3662.12 (0.000)

注：有意水準は，***：1％，**：5％，*：10％。( ) 内は頑健標準誤差。
なお，両側検定をもとにした検定結果を報告している。

5.5 まとめ

　本章の分析からは，有権者の間の悲観的な気分，すなわち弱者救済ムードに対して，各種の経済状態や経済評価が影響を与えていることが明らかになった。一方で成長好感ムードは，一連の経済指標からほとんど影響を受けていなかった。

　こうした知見を導くに際して，本章は，日本政治における2種類の政策ムードが何によって規定されてきたのかを，経済的な要因に注目しながら分析した。それに際して，3つの分析上の工夫をした。1つ目の工夫は，経済変数を「個人志向－社会志向」，「主観性－客観性」という2つの軸をもとに，4種類に分類したことである。2つ目の工夫は，推定において，独立変数である経済関連の変数と従属変数であるムードの内生性を考慮し，双方向的な因果効果を確かめるために RF-VAR モデルと SVAR モデルによる実証分析を行ったことである。そして第3の工夫は，その推定に際して外生変数と内生変数を分けた上で，各変数の効果を，IRF グラフを通じて可視化したことである。

　その結果，成長好感ムードについては，各経済変数について確からしい結果は得られなかったものの，個人志向で客観的な経済状態，すなわち物価が，有権者の成長への実感を左右しうる傾向は明らかになった。また同じく，統計的に有意ではないものの，ほぼ一貫して経済成長率の正の影響が認められた。そして，弱者救済ムードについては，成長好感ムードより，各経済変数が与えている影響が確からしかった。概して，GDP 状態の悪化と，それに伴う経済評価の悪化は弱者救済ムードを高める方向に寄与していた。

　この結果は，ブラントらの分析結果との対比からもよく理解される。ブラントらの分析を通じて，アメリカ政治において，経済状態が政治的な変数に与える影響は限定的であるとの追試結果が強調されていた。これに対して，日本政治に関する分析においては，救済ムードに関する結果を中心に，経済的な諸変数の有意な効果が認められた。

　そして，選挙制度改革によって2種類の政策ムードが影響を受けたとする証拠は認められなかった。日本の有権者の政策に対する期待には，選挙

制度改革というよりフォーマルな政治変化ではなく，社会経済状態の漠然とした変化の方がより多く影響していたことが明らかになった。

第6章　戦後日本政治における動態的代表
―政策は世論に規定されてきたのか

6.1　政策選択を何によって測るのか

　第5章では，特に弱者救済ムードを中心に，政策ムードがその時々の経済状態の影響を受けながら推移していることが明らかになった。では，日本における政策ムードは，政府の政策に反映されてきたのだろうか。日本においても，有権者全体の期待が政府によって汲み取られるという「動態的代表」関係が認められたのだろうか。本章では，日本における関連研究の精緻化をも念頭に，戦後の日本政治において，有権者の集積的な選好としての政策ムードが，政府の政策選択を説明してきたのかどうかを確認していくことにしたい。

　世論が政策選択の変化をどのように規定しているかが，動態的な代表関係を明らかにするに際して主要な関心となる。本節ではその分析に先立ち，政策選択をどのような変数として操作化するかを整理しておくことにしよう。第3章においてもまとめたように，ジェームズ・A・スティムソンらは，政府の政策選択を立法的帰結，行政的帰結，司法的帰結に求め，アメリカ政治における三権すべてを網羅する指標を作成した（Stimson et al. 1995)。具体的には，立法的帰結を議員のイデオロギー格付け，点呼投票時の投票行動，カギとなる法案のイデオロギー位置，行政的帰結を大統領のイデオロギー位置，司法的帰結を主要な判決における長官・判事のイデオロギー位置として指標化し，政策選択を表す従属変数に採用した。そしてそれらに対する政策ムードの説明力を探ることで，有権者内に潜在する

世論が政策選択に反映されているかどうかを探ろうとしたのである。
　では，これらの政策選択を代理した変数は，日本政治における代表制を分析する上で直接的に応用可能だろうか。
　まず，立法的帰結について考えてみよう。スティムソンらは "Americans for Democratic Action: ADA" スコアが政策ムードを説明しているのか否かを確かめようとした。類似して，主要法案に対する投票結果を集計した指標も併用している。これらは「立法行動における政策選択」を測ろうとしたものであった。
　立法的帰結を観察するに際して，議員の投票行動を微視的にであれ，集積的にであれ取り入れることは理想的な方法である。しかし，日本の場合，政党執行部による一般議員に対する党議拘束の存在を考慮しなければならない。議員が選挙区世論などを独自に感知し，有権者の動向やそれへの配慮をもとに裁量の余地が大きい中で意思決定しているアメリカの場合と異なり，議院内閣制下で党の統制によって投票が規定される日本の場合，議員の投票結果の集積は「議員の立法行動によってもたらされた帰結」というより，「政党の立法行動によって誘導された帰結」を意味することになる (Kam 2009)。よって，「立法行動における政策選択」を知るためには，日本の場合，法案の採否を決める議員個人に注目することが難しい。従って，立法的帰結としては政党次元の政策決定に目を向けるか，あるいは制定法律自体の質的内容に注意を払う必要がある。
　次に行政的帰結について，その応用可能性を検討してみよう。二大政党間での政権交代が頻繁に起こり，政党間の違いがイデオロギー的差異を直接的に反映しているアメリカの場合，大統領が有権者のイデオロギー的選好にどれだけ反応しているのかを問うことが不可欠となるだろう。またその指標としての妥当性も高い。他方，日本のような議院内閣制のもと，首相が国民によって直接に選挙されるのではなく，イデオロギー的差異の観察が容易でない場合，首相の政策位置を量的に把握することは困難である。このように行政面での政府の対応を，政治アクターの選好として観察する際に，データ上の制約は大きいと言わざるをえない。
　こうした難点に対処し，行政的帰結から政策的応答性を判別するに当っては，政府支出の変化をもとにその時々の政府の政策上の力点を推し量るという方法が考えられる。スティムソンらの指標化の中では，政策選択と

しての具体的な支出の動きは分析対象にならなかった。しかし，実際に有権者の期待が何らかの政策的対応をもたらしたとするなら，それは予算に反映され，最終的に支出の多寡・増減として観察されるはずである。そのように考えると，首相や議員の政策位置を政策ムードによって説明するのと同様か，あるいはそれ以上に，具体的な政策選択を政府支出によって代理させ，分析に組み込む意義は大きいと考えられるのである。

上記の点を整理すると，日本の場合，政策選択を測る従属変数として財政の動きに注目し政府の対応を推し量る方法と，制定法律における質的な内容を数量化する方法を通して分析を進めていくことの2つが適切と考えられる[70]。

よって，本章ではまず政策ムードと政府支出の関係を分析し，次章で各政策分野での世論変動と制定法律の関係について試論的に分析を進めることにしよう。

6.2 変数の設定

6.2.1 従属変数──「補償」と「再分配」

2つの政策ムードを政府が感知し，それに配慮した政策決定を行っていたとするなら，それはどのような財政支出に反映されるだろうか。

本章では，これを「補償」と「再分配」の点から操作化することを試み

---

(70) たとえばJ・マーク・ラムザイヤーとフランセス・M・ローゼンブルースが戦前の寡頭指導者による司法支配を指摘しており（Ramseyer and Rosenbluth 1998），また新藤宗幸は裁判官が人事行政機能を通して，政治的影響を受けていると論証しているなど（新藤 2009），日本においても司法の政治からの自律性はさほど高くなく，司法判決に政治的影響を観察することは可能とも考えられる（Clark et al. 2008: 12）。しかしなお，連邦最高裁判所長官と判事のイデオロギー位置については，アメリカの場合共和党政権下と民主党政権下で任命された者が混在し，判決における党派性がとりわけ問題とされるが，日本の場合はその影響の方向が可視的ではなく，判決に反映される政治的影響を量的に把握するのは困難と考えられる。よって，判決にイデオロギー的あるいは党派的性格を読み取ることは，日本の場合データの制約からも困難と考えられることから，裁判所の判決は本書の分析の対象に含めないことにする。

る。補償とは、政府や政党が公共事業などにより、インフラの整備や産業振興などを通じて雇用創出、所得補償、生活安定といった便益を提供することを指す。また再分配は、税率が設定され、その税収が社会保障支出の一部として還元されるプロセスのことであり、両者の調整によって市民の負担や便益が決定されることに注目するものである。補償や再分配をめぐる決定は、マクロ経済状況（景気、失業、物価、成長）や社会状況（社会保障関連人口の増減）、政権の党派性、政官関係など多くの要因によって影響を受けることが学際的な研究によって明らかにされてきた。そうした諸要因を制御した上でも、時々の市民の期待が政策的対応を規定するという事実は認められるのだろうか。もし政策ムードの変動と補償や再分配の間に有意な関連が確認されるなら、それだけ日本において、政府は有権者に応答的であり、動態的な代表が存在したのだと結論づけることができるだろう。では、各従属変数をどのように設定するのが適切だろうか。そして政策ムードの変動は、補償や再分配のどのような変化を予測するのだろうか。

(1) 第一の従属変数：「補償」

　ケント・E・カルダーは『自民党長期政権の研究』において、自民党が政権維持の危機に直面している時期に、本来なら政権党にとって主要な目的のひとつである財政規律を緩め、支持者に補償を提供することにより政権の延命を図ってきたことを論じた（Calder 1988）。この知見はその後、日本における選挙・解散時期の研究と、政治的景気・予算循環の研究の両面から検証されることになった。この2種類の研究の中でも、後者の政治的景気循環分析が特に本章の従属変数の設定との関連では重要と考えられる（たとえば、McCubbins and Rosenbluth 1995；参考：斉藤 2010：第4章）。なぜなら、これらの政治と財政の関係に着目する分析においては、政府支出の何らかの側面が従属変数として採用されてきたところに特徴があるからである。

　関連の研究として、たとえばマシュー・D・マカビンズとフランセス・M・ローゼンブルースは、「予算項目×年度」によって構成されるパネル・データに対して選挙年の影響を検討している（McCubbins and Rosenbluth 1995）。また、マカビンズとグレゴリー・W・ノーブルは一般歳出、交付金や個別政策分野での歳出に注目しながら[71]、日本における予算決定過程の主要な主体は大蔵省だが、自民党が与えている影響も看過できないこと

を示した（McCubbins and Noble 1995）。そして，スティーヴン・A・マイヤーと仲重人は自民党が予算決定過程に与えている影響を測定するために，全予算の総変化と実質変化を分析している（Meyer and Naka 1998）。また近年では，先にも挙げた藤村直史の研究が財政規律に対する首相の影響力を測定する際に，選挙年の影響も制御しながら，従属変数を概算要求基準の変化率とする分析を行っている（Fujimura 2009）。

　こうした研究の多くは，政府支出全体または予算全体に包括的に注目してきた。その一方で，政府が人気の維持のために特にどの分野を重視し，支出するのかという理論的予測は，変数の構成に充分に反映されてこなかった。この点について，「政府支出もしくは利益誘導によって与党への投票を促す場合には，支出は選別的に行わ」れるはずだということを指摘し（斉藤 2010：94），政府支出のなかでも公共事業関連などの補償に焦点を当てる必要を論じたのが，第3章でも紹介した斉藤淳の研究である。斉藤は，政府支出の内訳のうち公的資本形成と在庫投資に注目する必要性を以下のように論じている（斉藤 2010：55）。

> 　四半期単位で公表される国民経済計算における公的部門支出統計には，政府消費支出，公的資本形成，公的在庫投資の三つの項目が含まれる。ここで留意しなければならないのは，これらの支出項目が選挙において果たす役割は大きく異なることが予想されることである。…中略…政府消費を構成する主要項目は社会保障関連支出と政府機関の経常支出である。一方で公的固定資本形成は公共事業関連の費目が大部分を占める。政府在庫投資は，かつて食管制度を用いていた時代には，生産者からの政府米買い上げによる在庫などを計上していた。ここで分析の焦点は与党自民党が政権維持を目的とし財政支出を操作するか否かであり，従属変数としては公的固定資本形成と政府在庫投資を足し合わせたものを「政府投資」として用いる。

　こうした指摘の上で，斉藤はインフレと季節変動を除去した政府投資系列に対して，国政選挙年と内閣支持率の交差項を加えた分析により，1973

---

(71)　個別政策分野における全支出を指す。

年から1993年の自民党が過半数割れの懸念を深刻に持ち始めた政治危機時に，補償を拡大する傾向にあったことを明らかにしている。この政府投資の指標化は，政府による選挙時の利益誘導の側面を抽出したものとして現時点では最も適切な指標化と言えるだろう。また，斉藤による「危機と補償」仮説の論証をめぐる結果と，本書の結果を比較してみる上でも同様の従属変数をもとに分析を進める意義は大きい。よって本章では，「補償」変数として斉藤が定義した政府投資変数を，「第一の従属変数」として援用することで分析を進める[72]。

では，成長好感ムードと弱者救済ムードの変化は補償変数のどういった推移を予測するのだろうか。

まず，成長好感ムードが高まる時，政策投資は有意に増加するか，またはその有意な効果が認められないことを予測する。成長好感ムードは減税，農業，中小企業，生活環境に有意な相関を示し，他にも住宅問題や物価などにも比較的高い相関が表れるものである。これに従うとその性質は，成長を享受することによる満足や，更なる成長への期待を根底としていることが示唆される。従って，成長好感ムードが高い時期には，市民の大部分を占める中産階級が経済成長のもと，弱者への還元としての補償の拡大を歓迎するか，あるいは静観することが想定される。そして，農林水産を含む自営業を生業とする者が好景気や充分な政府からの恩恵に潤いながらも，

---

(72) 補償変数は，総務省・長期統計の「第3章国民経済計算」内の「国内総支出（名目，実質，デフレーター」における公的総資本形成と公的在庫品増加の値の和を基本としている。そのもとで，算出式は次のとおりである。

補償変数 = [(公的資本形成 + 在庫) / GDP] × 100 / [消費者物価指数].

(6.1)

これは公的資本形成と在庫投資の和の対GDP比を，消費者物価指数で割り（インフレの影響を除去し），さらに季節変動を調整したものである。なお消費者物価指数については，これまでと同様に，総務省統計局の「日本の長期統計 第22章：物価」内の，「消費者物価指数（全国，中分類別）（昭和30年～平成17年，昭和30年度～平成16年度）」における「持家の家賃を除く総合」の値を消費者物価指数指標として参照している（http://www.stat.go.jp/data/chouki/22.htm）。

更なる政府投資の増大を望むとも考えられる。このようなとき，政府投資は増大傾向を示すことが予測される。

他方で，経済状況に充分な満足が得られている時に，現状への満足から市民は政府にとりたてて要望を持たないことも考えうる（小林 1991；猪口 1983）。すなわち，成長好感ムードの上昇は補償の増額と減額の両方を説明しないことも予測されるのである。これらの想定をまとめると，成長好感ムードの上昇が政府投資を規定するとするならそれは増加傾向をもたらすであろう。一方で成長がとりわけ実感される時期に，政府は有権者に便益を供与する必要がないことから，政府補償は顕著に増加しないか，あるいは変動の確からしさは認められないと予測することも併せて整合的である。

また本章の分析は，後述するように，変数間の双方向性の把握に優れるVARモデルに基づいたものである。従って，「政策ムードのショックに対する補償の応答」だけではなく，「補償のショックに対する政策ムードの応答」を同時に確かめることが可能なところに特徴がある。これはすなわち，補償の増減に伴って，成長好感ムードがどのように変化するのかを確かめるということである。これより，成長好感ムードと補償の関係をめぐっては，補償が増えれば，さらに成長への実感は高まることが予測される。

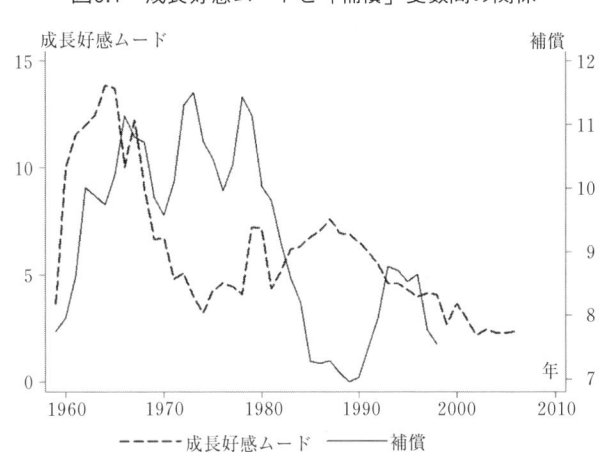

図6.1 成長好感ムードと「補償」変数間の関係

出典：総務省による統計をもとに筆者作成。

図6.2 弱者救済ムードと「補償」変数間の関係

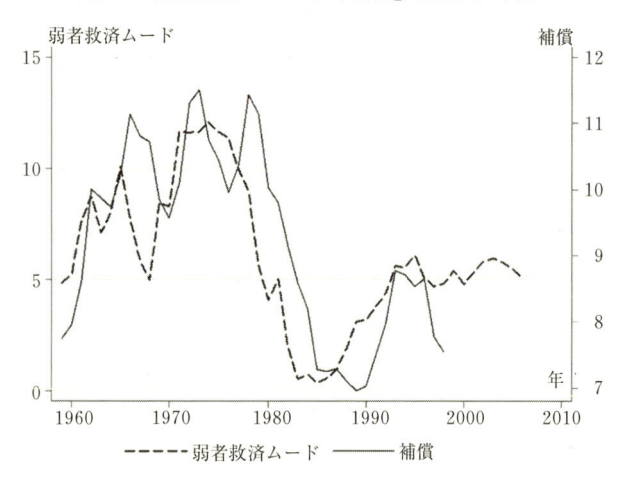

出典：総務省による統計をもとに筆者作成。

　次に弱者救済ムードは増税，教育，物価，住宅問題と有意な相関を示し，農業，失業，生活環境などとも比較的高い相関を示している。このように，その性質は生活への不満によって政府から何らかの対応を強く期待するものである。その結果として，大きな政府を志向する傾向から増税を許容し，その代わりに物価や失業，および住宅問題といった暮らしへの梃子入れとして，補償機会の増加を求めることになるだろう。従って，救済ムードの上昇は有意な補償の増大を予測する。そしてもし補償が充分になされるのであれば，救済ムードは徐々に低下傾向となるだろう。

(2) 第二の従属変数：再分配

　斉藤は政府支出の中でも，公的固定資本形成と政府在庫投資を政府投資変数として定義した。これは選挙と密接に関連して，雇用創出や所得補償といった利益誘導の側面を直接的に反映させるための設定であった。そしてその関係から，政府消費の中でも多額を占める社会保障関連支出を分析には含めなかった。しかし，たとえば失業率の上昇に対して政府が反応するとするなら，それは雇用手当といった福祉拡充に反映され，社会保障支出の増額となって表れるだろう。また，そうした再分配を検討するに当たっては，租税への注目も社会保障支出との関係から不可分である。社会保障支出の多くは保険料の運用や積立金で運用されながらも，それだけで賄いきれない全社会保

障費の30-40パーセント程度は税金によって補塡されており，その点から税収および税負担と社会保障による還元のバランスが，有権者の期待に応じて調整されているのかを検討する必要がある。

よって本章では，税政策の変動を租税負担率で，社会保障費を対国民所得比でそれぞれ操作化する[73]。その上で，政策ムードと再分配の双方向的な連動を検証することにしたい。

では，それぞれのムードの変動からどういった租税負担率，社会保障費の増減が期待できるだろうか。成長好感ムードの性質を考慮した場合，それが上昇するとき税率の観点からは減税が望まれる。他方で経済成長によって法人税などの増収が見込まれることから，租税負担率としてみた場合には増額傾向が生じるとも言える。加えて，成長が実感されている時期の市民にとって，税負担の高低はとりたてて争点とはならず，重要な政治的選好の形成に寄与しないことも考えられる。このようなとき，成長好感ムードによって税負担は有意に説明されない，または明らかな増加傾向を示さないことも考えられる。従って，成長好感ムードは租税負担率に対して負のショックをもたらすか，そのショックは有意ではないことが想定される。その上で，租税負担が軽減されるなら，それに伴い好況を享受する気分は高まるであろう。

そして社会保障支出については，好況期に政府が財政規律を緩めてまで政府消費を増大させるとは考え難く，「財布のひもを締める時期」として社会保障費は有意に低減することが予測される。但し，社会保障費が減額されることで，好況を喜ぶ気分はさほど影響を受けないか，あるいはそれが再分配の絶対量の低下を意味することから，好感ムードは低下することが想定される。

---

(73) 租税負担率は，国民所得総額のうち国税と地方税の合算額が占める割合である。データについては総務省統計局の「長期統計系列」における，「第5章：財政」のものを用いた (http://www.stat.go.jp/data/chouki/zuhyou/05-05.xls)。次に，社会保障費の対国民所得比は，国民所得における医療，年金収入の占める割合を表すものである。データについては総務省統計局の「長期統計系列」における，「第23章：社会保障」内の「23-2　部門別社会保障給付費及び対国民所得比 (昭和26年度〜平成3年度)」のものを用いた (http://www.stat.go.jp/data/chouki/23.htm)。

次に弱者救済ムードについては、どのような結果がもたらされるだろうか。弱者救済ムードの構成要素に増税（減税に対する高い負の相関）が含まれることから、政府はそうした気分を感知することで増税に踏み切り、租税負担率は増加すると予測するのが適切だろうか。この点について、救

図6.3　2種類のムードと租税負担率間の関係

――――― 成長好感ムード　――――― 弱者救済ムード
――――― 租税負担率

出典：総務省による統計をもとに筆者作成。

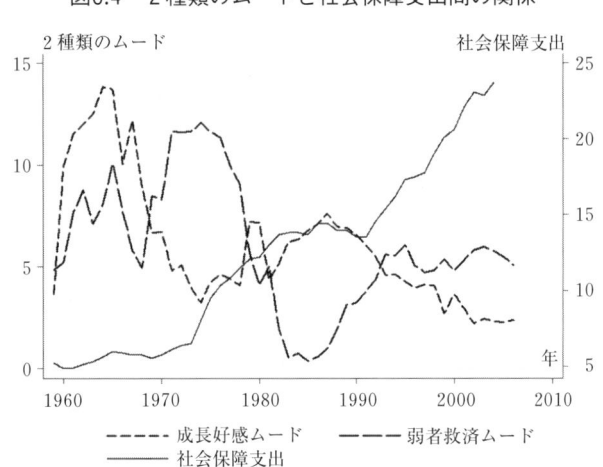

図6.4　2種類のムードと社会保障支出間の関係

――――― 成長好感ムード　――――― 弱者救済ムード
――――― 社会保障支出

出典：総務省による統計をもとに筆者作成。

表6.1　従属変数の記述統計

変数名	観察数	平均	標準偏差	最大値	最小値
補償変数	39	9.225	1.413	11.503	6.956
租税負担率	46	21.739	2.923	27.600	17.200
社会保障支出割合	46	12.200	5.707	23.720	4.860

表6.2　各従属変数に対するムードの効果の符号条件

政策ムード ＼ 従属変数	政府投資（補償）	租税負担率	社会保障費
成長好感ムード	(＋) または非有意	(＋) または非有意	(－)
弱者救済ムード	(＋)	(－)	(＋)

済ムードが高まっている時期に増税するという選択肢は，合理的な政府あるいは政権党を想定した場合にも，あるいは経験上も適当とは言えない。市民の生活に対する不満感が高いというシグナルを得た政府は，税負担の軽減と社会保障費の増額を同時に実施し，景気浮揚策をとって需要の喚起を図りながら，失業対策を並行させると考えるのが自然である。そうした時期の増税は，政権維持を困難なものにすると合理的な政府は予測するはずだからである。よって，弱者救済ムードが高まる時期には，租税負担率は軽減され，社会保障費は増額されることが想定される。また，租税負担率が上昇すれば救済ムードはさらに高まるであろうし，逆に社会保障費が増額されれば，それを好感して救済ムードは低下傾向になることも併せて予測される。

なお，これらの従属変数の記述統計は表6.1に，実証分析に際してのムード変数の符号条件は表6.2にそれぞれ報告した。

6.2.2　制御変数

次に，推定モデルに組み込む制御変数について説明する。まずは予算の決定期や政策実施期の経済状態が，税率や支出額の決定に影響することが想定される。よって，経済状態全般を包括しうる指標としてGDP成長率[74]，

---

(74) 総務省統計局の「日本の長期統計　第3章：国民経済計算」内の，「国内総生産及び要素所得（名目，実質，デフレーター）－平成2年基準（68SNA）（昭和30年～平成10年）」のデータを参照した（http://www.stat.go.jp/data/chouki/zuhyou/03-04.xls）。

社会的な次元で暮らし向きを集積的に捉えることができる消費者物価指数[75]，そして雇用状態を表す完全失業率[76]を推定モデルに加える。GDP成長率の上昇によって，税収の増加ならびに社会保障支出も増加することが予測される。また，物価の上昇によって税収の増加がもたらされることで税負担率は上昇し，失業率の上昇によっては低下することも予想される。一方，物価と失業率の上昇によって，社会保障費はともに増加するだろう。

そして社会状況を制御する必要性から，65歳以上の老齢人口の増加が年金，老人医療保険の増加を通して，政府歳出や税率の上昇や社会保障費の増額をもたらすとの経験的知見に沿い65歳以上の対総人口比と，子供や児童などを含む14歳以下の対総人口比を和した値を，社会保障関連人口比としてモデルに加える[77]。なお，この社会保障関連人口比の増加によって，租税負担率，社会保障費ともに増加することが予測される。

また，政治状況を制御するために，与党議席率を含める。党派性理論においては，左派政党が雇用対策をはじめとする社会保障に力点を置き，政府からの資金供給量を増加させることによってインフレ率が上昇する一方で，右派政権時には逆の傾向が見てとれるという仮定が置かれ（Hibbs 1977, 1994; Alesina 1987），またその妥当性についても検証がなされてきた（Alesina et al. 1997; Alesina and Roubini 1992）。日本の場合，特に55年体制下において政権交代がなかったために，右派政権と左派政権による財政支出の違いは観察されてこなかった。よって，政権党にあり続けた自民党や連立政権を構成した政党の議席占有率が，どの程度マクロ経済パフォーマンスを規定したかを分析することで，党派性の政策選択に対する影響を制御することにしたい。

---

(75) 総務省統計局の「日本の長期統計　第22章：物価」内の，「消費者物価指数（全国，中分類別）（昭和30年～平成17年，昭和30年度～平成16年度）」における「持家の家賃を除く総合」の値を消費者物価指数指標として参照した (http://www.stat.go.jp/data/chouki/22.htm)。

(76) 総務省統計局の「日本の長期統計　第19章：労働・賃金」内の，「労働力状態，男女別15歳以上人口－労働力調査（昭和23年～平成17年）」のデータを参照した (http://www.stat.go.jp/data/chouki/zuhyou/19-04.xls)。

(77) 14歳以下ならびに65歳以上の対総人口比については，「政府統計の総合窓口」より「我が国の推計人口（大正9年～平成12年）」のものを用いた (http://www.e-stat.go.jp/SG1/estat/img/StatInffunc/xls)。なお単位はパーセントである。

加えて，上述の政治景気循環の分析によれば，政権党が選挙を控えた時期に，インフレ率の操作や税率の調整などによる景気浮揚策をとって，議員の再選確率を上昇させようとすることが知られている。日本政治分析においても伊藤隆敏，河野勝，西澤由隆，さらに猪口孝などがその存在を部分的に確認してきた（Ito 1990; Kohno and Nishizawa 1990; 西澤・河野 1990; 猪口 1983）。そしてこの系譜には，斉藤の研究も位置している（斉藤 2010: 84-86, 92-93）。これらの知見に沿うと，選挙年以前に，物価に関する施策については日銀による通貨供給量の調整がなされたり，減税施策がとられることが示唆される。また，社会保障費を通しての財政支出の増大が認められるかもしれない。よって衆議院と参議院の選挙年ダミーをモデルに加える。

最後に，本書の主要な目的のひとつである選挙制度改革の効果を測定するために，前章の分析と同様に，「制度改革ダミー」を含めたモデルも推定する。符号条件は発見的な意義も考慮して，それを定めないが，選挙制度改革が有権者と政府のつながりを規定する要因であるならば，制度改革ダミーは統計的に有意に政策変化を規定するであろう。またそれは，政策ムードを条件づけることで，有意に政策選択を規定することにもなるだろう。こういった制度による条件づけの上での政策ムードの限界効果は，主要な独立変数と条件変数の積である交差項を推定モデルに組み込むことで分析できることが知られている（Brambor et al. 2006: 64）。従って，ここでは政策ムードと制度改革ダミーの交差項も含めたモデルも推定する。上記2種類の政策ムードに加え，ここで説明した制御変数群の記述統計については表6.3に報告している。

表6.3 独立変数の記述統計

変数名	観察数	平均	標準偏差	最大値	最小値
成長好感ムード	48	6.022	3.183	13.843	2.196
弱者救済ムード	48	6.021	3.182	12.072	0.360
社会保障関連人口比	47	32.046	1.430	35.800	30.220
衆議院選挙年ダミー	49	−	−	1	0
参議院選挙年ダミー	49	−	−	1	0
与党議席率	47	0.556	0.056	0.681	0.476
制度改革ダミー	47	−	−	1	0

注：制御変数のGDP成長率，消費者物価指数，完全失業率については，前章の表5.3（79頁）を参照していただきたい。

6.3 政策ムードと政策選択

6.3.1 推定法

(1) 構造ベクトル自己回帰モデル　前節で，補償変数と再分配にかかわる租税負担率と社会保障費の対国民所得割合を従属変数に設定することを論じた。では主要な独立変数と制御変数，そして従属変数の関係を，どのような方法によって推定することが望ましいだろうか。

斉藤は従属変数に政府投資を，主要な独立変数に支持率，選挙年，制御変数に失業率と経済成長率を採って分析した。推定に際しては，誤差項の系列相関を変換するプレイス=ウィンステン（Prais-Winsten transformation）法が用いられた。これは各独立変数が外生的にいくらかのラグをもって政府投資を規定することを設定し，誤差項の自己相関をホワイト・ノイズに変換した上で推定を行ったものである。その上で政府投資に対する世論としての内閣支持率の影響を適切に析出しえた点で，斉藤の分析は，マクロ次元での有権者と政府間の応答関係の分析にも重要な貢献をなしたものであったと考えられる。

しかしその推定に際しては，発展の余地も残されている。それは，変数間の内生性と外生性を設定し，内生変数間の影響力関係をその信頼区間を特定しながら申告することである。こうした設定に適する方法として，前章で「誘導形ベクトル自己回帰（RF-VAR）」モデルと「構造ベクトル自己回帰モデル（SVAR）」モデルによる分析を紹介したが，本章ではSVARモデルによって分析を進める。すなわち，主要な独立変数である2種類のムードに対する内生変数として，第一の分析では補償を，第二の分析では再分配に関する2変数を含め，外生変数にGDP成長率，消費者物価指数，失業率，衆議院選挙年，参議院選挙年，与党議席率を設定した上でSVARモデルによる推定を行うことにする。そしてその結果をもとに，前章と同様の「インパルス・レスポンス関数（IRF）」グラフを報告し，95パーセントの信頼区間のもと各内生変数間の説明力が，互いの変数のショックに応じてどのように推移するかを明示することにしよう。

(2) 自己相関移動平均モデル

変数間の内生性を考慮するSVARモデルによる分析は，変数間の双方向的な影響力関係を特定するのに適したモデルである。しかし同時に，各従属変数に対して2種類のムード変数が外生的に与えている影響を頑健に析出しておく意義も大きい。これにより，たとえば斉藤をはじめとする政治予算循環に関する分析などとの比較が可能となる。そして何より，選挙制度改革の効果を，前章と同様の「制度改革ダミー」を含めることによって特定することが可能になる。

それに際して，本章では，前章と同様に「自己相関移動平均（ARMA）」モデルによる推定を行う。従属変数の自己相関について確認しておくと，政府投資については2次（AR(2)），租税負担率については4次（AR(4)），社会保障費については4次（AR(4)）の自己相関の存在がそれぞれ認められる。その上で，p次の自己相関によって説明されない誤差項が何次の移動平均過程MA(q)に従うかを確認すると，政府投資に関する推定の場合で1次（MA(1)），他の2つの場合には0次（MA(0)）の移動平均過程に従うことが明らかになっている。よって，政府投資についてはARMA(2,1)，租税負担率と社会保障費についてはAR(4)に従うARMAモデルによって推定を行うことにする。

6.3.2 分析結果

(1) SVARモデルの分析結果

では各推定の結果を，IRFグラフをもとに解釈していこう。本章でも，より一般的な方法としてIRFグラフの結果のみをもとに結果を解釈していく（Brandt and Freeman 2009; Brandt and Williams 2007）。なお横軸には，時間の経過が年ごとに示されており，成長好感ムードの上昇に伴い政府投資がどの程度増減するかを表す限界効果値も，Y軸の値から確かめることができる。またその推移がどの程度確からしいかを示すのが，95パーセントの信頼区間を示す破線である。その破線が「ゼロ」をまたいでいない範囲において，その推移は確からしいことが示されている。以下では，IRFグラフをもとに各分析結果を議論していくことにしよう。

補償

図6.5　成長好感ムードと「補償」変数間のIRFグラフ

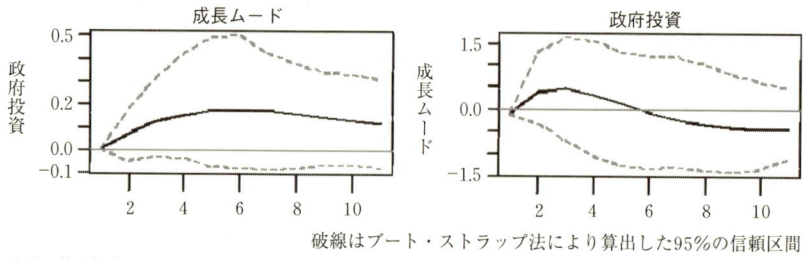

破線はブート・ストラップ法により算出した95％の信頼区間

出典：筆者作成。

　図6.5の左図が成長好感ムードの上昇に伴い，政府投資がどのように変化したかを示すものである。信頼区間を示す破線は，終始ゼロをはさんで拡散的に推移していることから，成長ムードが政府投資に与えるショックは確からしいとは言えないことが明らかである[78]。とは言え境界的なものとして判断できる領域もあり[79]，その傾向は成長好感ムードの上昇が政府投資の増額を促すことを示唆するものである。そして，政府投資が増える場合に，成長好感ムードは当初高まるが，次第にその影響はゼロに近づき，マイナスに転じることが右図によって示されている。しかし，その信頼性は終始確かではない。政府投資が増大することで，雇用の創出などが好感されるが，それが財政負担の増大として市民の目に映ることが成長ムードの抑制につながるものと解釈できるかもしれない。

　次に弱者救済ムードと補償変数の関係について，図6.6をもとに検討してみよう。これは成長好感ムードの場合とは傾向も信頼性も対照的に，救

---

(78)　なお前章においても論じたように，ディッキー＝フューラー検定（Dickey=Fuller Test）によると，補償変数（$Z(t)=-0.906, p>Z(t)=0.7859$），租税負担率（$Z(t)=-1.067, p>Z(t)=0.7281$），社会保障費（$Z(t)=1.985, p>Z(t)=0.9987$）ともにデータが定常ではなく単位根が存在していることが明らかである。これに関して，補償変数に対する成長ムードのグランジャー因果性検定の結果は，「$p>\chi^2=0.182$」，救済ムードの結果は，「$p>\chi^2=0.001$」である。よって，成長好感ムードに関しては因果性が確認されないが，補償変数に対する救済ムードの結果は，共和分検定の結果からも見せかけの因果ではないことが示されている。

(79)　前章でも指摘したように，信頼区間については68パーセントのものを報告する意義があることも示されている。そうした緩和された基準に従えば，成長好感ムードの上昇は政府投資の増大をもたらすと解釈することも可能である。

第6章 戦後日本政治における動態的代表—政策は世論に規定されてきたのか　107

図6.6　弱者救済ムードと「補償」変数間のIRFグラフ

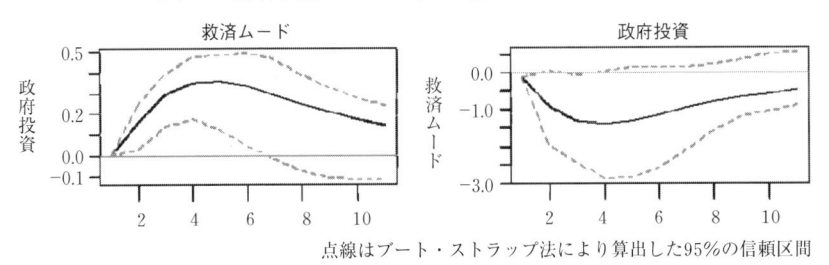

点線はブート・ストラップ法により算出した95％の信頼区間

出典：筆者作成。

済ムードの上昇によって，政府投資が有意に増加することが示されたものである。つまり，政府は有権者の間で不満が高まっている時に，雇用創出や所得補償によって応答してきたことが明らかになっている。そして，信頼性についてはわずかに境界的ではあるものの，政府による補償の拡大は救済ムードを和らげることが右図からは明らかである。

再分配

次に再分配をめぐる結果について検討する。図6.7上段の2つの図が成長ムードの推移によって，租税負担率と社会保障費の国民所得割合がどの

図6.7　成長好感ムードと再分配変数間のIRFグラフ

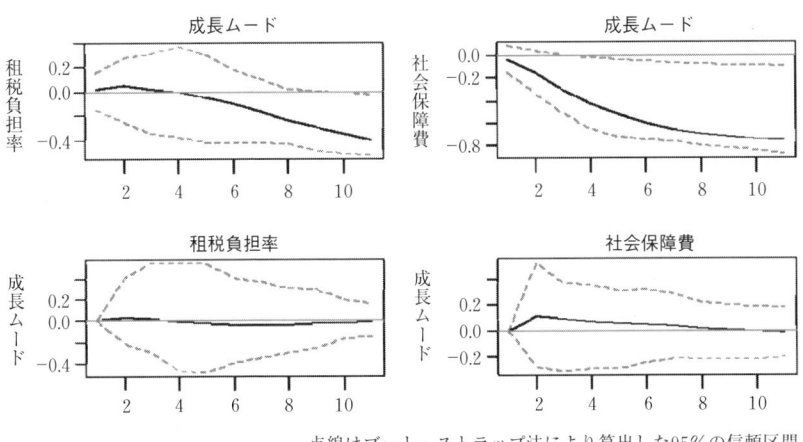

点線はブート・ストラップ法により算出した95％の信頼区間

出典：筆者作成。

ように推移するかを表したものである[80]。左上図からは成長好感ムードが高まる場合に租税負担はわずかに減少傾向を示すが，その限界効果値の値は小さく，確からしさは低い。成長好感ムードの税政策に対するショックをめぐっては，有意な関係が認められなかった。他方で上右図では，成長ムードが高まることで政府は社会保障を手控えることが示されている。ここから政府は，成長好感ムードが高まり，政府への要望が必ずしも高くない時期を，財政規律を維持する格好のタイミングと考え，主要な支出項目である社会保障分野での歳出抑制に努めてきたことがうかがい知れる。また下段の2つの図からは，租税負担率や社会保障費のショックによって成長好感ムードはさほど変動せず，その程度も確からしいとは言えないことが示されている。

では，弱者救済ムードについてはどのような傾向が示されているだろう

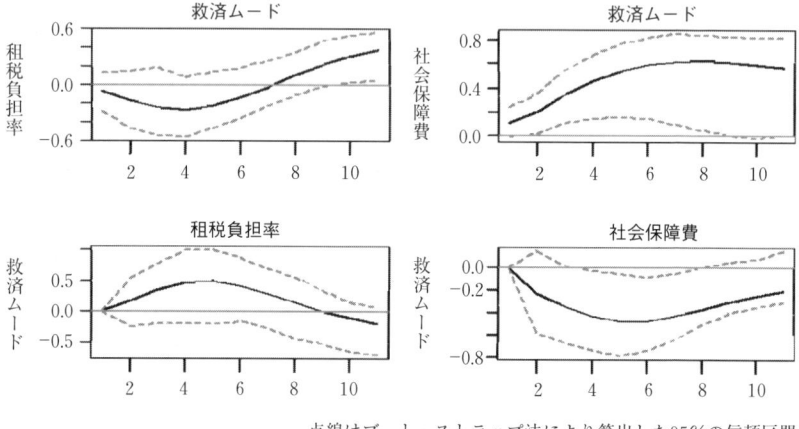

図6.8 弱者救済ムードと再分配変数間のIRFグラフ

点線はブート・ストラップ法により算出した95％の信頼区間
出典：筆者作成。

---

(80) 租税負担率に対する成長ムードのグランジャー因果性検定の結果は，「p>χ^2=0.893」，救済ムードの結果は，「p>χ^2=0.666」である。そして，社会保障費に対する成長ムードのグランジャー因果性検定の結果は，「p>χ^2=0.472」，救済ムードの結果は，「p>χ^2=0.068」である。従って，社会保障費に対する救済ムードの結果は共和分が成立していることから，両者の因果性がほぼ見せかけの結果でないことが示されている。

か。図6.8上段の2つの図は救済ムードが租税負担率，社会保障費に与える影響を示している。左上図からは，救済ムードが高まることで租税負担率はいったん下がるが，救済ムードに対する「大きな政府」志向の対応からか徐々に租税負担率は上向きに転じる傾向が示唆されるようである。但し，その信頼性までは確認できなかった。

そして顕著な傾向として，右上図からは救済ムードが高まれば，社会保障費の対国民所得割合は有意に上昇することが示されている。これは政府が救済への期待に対して福祉の拡充で応えていたことを示す確たる証拠である。そして右下図に注目すると，雇用手当などの社会保障費が拡充されることで，救済ムードは和らぐことが明らかになっており，それが統計的に有意な時期も認められる。これに対して租税負担率が上がれば，救済ムードは高まる傾向が示唆されているが，その信頼性は高いものとは言えない。

⑵ ARMA モデルの分析結果

では，選挙制度改革の効果を検討するために，ARMA モデルの分析結果も検討しておこう。結果は表6.4に示した。各従属変数に関するモデルの全てにおいて，制度変化ダミーに関する交差項を含んだ分析結果と含まない分析結果の両方を報告している。まずそれぞれの従属変数に関して，制度変化ダミーを含まないモデルを検討すると，政府の政策選択に成長好感ムードが統計的に有意な効果を示していないことが明らかである。これは先にも検討したように，成長を実感している時に有権者が政府への何らかの対応を望む必要性が低く，政府もそれに応じて，補償や再分配を提供してこなかったことを反映したものであろう。

また選挙制度改革の影響について検討すると，交差項を含まないモデルより，社会保障費の増減に関して，制度改革ダミーが10パーセント水準で有意になっているものの，直接的な影響は確認されない。

次に交差項を含んだモデルについて検討してみると，租税負担率に関するモデルにおいて，成長好感ムードと制度改革ダミーが，1パーセント水準ではないものの有意性を示している。ダミー変数の交差項を含むモデルにおいて，非条件付け変数（unconditioned variable）の係数はダミー変数が「ゼロ」の時の値として解釈できることが知られている（Brambor et al. 2006: 65）。従って，租税負担率に関しては，1993年より前の時期において

表6.4 成長好感ムードと政策選択の関係をめぐるARMA推定

従属変数	政府投資（補償）		租税負担率		社会保障費	
モデル 変数名	ARMA (2,1)		AR (4)		AR (4)	
ラグ付従属変数	0.759 (0.179)***	0.746 (0.218)***	0.859 (0.183)	0.833 (0.140)***	0.791 (0.094)***	0.684 (0.110)***
成長好感ムード	−0.019 (0.048)	−0.014 (0.051)	−0.064 (0.075)	−0.115 (0.056)**	−0.027 (0.023)	−0.007 (0.022)
制度改革ダミー	0.693 (0.422)	3.354 (12.930)	−1.133 (0.582)	−6.049 (4.089)*	0.454 (0.260)*	2.497 (1.223)
成長ムード× 制度改革ダミー		−0.606 (2.970)		1.102 (0.903)		−0.440 (0.273)
社会保障人口比	0.110 (0.081)	0.122 (0.090)	0.022 (0.169)	−0.004 (0.141)	0.046 (0.058)	0.056 (0.050)
GDP成長率	−0.043 (0.066)	−0.043 (0.065)	0.180 (0.076)	0.170 (0.085)**	−0.102 (0.026)***	−0.094 (0.026)***
失業率	−0.644 (0.525)	−0.803 (0.901)	−0.032 (0.452)	0.649 (0.784)	0.415 (0.292)	0.366 (0.257)
消費者物価指数	−0.008 (0.019)	−0.005 (0.022)	0.037 (0.033)	0.026 (0.029)	0.010 (0.010)*	0.028 (0.015)
衆議院選挙年	−0.190 (0.253)	−0.185 (0.260)	0.209 (0.375)	0.124 (0.641)	−0.342 (0.224)	−0.279 (0.240)
参議院選挙年	−0.123 (0.219)	−0.130 (0.215)	−0.152 (0.397)	−0.028 (0.412)	−0.176 (0.154)	−0.128 (0.130)
与党議席率	−1.951 (6.195)	−2.414 (6.964)	0.738 (7.058)	5.403 (6.410)	0.165 (1.638)	0.233 (1.515)
定数項	1.946 (7.425)	2.047 (7.830)	−0.662 (6.920)	−2.072 (5.810)	0.309 (2.011)	−0.176 (1.825)
自己相関						
1次	0.700 (0.227)***	0.690 (0.233)***	−0.169 (0.437) [1次]	−0.288 (0.292)	0.114 (0.218)	0.041 (0.246)
2次	−0.475 (0.233)**	−0.494 (0.261)*	−0.076 (0.309) [2次]	−0.258 (0.243)	−0.410 (0.243)*	−0.412 (0.242)*
移動平均			−0.270 (0.559) [3次]	−0.172 (0.303)	0.338 (0.223)	0.332 (0.243)
1次	−1.000	−1.000	−0.254 (0.324) [4次]	−0.354 (0.253)	−0.326 (0.226)	−0.254 (0.198)
切片 (σ)	0.353 (0.074)	0.351 (0.074)	0.642 (0.099) 切片 (σ)	0.617 (0.078)	0.258 (0.042)	0.250 (0.049)
観察数	37	37	44	44	44	44
ワルド検定	1289.420 (0.000)	1308.910 (0.000)	1201.860 (0.000)	1254.890 (0.000)	27901.690 (0.000)	35730.620 (0.000)

注：有意水準は，***：1％，**：5％，*：10％。（ ）内は頑健標準誤差。なお，両側検定をもとにした検定結果を報告している。

　成長好感ムードが上がれば，租税負担率は減少傾向にあったことが示されている。しかしこのモデルについても，交差項は有意ではなく，制度改革

第6章 戦後日本政治における動態的代表―政策は世論に規定されてきたのか 111

以降に有意な成長好感ムードの影響が認められるわけではない。

これらの成長好感ムードをめぐる結果を総合すると，補償や再分配とい

表6.5 弱者救済ムードと政策選択の関係をめぐる ARMA 推定

従属変数	政府投資（補償）		租税負担率		社会保障費	
モデル 変数名	ARMA (2,1)		AR (4)		AR (4)	
ラグ付従属変数	0.803 (0.146)***	0.825 (0.131)***	0.771 (0.234)***	0.808 (0.210)***	0.900 (0.099)***	0.897 (0.109)***
弱者救済ムード	0.065 (0.032)**	0.073 (0.030)**	-0.023 (0.105)	-0.009 (0.084)	0.049 (0.016)***	0.048 (0.016)***
制度改革ダミー	0.485 (0.366)	-2.113 (7.083)	-1.061 (0.617)	3.583 (3.788)	0.237 (0.172)	0.138 (1.849)
救済ムード× 制度改革ダミー		0.463 (1.301)		-0.889 (0.725)		0.019 (0.347)
社会保障人口比	0.114 (0.061)*	0.102 (0.053)*	-0.014 (0.169)	-0.010 (0.142)	0.061 (0.038)	0.061 (0.037)
GDP 成長率	0.025 (0.049)	0.037 (0.049)	0.125 (0.086)	0.102 (0.082)	-0.077 (0.033)**	-0.076 (0.033)**
失業率	-0.415 (0.492)	-0.206 (0.515)	-0.099 (0.481)	-0.038 (0.516)	0.244 (0.261)	0.253 (0.280)
消費者物価指数	0.005 (0.017)	0.004 (0.015)	0.043 (0.036)	0.038 (0.034)	0.006 (0.011)	0.006 (0.012)
衆議院選挙年	-0.037 (0.283)	0.012 (0.268)	0.090 (0.441)	-0.032 (0.477)	-0.290 (0.267)	-0.286 (0.277)
参議院選挙年	-0.051 (0.177)	-0.033 (0.185)	-0.154 (0.330)	-0.108 (0.321)	-0.166 (0.159)	-0.165 (0.169)
与党議席率	0.032 (4.815)	0.506 (4.564)	1.372 (7.074)	2.296 (8.001)	-1.587 (1.389)	-1.592 (1.390)
定数項	-1.901 (5.208)	-2.436 (4.763)	1.889 (8.923)	0.680 (8.298)	-0.310 (1.735)	-0.302 (1.727)
自己相関						
1次	0.552 (0.291)*	0.508 (0.263)*	1次 -0.019 (0.333)	-0.059 (0.271)	-0.131 (0.175)	-0.133 (0.183)
2次	-0.558 (0.227)**	-0.543 (0.193)***	2次 -0.002 (0.354)	-0.121 (0.267)	-0.691 (0.216)***	-0.693 (0.220)***
移動平均			3次 -0.231 (0.361)	-0.214 (0.284)	-0.026 (0.249)	-0.029 (0.263)
1次	-1.000	-1.000	4次 -0.213 (0.387)	-0.247 (0.275)	-0.465 (0.266)*	-0.463 (0.273)*
切片 (σ)	0.314 (0.058)***	0.310 (0.067)***	切片 (σ) 0.652 (0.078)***	0.627 (0.072)***	0.238 (0.041)***	0.238 (0.043)***
観察数	37	37	44	44	44	44
ワルド検定	1474.390 (0.000)	1604.850 (0.000)	778.520 (0.000)	923.970 (0.000)	94056.590 (0.000)	95675.450 (0.000)

注：有意水準は，***：1％，**：5％，*：10％。（ ）内は頑健標準誤差。なお，両側検定をもとにした検定結果を報告している。

った政策選択に対する直接的効果は認められず、選挙制度改革についてもほぼ同様のことが言える。また選挙制度改革によって、条件づけられることで成長好感ムードがもたらした効果も限定的であったと言えるだろう。

次に弱者救済ムードについての分析結果は、SVARモデルの結果とも呼応して、ムードと各従属変数との連動関係を顕著に示すものであった。表6.5より、政府投資に関する分析では、他の社会経済的要因や政治的変数の影響を制御した場合にそれらの変数がほぼ有意でないにもかかわらず[81]、弱者救済ムードは政府投資を有意に促すことが明らかになっている。租税負担率については、全変数において有意性が確認されないが、社会保障費については、他の要因をコントロールした上でも、救済ムードの影響が最も顕著なものであった。

また、もうひとつの注目すべき点は、交差項を含まないモデルを検討した場合、「制度改革ダミー」すなわち選挙制度改革自体の効果は認められないということである。そして交差項も有意ではない。すなわち、制度変化によって条件づけられる弱者救済ムードの効果も認められていない。

これらの結果を総合すると、弱者救済ムードが補償と再分配という2つの政策選択に影響を与えてきたことは確かである。しかし、選挙制度改革の有意な効果は確認されないだけでなく、それが救済ムードの推移を条件づけることによってもたらす効果も限定的であったことが示されている。選挙制度はそれ自体としても、ムードを条件づけることを通しても、政策の帰結自体には有意な影響を与えていなかった。

6.4 まとめ

本章の分析より、有権者の政策への期待に政府が応答していた時期が確かに認められた。その意味において、戦後の日本政治においても、一定の実質的民主主義が存在したと解釈しうる。具体的な根拠を改めてまとめれば、救済ムードの高まりに対して、政府は補償、再分配の両面でそれに応えてきたことが明らかになった。これは日本においては、不況期に政府に

---

(81) 表6.4からも明らかなように、社会保障関連人口比の増加は補償を促すことが示されている。

よる市民への応答性が高まり,負託の連続性が認められる傾向にあったことを示す証拠である。そして何よりも,このような日本のマクロ政体の変化は,選挙制度改革の影響を受けたものではなかった。制度改革以前と以降という変化は補償と再分配に影響を与えず,中選挙区制下,小選挙区比例並立制下で政策ムードがそれぞれの政策領域を規定していた程度に決定的な差異は認められなかったからである。一方で,成長好感ムードが高い時期に,成長好感ムードの補償と再分配に対する効果は有意ではないか,あるいは有意に低下の傾向を示した。これは好況期に,市民の不満が総じて低いことを感知する政府が,財政規律を維持する好機と考え,補償や再分配を手控えてきたことを示す結果であった。

なお本書の分析は,「多数派の利益を政府が捕捉している状態」が民主主義であり,「政府・政党と有権者が政策によって結節され,応答性が機能している状態」が,政治代表が保たれていることを意味するという定義に従って進められている。ゆえに,成長好感ムードに対する応答性が認められなかったことは,政治代表の限定性を意味するものと捉えられるかもしれない。しかし,成長好感ムード自体が「現状維持・満足」を根底としたものであることを考えると,それ以上の政府による対応を求める性質のものではないことがまずは示唆される。また成長好感ムードと弱者救済ムードは対照的な推移を示すことを考えると,成長好感ムードがさほど高くない時期には,救済ムードが高く,それに対して政府は補償・再分配を強化してきたことは明らかである。

また本章の分析は,斉藤の近著の分析枠組みに多くを負って進められた。その上で,斉藤が明らかにしようとした政治予算循環としての選挙年,人気,そして政府投資の関係というダイナミズムは本章の分析からは析出されなかった。とは言え,不況の深刻化に伴う有権者の不満の増大を政治危機ないしは政治危機の兆候と捉えることもできる。そのように考えると,斉藤や古くはカルダーが指摘したように,政府ひいては自民党は政治的危機を回避するべく補償と再分配を拡大することで,その到来を未然に防いできたのだと言えるのかもしれない。

次章では,個別の政策分野において,どのような政策的応答が認められたのかをさらに詳しく検討する。その中で改めて,選挙制度改革の影響についても検証していくことにしよう。

第7章　個別政策分野の世論と政策選択の関係

7.1　個別の政策分野における世論の反応―立法と政府支出への注目

　前章では，包括的な有権者の政策に対する期待と，それに対応する政府支出の関係を分析した。本章ではそれに加えて，主要な個別の政策分野においても，世論と政策との連動関係が認められるのかを検証し，政策ムードをめぐる分析結果を補強しておくことにしたい。それに際して，前章第1節で論じたように，立法面での帰結として制定法律自体の「質」に注目した分析も加え，前章の「補論」という位置づけのもとに分析を進める。
　そして本章においては，社会保障，教育，農林水産という各政策分野での世論の高まりが立法過程に影響し，制定法律として政策選択に反映されるのかどうかを検証する[82]。つまりここでは，政策ムードという包括的な形態の世論指標に依拠するのではなく，各政策分野における期待を直接的に分析に組み込むことで，個別政策分野に固有の世論と政策選択間の応答関係を分析する[83]。その上で各推定結果を報告し，それらの結果から導か

---

(82)　ここでの政策分野の基準は，世論データの観点から，充分な観察数が得られるものという制約に依拠する。特に外交や防衛については，制定法律の数の上で充分なサンプルが得られなかったことから，主要政策分野のひとつと考えられながらも分析には取り上げていない。他に経済政策全般についても，多くの法律が制定されているが，世論指標との整合性などの点から本書の分析においては除外している。特に経済関連の立法的帰結や，税率，通貨供給量などをもとにした政策的帰結を従属変数とする分析は，今後の課題としたい。

れる知見を整理する。

7.2 設定—データセットと各変数の説明

本節では、まず主要な従属変数である制定法律の指標化について説明する。分析対象とする法律は、1960年の第37回国会から2000年の第150国会までの間に制定されたもののうち、「…法の一部を改正する法律」、司法関連の法律（例：許可・認可などに関する法律、民事手続法）、行政関連の手続きに関する法律（例：総務省設置法、行政手続法、住民基本台帳法）、国事に関する法律（例：昭和天皇の大喪の礼の行われる日を休日とする法律など）、資格に関する法律（例：柔道整復師法、計理士法）を除いた1086本である[84]。

具体的な方法は、各法律に関して政治腐敗防止、経済対策、社会保障、農業、地方、文教、産業、国際、環境、防災治安の各分野に、法律の内容が該当している場合に1点を与えるというものである。また分野ごとに「拡充」と「削減」を企図している内容かどうかを区別する。たとえば社会保障の拡充を含む内容の場合には「社会保障拡充」に1点を、削減を含む内容の場合には「社会保障削減」に1点を加える。その上で社会保障の場合であれば、社会保障拡充から社会保障削減の値を引き、社会保障の拡充を企図した法律数がどの程度多かったか、少なかったかを測るという指標化を行った。

また制定法律に関する分析に加えて、各政策分野での支出を従属変数とする分析も追加する。取り上げる政策分野は世論に関するデータ時点の問題も考慮し、社会保障[85]、教育[86]、農業[87]に関する政府支出である。

---

(83) 具体的には、社会保障の拡充を期待する割合が25パーセントなら、それがそのまま独立変数となる。次節ではデータセットについて説明し、独立変数を定義する。

(84) なお、制定法律については、衆議院の制定法律一覧を参照した。

(85) 社会保障費は「狭義の社会保障」である公的扶助、社会福祉、社会保険、公衆衛生医療、老人保健に、「広義の社会保障」である恩給、戦争犠牲者援護などを加えた合計額である。その社会保障の対一般歳出割合を用いる。データについては総務省統計局の「長期統計系列」における、「第23章：社会保障

また独立変数については，第4章において政策ムードを算出した際のデータと同様に，「国民生活に関する世論調査」内の「政府への要望」に関する設問とそれへの回答を用いる[88]。

推定に際しては，1年前の世論（t－1）が，t年の議員活動を規定しているとして，世論の1期のラグ付き変数を用いて分析をすることが一般的である（Erikson et al. 2002; Stimson et al. 1995）。しかし実態上，議員活動が法案に反映され，ひいては概算要求基準，予算案や本予算に反映される年数は必ずしも1年と一定であるとは限らない。多くの政策変化は累積的な世論の高まりに呼応したものかもしれないからである。少なくともある年度に市民からの要請が高まり，立法化がなされ，支出の増額に反映されるまでに数年の経過を想定するのが妥当であろう。国会での与野党間の折衝や政府省庁間での交渉などの期間を考慮すれば，多くの立法的および行政的帰結は，世論の高まりから2年ないしは3年のラグをもって生起しているとも考えられる。よって本章では，複数期の世論のラグ付き効果を推定し，何期前のラグを含んだモデルが妥当かを検証していく。

のものを用いた（http://www.stat.go.jp/data/chouki/zuhyou/23-01-a.xls）。これは，第6章での社会保障費変数とは，対一般歳出割合を用いる点で異なる。再分配は，国民が所得に対してどれだけの割合の還元を受け取ることができるかに関心があったのに対して，ここでは政府が全支出の中からどれだけの割合を世論に応じて提供したのかに関心があるからである。

(86) 教育費は国公立の幼稚園から大学に対して，「人件費や設備費などを含んだ国庫支出金」，「地方への国からの補助金など」の総額からなる。教育費の対一般歳出割合を従属変数として分析を行う。データについては総務省統計局の「長期統計系列」における，「第25章：教育」のうち「設置者，財源別教育費」「設置者，学校種別教育費」「設置者，支出項目別教育費」を用いた（http://www.stat.go.jp/data/chouki/zuhyou/25-14.xls）。

(87) 農業に対する政府からの政策的配慮は，農外収入における「年金・被贈などの収入」をもって指標化する。農家が得る収入のうち，「年金・被贈」の占める割合がどの程度かを把握するために，「年金・被贈などの収入」を，作物収入などを含む農業粗収益も加えた「総収入」で割った値を用いている。なおデータについては総務省統計局の「長期統計系列」における，「第7章：農林水産業」のうち「農家経済」のものを用いた（http://www.stat.go.jp/data/chouki/zuhyou/07-22.xls）。

(88) 具体的な指標化は，本書第4章59-60頁を参照していただきたい。

また制御変数として，前章の推定に新たに対数化した負債値を加える。そして社会状況を制御する必要性から，65歳以上の老齢人口の増加が年金，老人医療保険の増加を通して，社会保障費の増額をもたらすとの知見に沿い，社会保障支出・立法に関する回帰分析の際には65歳以上の対総人口比をモデルに加える[89]。一方で，教育分野についての分析では，義務教育への就学人口が問題となる。よって，14歳以下の対総人口比を加えて推定する[90]。さらに，人口それ自体の多寡についても，対数化総人口としてその効果を制御する[91]。また，政治状況が与えている影響を制御するために，与党議席率を加える。

最後に，本章でも，選挙制度改革の影響が世論と政策選択の関係を変化させるものであったのかを確かめるために，前章までの分析と同様に，「制

表7.1　各推定における独立変数と従属変数の記述統計

変数名	観察数	平均	標準偏差	最小値	最大値
【独立変数：世論】					
社会保障世論	46	18.747	4.070	5.000	26.600
教育世論	46	6.149	3.296	1.400	12.500
農林水産世論	42	4.797	4.102	1.323	16.000
【政治的変数】					
制度改革ダミー	47	―	―	0.000	1.000
与党議席率	47	0.556	0.056	0.476	0.681
【制御変数】					
対数化負債	43	13.672	1.797	11.040	17.646
対数化人口	47	11.648	0.105	11.436	11.758
65歳以上人口比	47	10.770	4.367	5.600	20.800
対数化 GDP	39	12.362	0.588	11.137	13.110
【従属変数：支出】					
社会保障支出割合	38	0.375	0.081	0.240	0.488
教育支出割合	39	0.017	0.003	0.013	0.024
農家補償割合	39	0.162	0.057	0.071	0.245
【従属変数：立法】					
社会保障関連立法	40	1.950	5.267	−11.000	18.000
教育関連立法	40	2.325	2.177	−2.000	9.000
農業関連立法	40	3.850	5.182	−8.000	17.000

(89)　65歳以上の対総人口比については，「政府統計の総合窓口」より「我が国の推計人口（大正9年～平成12年）」のものを用いた（http://www.e-stat.go.jp/SG 1/estat/img/StatInffunc/xls）。なお，単位はパーセントである。
(90)　データの出典については同上。
(91)　データの出典については同上。

度改革ダミー」を加える。なお、これらの変数の記述統計は表7.1に示しているので参照していただきたい。

早速、各政策分野における世論と政策選択のつながりについて、分析結果をもとに解釈を進めることにしよう。

7.3 政策分野ごとの分析結果

7.3.1 社会保障

社会保障支出の対一般歳出割合に3次の自己相関が認められることから、AR(3)に基づく「自己相関移動平均（ARMA）」モデルを用いて推定を進める[92]。社会保障支出と社会保障に関する世論の動きは図7.1に示し、推定結

---

(92) なお本節の分析においても、従属変数の社会保障支出と主要な独立変数である社会保障問題に対する世論の値に、それぞれ単位根が存在しているのかどうかが問題となる。ディッキー＝フューラー検定によると従属変数である社会保障支出については、「Z(t)=−0.967(p＜.765)」という結果が得られ、社会保障支出が非定常であることを示している。他方、独立変数である社会保障世論については、「Z(t)=−5.110(p＜.000)」という検定結果が得られており、データが定常であることは明らかである。

従属変数に単位根が認められるような場合の一般的な対処法としては、各変数について非定常性が確認されなくなる次数分だけ階差をとるということが知られている。その他にも、上昇トレンドが従属変数の変動を説明しているのかどうかを確かめる方法もある。もし上昇トレンドが従属変数を説明しているなら、その場合は単位根を考慮し、各変数の階差をとる分析を行う必要があるが、そうでないなら必ずしも階差をとる分析を行う必要はない。そこでそれを確かめるため時間経過を表す「年度」をフル・モデルに加えて推定したが、メインの独立変数や制御変数の係数値、有意確率に顕著な変化は認められず、年度の有意確率も「0.416」であった。よって本項では階差をとる分析は行わない。なお、時間経過に伴うトレンドが従属変数に対して有意な影響を与えているかどうかは最小二乗法（Ordinary Least Square: OLS）推定量の最良線形不偏推定量には影響しないことが知られているが、トレンドを無視したモデルによって「見せかけの関係」が発生していないことは強調しておきたい。また年度を含めた回帰分析は、本項の全てのモデルに対して行っているが、どの場合にも年度変数の有意な説明力は認められていない。

図7.1 社会保障政策に関する世論と社会保障支出の推移

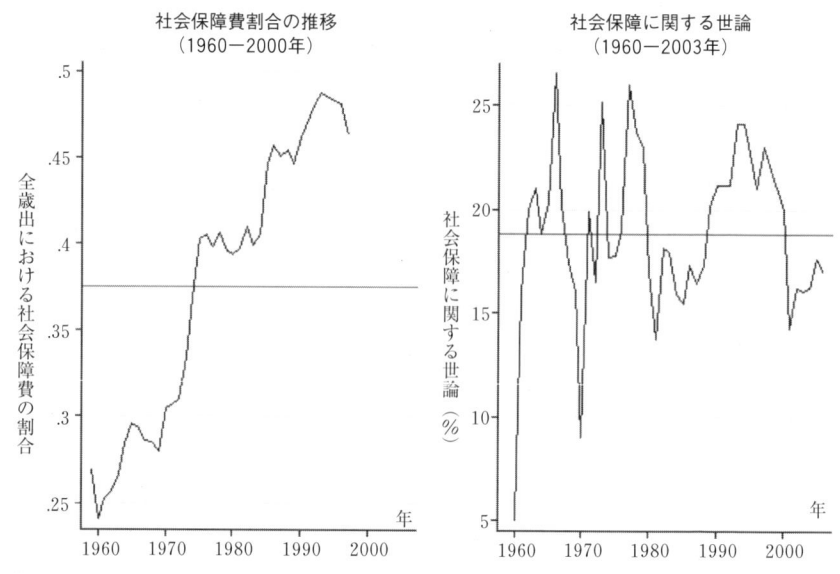

社会保障費割合の推移
（1960−2000年）

社会保障に関する世論
（1960−2003年）

注：X軸と平行にひかれた線は，各変数の平均値である。定常性に関する判別の参考として明示している。
出典：総務省統計局データと「内閣府データ」をもとに筆者作成。

果は表7.2に報告した。

　表7.2から，1期前，2期前の社会保障に関する世論が，当期の社会保障支出の変動を説明していることが明らかである。ここでの結果に従えば，1年前または2年前に社会保障世論が1パーセント上昇することで，社会保障支出の全歳出に対する割合は0.2パーセント程度増加することが示されている。なお図7.1より，世論の高まりと支出割合の増加が顕著に見てとれるのは1990年代後半である。社会保障関連立法についての分析でも詳述するが，図7.1によると（左：社会保障費支出，右：社会保障世論），1990年代は介護保険，医療保険，年金などへの有権者の関心が高まり，それが政策，予算，そして支出にまで反映されていたことがうかがえる。これに先行するように，社会保障政策に関する世論は，1987年まで10パーセント代半ばの値で推移したが，1988年には20.1パーセントに上昇し，1990年代半ばに至るまで23−24パーセントの高値を維持し続けた。なお，社会保障分野については，後に分析する2つの政策分野と比べても，顕著に財政的

表7.2 社会保障支出と世論の関係に関する ARMA 推定と OLS 推定結果

変数名 \ モデル		OLS 推定		ARMA（1期前）		ARMA（2期前）	
世論（t − 1）	(＋)	0.002**	(0.001)	0.002**	(0.001)		
世論（t − 2）	(＋)					0.002***	(0.000)
対数化 GDP	(＋)	− 0.134***	(0.035)	− 0.132***	(0.029)	− 0.196***	(0.036)
対数化負債	(−)	0.005**	(0.002)	0.005***	(0.001)	0.007***	(0.002)
65歳以上人口比	(＋)	0.004	(0.005)	0.013*	(0.007)	0.005	(0.004)
対数化総人口	(＋)	0.000***	(0.000)	0.000***	(0.000)	0.000***	(0.000)
与党議席率	(±)	0.08	(0.084)	− 0.044	(0.135)	0.180**	(0.072)
制度改革ダミー	(±)	0.002	(0.017)	− 0.031	(0.029)	0.008	(0.015)
定数項	(±)	0.309	(0.240)	0.503**	(0.209)	0.604***	(0.204)
3次の自己相関				− 0.586*	(0.300)	0.045	(0.318)
2次の移動平均				− 0.622**	(0.293)	− 1	(0.000)
定数項				0.010***	(0.001)	0.008***	(0.001)
観察数		37		37		35	
調整済み決定係数		0.977		−		−	
対数尤度値		−		114.694		113.293	
F 検定		175.877					
カイ2乗検定		−		10937.899		10246.765	

注1：有意水準は、***：1％、**：5％、*：10％。（ ）内は頑健標準誤差。なお、両側検定をもとにした検定結果を報告している。
注2：世論2期前の OLS 推定結果については報告していないが、変数の統計的有意性、係数の符号は「ARMA（世論2期前）」の場合と同様である。
注3：変数名の横の（ ）内の符号は、各係数の符号条件を意味する。

帰結に先行する世論の推移が確認されている[93]。

次に、社会保障関連立法と社会保障政策に関する世論の関係について結果を解釈する。解釈に際しては、主に「プレイス＝ウィンステン変換（PW）」法の結果に依拠する[94]。従属変数について検討してみると、1次の自己相関が認められることから、それを除去した方法による推定結果を示したものである。

表7.3は推定結果をまとめて報告したものである。上述のように、何期

---

(93) ここで制御変数の結果について簡単にまとめておくと、第一に、社会保障支出は GDP の増加に伴って減っており、負債の増加に伴って増えるという予想とは異なる結果が示されている。第二に、65歳以上人口比の増加が支出の増加を促していることが示されている。

(94) ここでもまずは従属変数の定常性を確認してみると、ディッキー＝フューラー検定結果によれば「Z(t)＝− 3.424(p＜.0102)」で、ほぼ1パーセント水準のもと従属変数の単位根の存在は否定され、変数の定常性が保たれていることが明らかである。

表7.3 社会保障関連立法と世論の関係についての
プレイス＝ウィンステン法による推定

変数名 \ モデル		PW法（世論2期前）		PW法（世論3期前）	
法案（t−1）	（＋）	0.367*	(0.203)	0.176	(0.168)
世論（t−2）	（＋）	0.459**	(0.197)		
世論（t−3）	（＋）			0.353**	(0.163)
対数化GDP	（＋）	14.421	(14.329)	13.887	(11.748)
対数化負債	（−）	−0.797	(0.524)	−0.957**	(0.410)
65歳以上人口比	（＋）	−0.359	(1.553)	0.677	(1.277)
対数化総人口	（＋）	−0.001	(0.001)	−0.001	(0.001)
与党議席率	（±）	33.532	(25.945)	29.423	(20.419)
制度改革ダミー	（±）	3.520	(6.271)	2.294	(5.426)
定数項	（±）	−128.465	(90.279)	−96.207	(77.886)
観察数		33		32	
調整済み決定係数		0.667		0.642	
F検定		5.996		7.943	
DW統計量		2.024（変換前：1.891）		2.040（変換前：1.691）	

注1：有意水準は，***：1％，**：5％，*：10％。（ ）内は頑健標準誤差。なお，両側検定をもとにした検定結果を報告している。
注2：この分析においては，まずOLS推定を行ったが，その結果，誤差項の系列相関の存在が検定より明らかであったので，誤差項の1次の自己相関を仮定したPW法による推定を行った。変換後のダービン＝ワトソン統計量（Durbin-Watsonsstatistics）も両モデルにおいて「2」に近い値を示し，系列相関の存在も片側検定より棄却されている。
注3：世論1期前モデルについては，OLS推定においてもPW法推定によっても統計的に有意な結果が得られていない。従って，結果は報告していない。
注4：以降の教育，農林水産，経済関連立法についての推定でも，同様の手順で分析を進めている。
注5：変数名の横の（ ）内の符号は，各係数の符号条件を意味する。

前の世論が当期の社会保障関連の法案数を決定しているかは，先験的に明らかにならない。従って，3期前までのラグを含んだ分析を行っている。結果を検討すると，社会保障の拡充にかかわる立法行動からさかのぼって，2期前または3期前の世論が有意となっている[95]。社会保障政策関連の世論が高まった場合，その2年後ないしは3年後にかけて，福祉の拡充を意図した立法活動が活発になることによって世論が反映され，関連法律が成立してきたことが示されている。

また図7.2を参照しながら，特徴的な時期についても検討してみよう。たとえば，佐藤政権下の1967年から1969年にかけての第55国会では，公務

---

(95) またモデルの情報量の観点からは，3期前モデルの妥当性が高いことが示されている。

図7.2 社会保障政策に関する世論と社会保障関連立法の推移

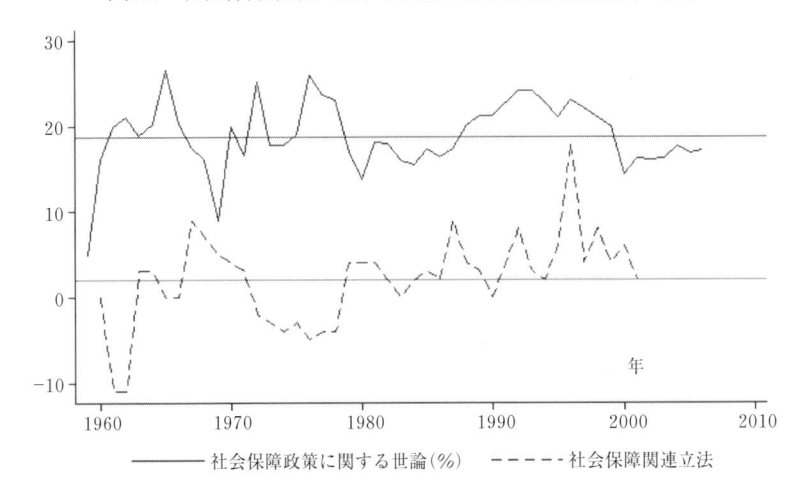

注：X軸と平行にひかれた線は，各変数の平均値である。定常性に関する判別の参考として明示している。
出典：「内閣府データ」などをもとに筆者作成。

員への年金の増額を盛り込んだ法律や地方公務員の災害補償に関する法律などが相次いで成立した。佐藤政権下の第62国会では労働災害保険の改正，公害による健康被害補償，私立学校教員の共済年金の増額，農林漁業団体の共済年金の増額に関する法律が順に可決されている。これからさかのぼること２，３年前に当たる1964年から1966年にかけては，その前後の時期の社会保障に関する世論の値が10パーセント台半ばから後半であるのに対して，1964年には20.3パーセント，1965年には26.6パーセント，1966年には20.2パーセントと高値を記録している。このことから田中政権下で，1972年から1973年以降推し進められた大規模な福祉拡充の立法活動における萌芽は，1960年代後半の佐藤政権下に既に認められる。またそれは，1960年代半ばの社会福祉の拡充を求める世論を起点にしていたとも考えられるのである。またこれと同様の傾向は，1997年の第141国会において介護保険関連法が制定された例に関してもうかがい知れる。その３年ほど前，社会保障問題に関わる世論は，23-24パーセントに高まっていた。

　なおこうした世論に関する結果は，制御変数のそれに比べても顕著なものであったことをまずは強調しておきたい。それをふまえた上で，制御変

数の結果についても概観しておくことにしよう。3期前モデルにおいては，対数化負債が5パーセント水準で有意であった。また，その結果は符号条件に沿うものであった。総人口の増加については正負どちらの符号もあり得ると考えられたが，65歳以上の人口比の増加が立法活動を促すという方向性が，有意ではないものの見てとれる。また同様に，統計的に有意ではないものの，与党議席率の1パーセントの増加は積極的な社会保障関連の立法活動を大幅に促す傾向も示唆されている。

そして最後に，本書の主張との関連で「制度改革ダミー」の結果をまとめておきたい。表7.2と表7.3に報告していないモデルも含めて，全てのモデルで制度改革ダミーは有意な結果を示さなかった。前章で再分配について検討した際と同様に，1993年の制度改革は社会保障にかかわる政策選択を規定してはいなかった。

7.3.2 教育

次に，教育関連支出と教育政策に関わる世論の関係について検討する。本項では3次の自己相関を仮定したARMAモデルによって推定を行っている。そして，従属変数である「国公立の幼稚園から大学までの，教職員の人件費や学校設備費などの国庫支出」の一般歳出に対する割合値が非常に小さく，左側に歪んだ形状のため，従属変数は対数化したものを用いることで対処している。結果は表7.4に報告した。また世論と教育支出の連動については，図7.3に示している。

まず図7.3によると，左図にあたる教育支出の対政府支出割合は1960年代後半をピークに減少し続けているが，1990年代にかけて再度増加している。全ての時期において世論の大きな変動に呼応しているわけではないが，両者の傾向が近似している時期も認められる。また右図の教育政策の充実を期待する世論は，1960年代半ばと1980年代半ばにピークを，そして1970年代初頭から中盤にかけて底を打つ双峰型の形状を特徴としている。この両者の関係はどのような推定結果として反映されるだろうか。

表7.4の分析結果は，教育に関する世論が高まることによって，その1年後または2年後に教育支出が増加することを示すものであった[96]。また赤

---

(96) 従属変数をめぐっては，教育関連支出の対一般歳出割合を対数化している

表7.4 教育関連支出と世論の関係に関する
ARMA モデル推定結果

変数名 \ モデル		ARMA モデル (世論1期前)		ARMA モデル (世論2期前)	
世論（t − 1）	（+）	0.013***	(0.004)		
世論（t − 2）	（+）			0.008***	(0.003)
対数化 GDP	（+）	0.788***	(0.255)	0.660***	(0.186)
対数化負債	（−）	0.024	(0.015)	0.023**	(0.009)
14歳以下人口比	（+）	−0.099**	(0.042)	−0.059*	(0.031)
対数化総人口	（+）	−3.713**	(1.598)	−3.979***	(1.320)
与党議席率	（±）	−0.345	(0.695)	−0.610	(0.573)
制度改革ダミー	（±）	0.251	(0.191)	0.096	(0.139)
定数項	（±）	30.004*	(16.077)	0.054***	(0.009)
3次の自己相関		−0.133	(0.256)	−0.423**	(0.166)
定数項		0.059***	(0.010)	0.054***	(0.009)
観察数			36		35
対数尤度値			50.462		51.791
カイ2乗検定			247.218		432.101
赤池情報量基準値			−80.924		−83.583

注1：有意水準は，***：1％，**：5％，*：10％。( ) 内は頑健標準誤差。なお，両側検定をもとにした検定結果を報告している。
注2：ARMA モデルによる「世論1期前モデル」，「世論2期前モデル」ともに OLS 推定結果と統計的有意性，符号条件は変わらなかったので，OLS 推定結果は省略している。
注3：変数名の横の ( ) 内の符号は，各係数の符号条件を意味する。

池情報量基準値（Akaike Information Criterion）について，世論2期前モデルの方が低値であることを考慮すると，2期前モデルの方がモデルの精度が高く，2期前モデルの方が，より確かなモデルであることが示唆されている。そして制御変数からは，第一に経済成長によって教育支出も増額されること，第二に義務教育対象児童と総人口の増加が教育支出の減額をもたらすことが見てとれる[97]。

ので，係数の値は世論の1単位（ポイント）の増加に対して，教育支出割合が何パーセント増えるのかを表すものとなる。従って，係数の解釈は世論の値が1単位（ポイント）増加した時に，世論1期前モデルの場合で教育関連支出の割合が0.013パーセント，2期前モデルの場合で0.008パーセント増加することを表している。

(97) 義務教育対象児童の人口比増加と教育費の関係は経験的な知見とは異なるものであった。本章は教育政策の行政的帰結のみに注目するわけではないので，この結果をめぐって詳細な議論は行わないが，これについては更なるモデルの検討が求められる。

図7.3 教育政策に関する世論と教育政策関連支出の推移

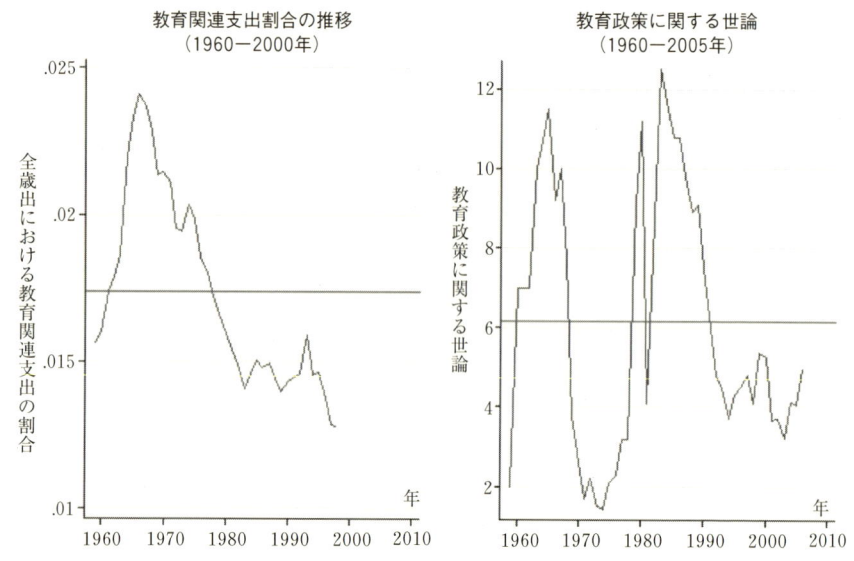

教育関連支出割合の推移
（1960-2000年）

教育政策に関する世論
（1960-2005年）

注：X軸と平行にひかれた線は，各変数の平均値である。定常性に関する判別の参考として明示している。
出典：総務省統計局データと「内閣府データ」をもとに筆者作成。

　次に教育政策関連の立法と世論に関する結果について検討する。まず図7.4を見ると，1963年から1967年にかけての10パーセント台での教育世論の推移が，1970年代初頭の教育立法の増加に先行しているようにも見受けられる。また1979年から1980年と1983年から1989年にかけて，世論は再度，10パーセント台の高値に達している。そしてその後，1980年代の後半に立法活動が増加しているようである。このように図7.4からは，何年分かのラグをもって累積的な世論の高まりが立法活動を促していたようにも考えられる。

　しかし表7.5の推定結果を検討すると，4期前の世論のラグを含んだ一部のモデルにおいて，世論の説明力が10パーセント水準で確認されたのみで，1期前，2期前，3期前の世論については教育関連の立法的帰結を有意に説明していなかった。推定結果からは4年前の世論が今期の立法活動を規定しているとも解釈できるが，PW法による推定では統計的に有意な結果を得ていない。加えて，「0.2」単位程度の増加というのも実質的に低値である。また4年前の世論の影響が，今期に至るまで継続していること

表7.5 教育関連立法と世論に関するプレイス＝ウィンステン法による推定

変数名	モデル	OLS（世論1期前）		OLS（世論4期前）		PW（世論4期前）	
世論（t−1）	（＋）	0.050	(0.150)				
世論（t−4）	（＋）			0.223*	(0.125)	0.194	(0.118)
対数化GDP	（＋）	2.669	(7.149)	2.551	(6.390)	3.363	(5.538)
対数化負債	（−）	0.022	(0.274)	0.068	(0.231)	0.067	(0.207)
14歳以下人口比	（＋）	0.225	(0.478)	0.383	(0.415)	0.392	(0.391)
与党議席率	（±）	25.146**	(10.717)	17.445	(11.027)	20.555*	(10.157)
制度改革ダミー	（±）	2.840	(2.352)	3.237	(2.077)	3.191	(2.024)
定数項	（±）	−53.575	(70.434)	−57.21	(54.726)	−65.652	(47.621)
観察数		35		32		32	
調整済み決定係数		0.284		0.402		0.495	
F検定		1.532		2.303		3.356	

注1：有意水準は，＊＊＊：1％，＊＊：5％，＊：10％。（ ）内は頑健標準誤差。なお，両側検定をもとにした検定結果を報告している。
注2：世論2期前，3期前モデルについては，全ての変数が統計的に有意ではなかったことから，1期前，4期前モデルのみを報告している。また1期前モデルについても，OLS推定において，与党議席率が統計的に有意であったのみであり，PW法推定の結果もOLS推定のそれと係数の優勢において，ほぼ同様であったことから結果を報告していない。
注3：変数名の横の（ ）内の符号は，各係数の符号条件を意味する。

図7.4 教育政策に関する世論と教育政策関連立法の推移

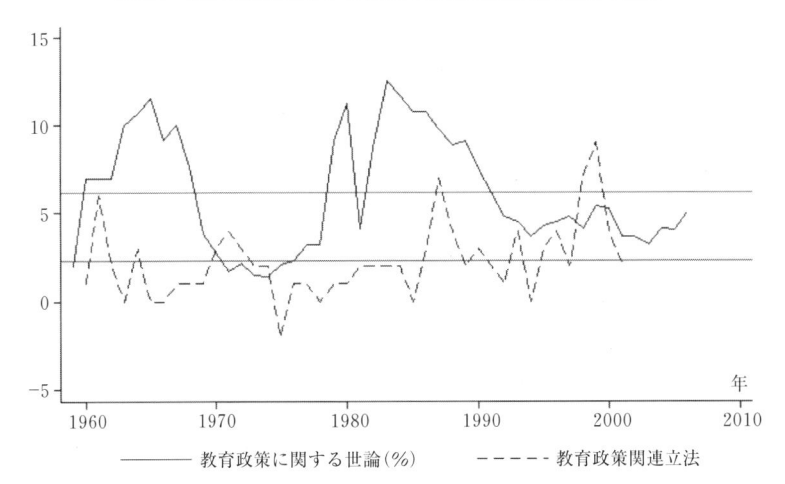

―――― 教育政策に関する世論(％)　　----- 教育政策関連立法

注：X軸と平行にひかれた線は，各変数の平均値である。定常性に関する判別の参考として明示している。
出典：「内閣府データ」などをもとに筆者作成。

を示唆する根拠も認めづらい。従って，教育の充実を要望する世論が教育関連の立法活動を活性化させるという証拠はほぼ確認されなかったと結論

すべきであろう[98]。一方で教育政策においては，行政的帰結である支出に対して世論の説明力が認められていた。「立法活動としての教育政策」と「行政分野としての教育政策」では，世論への反応が異なることが示唆される結果であった。

そして教育関連支出，教育関連立法，どちらの分析においても，制度改革ダミーは有意ではなかった。教育政策分野においても，世論と政党の政策の関係性が1993年を機に異なるものになったことを示す証拠は得られていない。

7.3.3 農林水産

3つ目の政策分野として，農林水産業の充実を求める世論が高まることによって，関連の支出がどのように変動したかを分析する。ここでも，3次の自己相関AR(3)に従うARMAモデルによって推定を行った。なお従属変数については，農家収入における年金や被贈総額の対農家収入に対する割合をもとに分析している[99]。結果は表7.6に報告し，農林水産関連の世論と支出の変動については図7.5に示した。

まず図7.5を概観すると，左図の農家向けの年金・補償の対一般歳出割合は40年間ほぼ上昇傾向にある。ここで，「年度」を農家補償割合に対して回帰してみると，係数が「0.005(p<.000)」であり，1年ごとに0.5パーセントの上昇トレンドが確認される。他方で右図の農業分野での世論については，同様に1年ごとに有意な0.23パーセント程度の下落が認められ，有権者の間で農業分野への関心が一貫して下降トレンドにあったことがまずは示されている。すなわち，農業政策に関する世論と農家への補償の間にはどうやら乖離が認められるようである。このことは何を意味しているのだろうか。

表7.6の推定結果も，その傾向を反映したものになっている。世論は農業政策の帰結を有意に説明している。しかしそれは，農林水産業に関する

---

(98) 加えて制御変数の中では，世論の1－4期前の各モデルにおいて与党の議席率の増加によって，教育関連の立法が顕著に促されている。

(99) 全歳出割合で除した場合，あまりにも低値となることから，「農家が何を政府から供与してもらっているのか」という点をマクロ次元で操作化するために，農家収入に対する割合値を用いることにした。

表7.6 農業関連支出と世論の関係に関する OLS 推定と ARMA モデル推定結果

変数名	モデル	OLS (世論1期前)		ARMA (世論1期前)		ARMA (世論2期前)	
世論（t－1）	（＋）	－0.008*	(0.004)	－0.007*	(0.004)		
世論（t－2）	（＋）					－0.004	(0.005)
対数化GDP	（＋）	0.044	(0.158)	0.067	(0.271)	0.272	(0.282)
対数化負債	（－）	－0.015*	(0.008)	－0.012	(0.014)	－0.017*	(0.009)
65歳以上人口比	（±）	0.000	(0.018)	0.010	(0.024)	－0.015	(0.022)
対数化総人口	（±）	3.298***	(1.016)	2.930*	(1.499)	2.391*	(1.381)
与党議席率	（±）	0.517	(0.307)	－0.019	(0.096)	0.230	(0.286)
制度改革ダミー	（±）	0.013	(0.071)	－0.019	(0.096)	0.035	(0.089)
定数項	（±）	－40.811***	(10.173)	－36.825**	(14.475)	－32.788**	(12.943)
3次の自己相関				－0.174	0.303	－0.119	0.271
定数項				0.034***	－0.006	0.034***	－0.006
観察数			33		33		32
調整済み決定係数			0.988		－		－
対数尤度値			－		63.427		－
F検定			295.356		－		－
カイ2乗検定			－		1501.462		1134.154

注1：有意水準は、***：1％、**：5％、*：10％。（ ）内は頑健標準誤差。なお、両側検定をもとにした検定結果を報告している。
注2：OLS 推定の世論2期前モデルは ARMA モデルのものと有意性において、ほぼ同様のものであることから結果は報告していない。
注3：変数名の横の（ ）内の符号は、各係数の符号条件を意味する。

図7.5 農林水産政策に関する世論と農林水産関連支出の推移

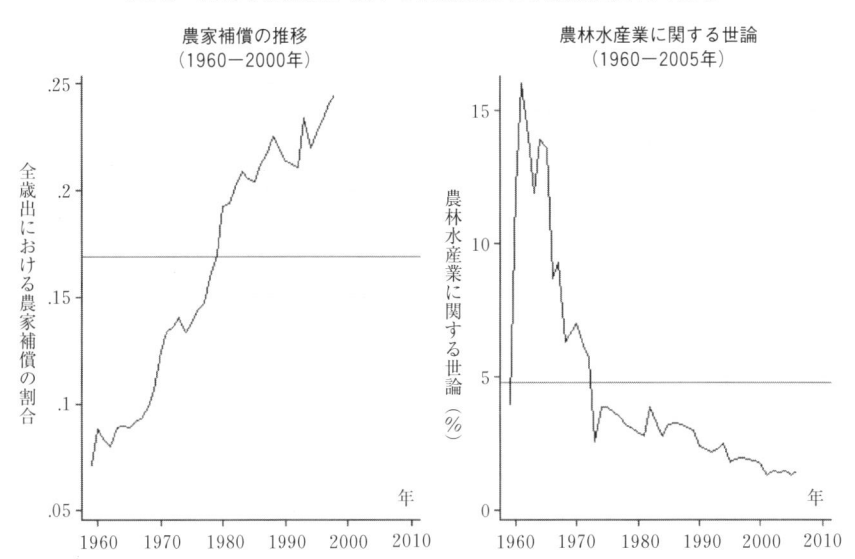

農家補償の推移
（1960－2000年）

農林水産業に関する世論
（1960－2005年）

注：X軸と平行にひかれた線は、各変数の平均値である。定常性に関する判別の参考として明示している。
出典：総務省統計局データと「内閣府データ」をもとに筆者作成。

一般有権者の関心の低下に反して、補償が増額されてきたという乖離によって特徴づけられる。この点で農業政策分野における政府の対応には、ほかの政策分野とは明らかに異なる傾向が見てとれる。それは農業政策分野において、政策的応答性がどうやら認められないということを意味する。これについては農林水産業関連の立法に関する分析結果の検討もふまえて、後にさらに詳しい解釈を提示することにしたい。

その前に制御変数の結果をまとめておくことにしよう。財政赤字の増加による農家補償の減額と人口増加による補償の増額が認められている。負債の増加に伴う政府支出の減額、そして人口増加に伴う食糧供給の必要性と農家優遇の双方ともに、直観に従う結果であった。また統計的に有意ではないが、与党議席率の増加によって支出が増額する傾向もモデルによっては示唆されている。それについては農業関連立法の分析結果を検討した後に、さらなる解釈を付したい。

次に農林水産業関連立法と世論の関係についての分析結果を検討してみよう。ここまでの立法関連の分析と同様に、OLS推定とPW法による推定の結果をそれぞれ比較しながら結果の解釈を進める。推定結果は表7.7に、

表7.7 農業関連立法と世論に関する PW 法推定結果

変数名	モデル	PW法 (世論1期前)	OLS (世論2期前)	OLS (世論3期前)
世論（t−1）	（＋）	−0.376　(0.478)		
世論（t−2）	（＋）		−1.480***　(0.385)	
世論（t−3）	（＋）			−0.784**　(0.371)
対数化GDP	（＋）	25.384　(18.880)	31.604**　(14.875)	50.241***　(14.114)
対数化負債	（−）	−0.047　(0.930)	−0.309　(0.633)	−0.124　(0.576)
65歳以上人口比	（±）	−0.783　(2.090)	−1.198　(1.604)	−2.745*　(1.405)
対数化人口	（＋）	−144.829　(121.369)	−214.915**　(94.960)	−242.975**　(89.158)
与党議席率	（−）	9.775　(34.700)	4.247　(28.907)	−1.074　(27.199)
制度改革ダミー	（±）	1.617　(8.250)	3.242　(6.319)	4.404　(5.783)
定数項	（±）	1377.905　(1212.707)	2133.036**　(952.654)	2238.628**　(891.185)
観察数		32	31	30
調整済み決定数		0.15	0.48	0.531
F検定		0.607	3.033	3.559
DW 統計量		1.690（変換前：1.585）	1.610（PW変換後：1.573）	1.807（PW変換後：1.540）
赤池情報量基準値		203.8	187.898	180.061

注1：有意水準は、***：1％、**：5％、*：10％。（ ）内は頑健標準誤差。なお、両側検定をもとにした検定結果を報告している。
注2：世論2期前モデル、世論3期前モデルについては、DW統計量より、OLS推定量の方が妥当であることが示されているので、OLS推定量のみを報告している。
注3：変数名の横の（ ）内の符号は、各係数の符号条件を意味する。

農林水産関連立法の推移と世論の関係については図7.6に報告した。

図7.6においては，実線が農業に関する世論を，破線が農林水産業関連の立法活動の推移をそれぞれ示している。先の農業関連支出と世論の関係にも認められたように，世論の下降トレンドと制定法律の上昇トレンドという乖離がここでも見てとれる。農業従事者の保護政策に関する立法としては，戦争，天災などによる農業経営の悪化を3段階の保険事業で賄うための「農業共済再保険特別会計における農作物共済及び畑作物共済に係る再保険金の支払財源の不足に充てるための一般会計からする繰入金に関する法律」や[100]，稲作からの転作奨励のために補助金拠出を盛り込んだ「水田利用再編奨励補助金についての所得税及び法人税の臨時特例に関する法律」などがほぼ毎年可決され続け，それらを通じて農業従事者への補償の法律的基盤が整えられてきた。この間，農林水産業にかかわる一般有権者の関心は，一貫して低下しつづけてきたにもかかわらずである。こうした

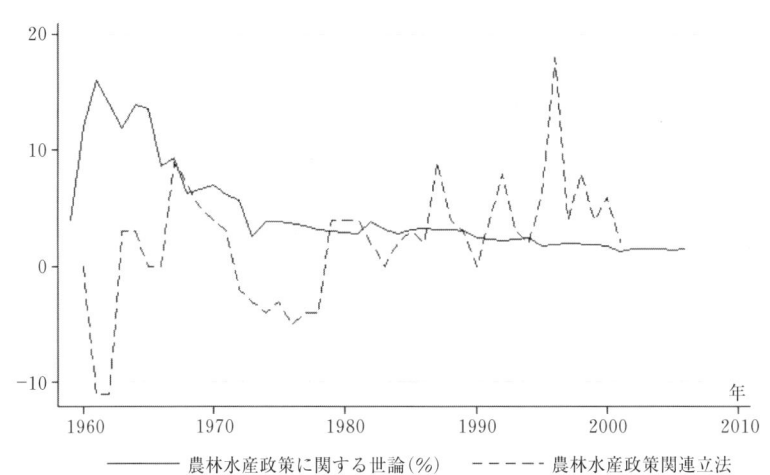

図7.6 農林水産政策に関する世論と農林水産関連立法の推移

出典：「内閣府データ」などをもとに筆者作成。

---

(100) これは1944年に，「農業共済再保険特別会計法」として制定されたものが，毎年一部修正されながら，2003年まで可決し続けたもので，1982年にはさらに支払資源の拡充がなされるなどして推移した。

乖離は，政策的応答性の観点からはどのように解釈されるものだろうか。

これに関して，ここでは2つの解釈を提示したい。1点目としては世論調査の設問構成と関連して，「農林水産業」を政府への要望として回答した人が，必ずしも「農林水産業の充実，農業補助の拡充」を希望していたとは限らず，その「削減」を重要な課題と認識して回答していた可能性があるということである。削減の意図で農林水産業の改善を要望した有権者が減少してきたとするなら，必ずしも世論における下降トレンドは，「拡充または充実の意図の減少」とはならないことになり，農家補償の削減を求めた有権者の割合が減少してきたのだということになる。しかしこのような解釈は，世論調査の設問の形式などを考慮した場合にも妥当なものとは言えないだろう。

そのように考えると，農林水産業に関しては，一般有権者の関心の低下や補償の削減を求める期待に反して，政府は異なる政策的対応を展開してきたことがうかがえる。では，なぜ農業分野においては，政策的対応が有権者の期待と乖離するかたちで行われたのだろうか。

これに関しては，2つ目の解釈として，農林水産業において特殊な利益を分配しようとした政治的アクターの存在を，どうしても考慮しなければならない。それはすなわち，「農水族」のプレゼンスを示唆するものであり，利益誘導政治の裏付けと考えられるものである。支出と立法活動に関する両分析において，統計的に有意ではないものの与党議席率の増加による補償の増額と，立法行動の活性化が示唆されている。こうした制御変数の結果も加味すると，自民党議員の農業政策決定過程における政策行動 (policy behavior) をもとに，世論に逆行する政策選択が維持されたものだとして解釈せざるをえない (建林 2004：第4章)。これは，農林水産業では，偏った政策的応答がなされていたことを意味するとも言える。また，都市農村間の所得格差是正のために展開されたとされる「農村バイアス」に関する議論に対して，マクロ次元の傍証を示したものともみなしうる (蒲島 2004：3-14)。そしてこうした農家への補償の継続を，斉藤が言う「逆説明責任」の対価として読み取ることも可能であるかもしれない。

しかしこうした分析結果は，ただちに「日本のマクロ政体」をめぐって，応答性の偏りが基底にあったことを示すものだろうか。次節では，本章の知見をまとめた上で，この点についてもう少し議論を加えておきたい。

7.4 まとめ

　各政策分野についての推定結果をまとめると，第一に社会保障，教育分野では，他の社会経済的あるいは政治的要因を制御した上でも，有権者の期待の高まりが，当該分野での政府支出の増加を規定していた。第二に，農業については世論の関心の低下に対して，農家補償や農業関連立法は増加するというトレンドの乖離が認められた。このように政策分野によっては，世論と逆行する政策的帰結が認められることもあった。

　しかし，本章の分析からは次の点を強調しておきたい。それは，世論に逆行する政策決定がなされ，応答性の偏りが示唆される政策分野は，農林水産業関連にとどまっていたということである。本章においては，農家への補償を「年金・被贈」をもとに操作化した。しかしこれが，全農家収入に占める割合もさほど大きいものではないだけでなく，全歳出における割合は極めて小さい。これは農業関連の立法に関しても同様である。政策的応答性に偏りがあり，それが阻害されている場合があるとしても，その政策分野は限られていた。そしてそのための政策的対応の規模も，決して大きすぎるというものではなかった。このことは，政府支出の大きな割合を占める社会保障分野において，その拡充を期待する世論，さらに弱者全般の期待に対して，政府が全面的に応答してきたこととの対比からも，注意深く解釈される必要があるだろう。

　つまり，政策的応答性に偏りが認められた政策領域である農林水産業は，政府全体の政策選択から見た場合には，限られたものであった。それにもかかわらず，そこでの応答性の偏りが利益誘導政治として，自民党による統治，ひいては日本の統治の根幹をなす特徴であると論じられてきた。しかし，社会保障という予算規模も大きな領域においては，明確な世論と政策選択の連動があり，政策的応答性が機能してきた。

　このように考えると，農林水産業という一部の政策分野において応答性の偏りが存在したことは，「日本のマクロ政体」という包括的な政治代表の根底に，決定的な不平等があったことを意味するものではないと考えられるのである。そしてこれが，前章や本章のように，包括的な政策的応答性について検証したことによって明らかになったことである。

また本章では,あわせて6種類の推定結果を報告した。これらのどのモデルにおいても,制度改革ダミーは有意とならなかった。前章の分析とも併せて,政策選択に世論が与えた影響が確かであったのに対して,制度変化の影響はほとんど認められなかった。

ここまでの第Ⅱ部の分析全般を通して,日本のマクロ政体に,選挙制度,およびその変化が与えた影響は限定的であったことが明らかとなっている。

第Ⅲ部
世論と政党の関係

第 8 章　世論と政党の関係についての先行研究

　第Ⅱ部では，世論と政府の関係に焦点を当て分析を展開した。本書は，第2章においても論じたように，「世論と政府の関係」と「世論と政党の関係」を別個に分析するところに力点を置くものとなっている。従って，本章以降の第Ⅲ部では，世論と政党の関係に焦点を当てた分析を進める。本章では，まず関連研究の動向を整理しておくことにしよう。

8.1　アメリカ政治学におけるマクロ政治分析の問題点

　第3章において論じたように，政治代表に関する実証分析は，「動態的代表」論文（Stimson et al. 1995）の登場によって大きく発展した。その意義は，政治的エリートと政治的大衆について，別々に進められてきた行動分析を，マクロ次元の動態を確認することによって統合的に把握しようとしたところにあった。その研究を牽引したジェームズ・A・スティムソンらがなした貢献は大きかったが，その一方で残された課題もあった[101]。本章

---

(101)　本文では実質的な問題に焦点を当てて論じているが，他にも方法論上の問題として，集積の誤差をいかに扱うか，それに伴って推定量の不偏性は保たれるのか否かをめぐる論争が挙げられる。統計学においては，マクロ・データを扱う際に，集積的なデータの分析によって確かめられた因果ベクトルが，それを構成する個体についても適用できるとは限らないとする生態学的誤謬の問題が指摘されてきた（King 1997; Cho 1998）。これと関連して，世論を構成する個別有権者に付随する誤差に体系性が存在するならば，それを集積したデータは不偏性を保っているとは言えない。ラリー・M・バートルズは，もし有権

ではまず,スティムソンやロバート・S・エリクソンらによって進められたマクロ分析の問題点について検討しておく。

第一の問題は,第2章においても指摘したように,スティムソンらの分析において,政策自体が充分に分析に付されなかったことである。「動態的代表」論文では,政策と政策選択を分ける必要性が明示された。しかし政策は,「潜在的なもの」で観察不可能なことから,政策選択が測定可能な指標として,代替的に従属変数に設定された(Stimson et al. 1995: 547)。

これに対してバーナード・マニンらは,政治代表の概念を精緻化する作業を通して,「政策(policy)」と「政策的帰結(policy outcome)」を分けた上で分析する必要性を強調した(本書第2章36-37頁)。こうしたマニンらの定義に従うと,政策的帰結あるいは政策選択とはあくまで政策の結果であり,連動する場合もあれば互いが独立であることもしばしばである。政策は選挙競争のために策定されるのに対して,政策選択はそれをもとにした政治的帰結である。政策がそのまま政策選択に反映されるのかどうかは,政党を取り巻く社会経済状態や戦略的状況に依存するものであり,両者が同一であることを常に仮定することはできない。このように考えると,スティムソンによって採られた政策を政策選択によって代理するという方法には,一定の問題があった。世論と政策選択の関係を分析するだけでは,代表制の因果連関全体が確認されたとは言えず,そこに次の課題が残されることになった。

第二の問題は,理論研究と実証分析の乖離にかかわるものである。スティムソンらの分析において,検証仮説の導出は理論モデルに即してのもの

者の中に情報に精通した者とそうでない者が存在するとき,政策情報に乏しい有権者は党派性や個人的信条などに基づいて投票を行い,それが推定に際して体系的な誤差をもたらすことで,ひいては推定量の不偏性が損なわれる可能性を指摘した(Bartels 1996)。そして実際に,選挙情報に明るくない有権者があたかも情報を完全に処理できているといった状態は確認されず,集積データによって個体に固有の誤差が相殺されるといった仮説は妥当ではないことを実証している(Bartels 1996: 202-222)。この批判を受け,エリクソンらはあくまで個々の誤差の相殺によって体系的な誤差の発生は抑制されることを強調している(Erikson et al. 2002: 429)。しかし,このマクロ次元での発見とミクロ次元での追試をめぐる対立は依然として決着を見ていないとされている(参考:遠藤 2009:154-156)。

ではなかったことである。政治代表の問題と親和性の高い理論体系として，中位投票者理論が発展していた（Downs 1957）。有権者が政策に基づいて政党を選択し，それを考慮した政党が政策をある位置に定めるとする中位投票者理論の原理は，政治代表の実証研究に直接的な含意を与えるものであった。中位投票者理論は，有権者と政党，あるいは政府との戦略的関係をモデル化しようとしたものであり，それ自体が代表制の問題を包摂して発展していたからである。

一方で中位投票者理論の実証は，政策投票モデルとして展開された。こうしたモデルは，ミクロ次元の有権者の行動を扱うことを特徴としていた。しかし中位投票者理論を直接的に実証しようとするならば，本来，有権者と政党の政策を介した「関係」が分析の対象となる必要があった。スティムソンらのマクロ分析は，ダウンズ理論の実証を目的として発展したものではなかった。しかしそれは，有権者と政策の関係に目を向けたものであった点で，中位投票者理論から導かれる含意を直接的に実証する可能性を秘めたものであったとも言える。この中位投票者理論とそのマクロ次元での実証分析は，2000年以降の研究において大きく発展することになった。次節では，その研究発展を振り返っていくことにする。

8.2　代表制研究の現在──その動向と課題

8.2.1　近年の研究の特徴と問い

2000年以降，代表制をめぐる研究は，理論モデルと実証分析との融合，政党の政策への注目，多国間比較の導入，そしてより特定化された問いの検証の４点によって特徴づけられる。これらの特徴は互いに密接に関連したものであった。第一に1990年代の研究は，世論と選挙結果の関係について，ダウンズの中位投票者理論の含意に漠然と触れるにとどまっていたが，2000年以降は政策投票モデルから導かれた，政党の政策をめぐるより具体的な仮説が扱われるようになった。その結果として，第二に，政党の性格に固有の政策位置が分析の対象となり，分析単位は国レヴェルでの動態を形成する「一時点（one-shot）」から，「個別の政党×選挙年（party-election year）」に移行していった。また第三に，従来のアメリカ政治中心の研究に

加えて、多国間の政党と世論の関係が比較分析されるようになった。そして第四に、政党とその政策を分析単位として、理論モデルの含意が検証される中で、より特定化された問いが扱われるようになった。その問いの形式をもとに、関連研究を大別すると、それらを「政党の政策の規定要因」と「政党の政策による政治的帰結」の関係を扱う2つのグループに分けることができる。

第一の研究群は、「政党の政策は何によって決まるのか」を問うている。具体的には、政策は中位投票者の政策位置に沿うように決定されるのかということである。これについては有権者に関して、政策投票以外の要因、たとえば政党に対する愛着や候補者に対する時宜的な評価などの領域が増大し、有権者世論が流動化することによって、政党の政策位置が拡散していく傾向がまずは実証されることになった。そして世論変化に応じて、政党の政策はどのように変化していくのかが分析された。

第二の研究群は、「どのような政策を提示する政党ほど、選挙に強かったのか（政策コミットメントによって、選挙パフォーマンスが規定されるのか）」という問いを扱っている。直観に従えば、政党は中位投票者の選好に近い政策を提示する方が選挙に勝利しやすいように思われる。しかし、政党ごとの性格の違い（たとえば、政党規模、イデオロギー的凝集性）や、時々の社会経済状態によっては中道寄りの政策を示さない方が得票最大化につながる場合も考えうる。ではどのような場合に、遠心的な、すなわち中道寄りでない政策を提示する政党の選挙パフォーマンスは改善したり、劣ったりしてきたのだろうか。

以下では、近年の政治代表に関する研究の基盤をなす、空間競争理論の実証分析についてまとめた後に、上記の2つの問いに関連した研究を整理する。その上で日本政治に関して、分析の射程を拡張していくことの意義を明確にしていこう。

8.2.2 空間競争理論とその実証

アンソニー・ダウンズの空間競争モデルは、有権者の態度、行動、知性に対していくつかの仮定を設けることによって、政党の政策位置が中道に収斂することを示したものである（Downs 1957; cf. Grofman 2004: 26-27）。10あまりの仮定（条件）から成る世界において、政党の政策は中位投票者

の政策位置に収斂するというのが，ダウンズ・モデルの基盤であった[102]。しかし，有権者と政党のかかわり方のわずかな違いによって，仮定が崩れ，有権者と政党をつなぐ政党の政策が変化するとき，ダウンズ・モデルでは想定されていなかった政策のバラツキが生じる可能性が示唆されていた。

現実に目を向ければ，政党は1回限りでない繰り返される選挙において，代表的な有権者の政策位置を正確に把握できているとは限らない。また，政策領域が複数にわたることから，有権者はそれを能力あるいはコストの面から正確に理解できない状況に直面する。結果として，自分の政策位置に近い政党に投票するというよりは，政策の方向性を共有できる政党に投票しているという，ダウンズ・モデルの仮定外の事態を想定することの方が適切である。加えて，競争している政党の規模，イデオロギー的凝集性が均質ではなく，中位投票者の選好の分布までも不確かであり，何よりも有権者が政策以外の要因によって政党を決めていると考えることもまた自然なはずである。このとき，政党は複数の不確実性に直面しており，政党独自の政策路線を追求する誘因が高い。よって，実際の政治世界がそうであるように，政党の政策は遠心的に拡散することが予測されるのである。

このように政策の拡散を説明する理論モデルが発展した中で，特に代表制分析との接点から重要と考えられる研究は政策以外の要因，たとえば政党への愛着，社会的属性，業績評価などによっても投票行動が規定されることを示す非政策的投票モデルである[103]。ダウンズ・モデルにおいて，最も現実政治の実態が反映されていないと考えられる仮定は，有権者がただ政策的近接性のみによって政党を選択するというものであった。有権者がさまざまな個人的背景を持ち，情報処理能力もまちまちであるときに，政

---

(102) ダウンズ・モデル以降の政策投票モデルの発展過程についてまとめたもの，または言及したものとしてはバーナード・グロフマンの前掲論文のほかにもいくつかの研究が挙げられる（Adams and Merrill 2005; Iversen 1994; Budge 1994）。また，空間競争理論についての邦語でのリヴューには，尾野嘉邦，浜中新吾によるものなどが挙げられる（尾野 2009；浜中 2004）。
(103) 本書では，アダムスらの統合理論を中心に取り上げるが，アダムスら以前にも，概括して3種類の取り組みがあったことが，同著の "Appendix 1.1(241-244)" において整理されている（Adams et al. 2005）。他に，非政策的モデルについての邦語でのリヴューに，尾野によるものがある（尾野 2009：196-200）。

策のみに基づいてそれを完全に精査しながら政党を選ぶとは考え難い。よって、政策的近接性だけでなく、他の個人的な要因も考慮したモデルの構築とその実証が必要とされた。

この点を考慮した代表的な研究である、ジェームズ・アダムスらの統合理論は、「ロチェスター学派の空間モデルと、ミシガン＝コロンビア学派の行動論の系譜をいかに融合させるか」（Adams and Merrill 2005: 3）を目的として構築されることになった。この統合理論は、ダウンズが言うような政策的近接性だけでなく、行動分析が主要な説明変数としてきたランダムな非政策的要因によっても投票選択が規定されるときに、政党の政策は遠心的な状態に至ることを示したものである（Merrill and Adams 2002）。つまり、さまざまな背景をもつ有権者、そしてその選好の集積としての世論がどのように変化した場合に、政党の政策は変化するのか、それによって選挙結果はどのように規定されるのかという点が、統合理論の主要な検証課題として導かれることになった。

この非政策的要因モデルの含意は、アダムスとその同僚らによって追試されていく。アダムスらが同著の中で行った統合理論の検証では、当初1カ国の個別の選挙（たとえば、フランス大統領選）を対象とした分析がなされたのみであったが、それでは理論予測に適合的な選挙ばかりが選択されているという批判を免れなかった（Adams et al. 2004: footnote 1）。統合理論の説明力をより正確に検証していくためには、複数の国の政党について継時性をもった比較分析をすることが必要とされたのである。では、アダムスとその同僚らは、どのようにして統合理論の比較分析を進めたのであろうか。

8.2.3 第一の研究群――政党の公約は何によって決まるのか

統合理論の含意を直接的に実証するためには、政党の政策を量的に把握可能にするデータの入手が不可欠であった。こうした要請に応えうるデータセットの構築は、実際には、早い時期から始められていた。それは、1979年以降、イアン・バッジとデイヴィッド・ロバートソンを中心に展開された「マニフェスト研究グループ（Manifesto Research Group: MRG）」である。MRGは政党間対立とイシューの関係、イデオロギーや政策位置の収斂・拡散を明らかにすることを目的に、ヨーロッパ各国の研究者が自

国の政党の公約を収集して量的データに変換するという作業に取り組んだものである（Klingemann et al. 2006: xvii-xviii）。しかし，MRG の取り組みにおいては，文言のコーディングに統一性がないといった問題や政策分類の精緻化の必要性が指摘されていた。それらを是正した上で，1989年にはベルリン社会科学研究所のハンスディーター・クリンゲマンや MRG メンバーを中心に「マニフェスト国際比較プロジェクト（CMP）」として，OECD 諸国24カ国の政党についてのデータが収集され始めた[104]。

このように公約を量的に把握可能にするデータセットが，1990年代のマクロ分析の初動期に既に存在していた。しかし，CMP データセットの形状は代表制研究が最も活発に行われたアメリカ一国の分析を行うのに適したものではなかった。なぜなら，CMP データは選挙年のものであり，そのまま各年データに統合しうるものではなかったからである。スティムソンらが，政策自体は観察できないので，それを政策選択で代理するという研究設計をとった背景には，こうした事情があったとも考えられる。

他方で，CMP データは時系列情報が限られているものの，横断面情報は「24カ国×各国の政党数」と豊富なところに特徴があった。こうした特徴から，パネル・データによる比較政治学的な分析に汎用性が期待される性質のものには違いなかった[105]。そして2000年以降は，アダムスを中心に，

---

(104) 現在，ベルリン社会科学研究所を中心に，2009年からは「政治代表についての公約研究（Manifesto Research on Political Representation: MARPOR）」としてさらに拡張したプロジェクトが進められており，2021年までに75カ国の政党公約データが集積される予定になっている。なお，CMP に含まれる国は OECD25カ国に加えて，東欧諸国24カ国と他の5カ国の計54カ国であるが，そのうち分析に用いられることが多いのは OECD24カ国のうちでも西洋諸国に限定される。

(105) 一方で CMP データの慎重な使用を喚起し，専門家調査データの方が，汎用性が高いと論じたものに，たとえばケネス・ブノアとマイケル・レイヴァーによる研究が挙げられる（Benoit and Laver 2007; レイヴァー・ブノア 2006）。また，ブノアらによって誤差修正済みの推定を行う方法も報告されている（Benoit et al. 2009）。特に文言をカテゴリに割り振る際の基準について，作業従事者の間でも意見の相違があり，また間違ったコーディングもしばしばなされることによって，現行の CMP データには多くのノイズが含まれていることを警告している。ブノアらはコーディングの誤差を測定するアルゴリズムを提示し，CMP の分析においても頻繁に用いられるイデオロギーの左右次元のスコ

CMPデータを用いた比較政治学的な代表制研究が活発に行われることになった。

こうしたデータセットの開発と相俟って、アダムスらが導いた統合理論の実証分析が進展した。まず取り組まれたのが政党の公約位置の決定要因をめぐる分析である[106]。アダムスらは、スティムソンらの「動態的代表」論文との結節も意識しながら、中位投票者理論の含意とCMPの経験的な性質の融合を目的として、政党の公約位置が変化していく（公約が拡散していく）要因を探ろうとした（Adams et al. 2004）。その結果、世論が政党の公約位置から離れるような変化を見た場合にのみ、政党は公約変更を行うことが明らかになっている[107]。これはスティムソンらの「動態的代表」論文との関連で、世論の変化に政党が呼応する場合は限定的であることを示す証拠となった。少なくともスティムソンらが「世論－政策選択」間の関係として一括して検証した結果は、世論変化の場合分けによって修正されねばならないことが示唆された。そして、有権者と政党間の応答性が満たされる場合は、限定的であることが明らかになったのである。

世論変化と公約変化の関係についての実証分析は、その後いくつかの条件が付け加えられるなどして修正され、発展した。まず、最も注目される試みは政党の規模、そのイデオロギー・信念や、対応するイシューの範囲

アを再測定した。すると、CMPの値に直接基づけば、各国の政党について左右次元でのバラツキ・差異が充分に認められながらも、誤差を考慮した上で比較すると、極右政党以外は差異がさほどないことなどが明らかになっている。また後述する、CMPデータを用いたアダムスらのすき間政党に関する分析も追試の対象となり、世論変化の説明力の限定性などが報告されている。こうした公約データセットの長短をリヴューし、コンピューターによるコーディングの有効性を主張した研究に、上神貴佳と佐藤哲也によるものがある（上神・佐藤 2009）。

(106) もっとも初期の研究としては、バッジによるものが挙げられる（Budge 1994）。
(107) しかし、過去の政策変化は政党の政策変化を説明しておらず、学習による政党の政策変化への説明力は認められなかった。この点についてゼイネプ・ソマートプクは、政党にとって過去の選挙結果の記憶は霧消しやすいものだが、政党が政策を変えたことによって得票が減少した場合にのみ、過去の選挙結果を学習して政策を変化させることを明らかにしている（Somer-Topcu 2009）。

によって世論への反応が異なることを示したアダムスらの分析であろう（Adams et al. 2006）。アダムスらは，極端ながらも凝集性の高いイデオロギーを有する小規模政党群を「すき間政党（niche party）」とし，それらが特に世論変化に対して特徴的な応答をしていることに注目した[108]。そこでは，一般的に世論変化は公約変化を促すことが示されているが，政党がすき間政党である場合には，世論変化が公約変化を抑制することが明らかになったとアダムスらは結論づけている。

アダムスやほかの研究者たちによっても，これら2つの分析以外に，CMPデータを用いることで世論と政党の公約位置の関係について，分析が展開され，さまざまな条件づけが試みられた（Ezrow 2007; Adams et al. 2008; Adams and Ezrow 2009; Adams and Somer-Topcu 2009; Meguid 2005; Tavits 2007）。これら一連の研究は，代表制メカニズムの分析が新たな局面を迎えたことを示していた。なぜなら分析単位が個別の政党に設定され，政党の公約が主要な分析対象（従属変数）として扱われるようになったからである。アダムスらを中心とした一連の分析では，例外なく中位投票者の公約位置についての言及がなされ，多くの場合，理論から演繹的に導かれた仮説が検証された。単に「世論が変われば政策が変わる」というのが代表制で，それが一国の政治において確認されるというだけではなく，世論や政党の性格の変化によって，また周辺的な事情によっても公約変化が説明される程度が異なることが，多国間比較によって明らかになったのである。こうして政党の政策の規定要因はかなりの程度明らかにされつつある。またその取り組みは現在でも進行中である。では，そうした政党の公約はどのような政治的帰結をもたらすのだろうか。次項ではその取り組みを概観する。

8.2.4 第二の研究群──世論に迎合する政党は選挙に強かったのか

アダムスらの統合理論は（Adams et al. 2005），有権者の投票選択をめぐる条件の変動によって，政党の公約の均衡点がどのように変化するかに力

---

(108) 政党を主流政党とすき間政党に区別する基準については，ボニー・M・メグイドやバッジによるものが多く参照される（Meguid 2005; Budge et al. 2001; Ezrow 2010）。

点を置いた分析であった。しかしこれに加えて、公約の提示を受けて選挙結果がどのように左右されるのかも、代表制分析に欠かせないものであった。この因果経路は、既にスティムソンらの「動態的代表」論文においても主要なテーマとして意識されていた。一方で、政策の操作化の問題などもあって、同論文内で充分に分析されてはいなかったのは既述のとおりである。こうした背景のもと、公約と選挙結果についての実証分析を空間競争モデルの含意の検証として進めることが要請されていた。そして、これに関連した初期の分析では、公約が政党への支持や投票に影響を与え選挙結果が政党の政策によって左右されるという主張について、懐疑的な実証結果の方が主流であった (Adams and Merrill 1999, 2000; Alvarez and Nagler 1995, 1998; Alvarez et al. 2000a, 2000b; Erikson and Romero 1990; Schofield et al. 1998a, 1998b)。

これらの政策公約の限定性を主張する分析に対して、アダムスとサミュエル・メリルは、1988年のアメリカとフランスの大統領選挙のサーヴェイ調査を追試し、政策は対立候補を勝利に導けるほどのインパクトはもたないが、候補者の政策戦略の失敗次第では選挙結果が覆る可能性もあり、政策は多分に選挙結果を左右するものであることが示された (Adams and Merrill 2005)。有権者の投票メカニズムと選挙結果の関係を一括して扱うのではなく、候補者の立場によっては政策公約が重要となり、応答関係が保たれることを場合分けした点で、アダムスとメリルの実証結果は価値のあるものであった。

しかし、アダムスらの追試においては、重要な改善点が存在した。それは、公約と「選挙結果としての得票率」の関係を直接的に分析する必要性である。政策が選挙結果を左右すると主張するのであれば、本来は、政策公約が政党の得票率や議席率、あるいは政権党に就くか否かを説明していることを確かめなくてはならない。これに対して、先行研究においては、特定の国の特定の選挙のサーヴェイ調査が選択された上での分析がなされていた。この改善として、マクロ次元での長期間の多国間比較によって、公約と選挙結果の関係を分析することが求められていた。

そして2005年のローレンス・エズロウの論文は、この点をまさに改善したものである (Ezrow 2005)。エズロウは、中位投票者からの公約位置が遠くなるほど政党の得票率は低下し (中位投票者からの政策位置が近くなれ

ば，得票率が増加し），中位投票者との近接性が前回選挙時より高まれば，得票率が上昇することを示した。エズロウの分析設計はシンプルなものであったが，彼自身がその分析を，「大衆の選好が前回選挙から今回選挙にかけて政党寄りの方向に変化したときに，政党が多くの得票を得られるかを検討するために，長期間にわたる世論変化の選挙に対するインパクトを分析した点で，動態的代表の問題にも資するものである」(Ezrow 2005: 883)と評価しているように，代表制メカニズムにおける主要な過程を検証しえたものであった。またそれが，多国間比較によって明らかにされた点も後続の研究に評価された。しかし，エズロウの分析には，政党の公約位置の測定に際して，ユーロバロメーター内の有権者による政党の政策位置評価（主観的認知）が主に用いられたこと[109]，全ての政党が包括的に分析されたが，政党の性格の違いによって，世論変化への応答が異なる可能性が分析に活かされていないこと，加えてパネル・データをプールした分析方法を，政党の効果や国別の効果，加えて時間情報を加味したものに変更する必要があるといった問題点が残されていた。

　これらを改善した研究は，一連のすき間政党をめぐる分析の発展として取り組まれることになった(Adams et al. 2006; Meguid 2005, 2008)。すき間政党研究については，ヨーロッパ諸国で台頭してきた極右政党についての研究が1990年代後半以降活発化し，失業率や移民問題といった社会的なイシューや選挙制度による選挙パフォーマンスの説明が試みられていたが（たとえば，Golder 2003），2005年以降は，「有権者－すき間政党」間の関係を空間競争モデルの延長上で戦略的関係として捉え，その含意を検証することに主眼が置かれた。中でも前出のアダムスらの論文においては，

---

(109)　厳密には，「政党が何を政策として約束しているのか，策定しているのかを，有権者がどのように（主観的に）認知しているのか」よりも，「政党が何を政策として約束しているのか，策定しているのか」という客観的な事実（指標）が，政策位置評価には不可欠だからである。エリクソンらが「有権者の政策選好と政党の政策約束の両方が選挙にとって重要」であり，そのマクロ次元での実証が求められていると言及した点について(Erikson et al. 2002: 256)，エズロウもその箇所を引用し，それを検証しえたと報告しているが(Ezrow 2005: 891)，あくまで「政党の政策約束」については，指標化の問題から適切に分析されていなかったと評価するのが妥当であろう。

「主流政党に比べて，すき間政党は政策プログラムを変更することで選挙において制裁を受ける」という「代償の大きい政策変更仮説（Costly Policy Shift Hypothesis）」と，「主流政党に比べて，すき間政党は政策プログラムを穏健化することで選挙において制裁を受ける」という「代償の大きい政策穏健化仮説（Costly Policy Moderation Hypothesis）」が検証された（Adams et al. 2006: 515, 520-525）。その結果，緑の党や共産党，極右政党などは中道寄りの政策変更により得票率を下げることが明らかになっている。

政党の公約または公約変化と選挙結果の関係の分析を振り返ると，有権者による政策評価によって選挙パフォーマンスは規定されており，その分だけ，有権者は政党の公約に注目していることが推論された。別言すれば，その程度は分析結果によっては確かでない場合があるものの，概ね，中位投票者の選好に沿う，つまり世論に迎合する政党ほど選挙で善戦しやすい傾向が確認されたということである。また，政党が大規模で包括的なプログラム政党であるのか，それとも小規模なイデオロギー政党であるのかの違いによって，有権者によって期待される政策が異なり，その評価に応じて選挙結果もまた左右されることが明らかになった。

このように多国間比較として，世論と政党の政策の関係，そして選挙結果の関係などが分析されてきたのに対して，日本においては，どのような関連の研究が蓄積されてきたのだろうか。その独自の発展過程について，次節で振り返った後に，本書の分析の意義と課題を明らかにする。

8.3 日本における政党の政策に関する研究

日本の政党の公約分析において最も初期のものと考えられるのは，1989年の猪口孝と小林良彰による公約と政府支出の関係についてのものである（猪口・小林 1989）。その後小林は，1947年から1990年までの各政党の党大会で採択される「公式文書としての公約」の内容分析によって，「生活関連」軸と「社会関連」軸の2つを析出し，予算配分との関係を分析した（小林 1997: 第3章）。その結果，公約が予算に反映される程度は限定的で，野党の影響力は限られているとの結論を導いている。加えて，選挙公報をもとに1986, 1990, 1993年の候補者個人の公約データを作成し，公約の決定要因として候補者の地域特性，所属政党，経歴の説明力が分析され，公約が

選挙結果としての候補者の得票率をどの程度説明しているかが検討された(小林1997：第4章)。

さらに品田裕は，選挙制度改革に伴う候補者の政策位置の変化を探るために1990，1993，1996年時の選挙公報をデータ化し，主に因子分析を通して地方・農村部での利益誘導的な公約が根強い一方で，改革を訴えるような包括的な政策が都市部向けには提示される傾向にあったことなどを明らかにしている(品田1998，2000)。品田はデータの作成過程を詳細に報告しており，この内容分析の方法は，後の公約データの作成にも踏襲された(堤・上神2007)。また公約データをもとにした分析の内容も，堤英敬と上神貴佳の論文などにあるように，候補者の選挙戦略や，それが集積された際の政党の政策位置，または利益集約機能などに焦点を当てるものであった(堤・上神2007；堤2002)。

こうして発展してきた日本の公約分析であるが，これらの分析においてさほど重視されなかったと考えられるのが，「有権者と政党をつなぐものとしての政策公約」という視点である。たとえば品田は，「有権者への影響とは関係なく，政治家が選挙公約を公言したという事実」が重要であり，「選挙制度や他の条件の変化が，『政治家が触れるべきと考える政策課題』に変化をもたらしたかどうかが主要な関心であって，有権者がそれをどのよう認識したのかという『受け手の効果』問題は我々には副次的である」と断っていた(品田1998：570)。

現に品田や堤らの後続の研究でも，公約データは候補者の政策位置や政党機能の特定に主に利用された。また，小林の分析でも政党レヴェルの意思決定と政策的出力または選挙結果の関係が分析されており，有権者からの負託としての政策については，直接的な検証の対象とはならなかった。個人レヴェルでの公約データの蓄積は，少なくともアメリカやヨーロッパの分析においては進展しなかった領域であり，小林がそれをもとに得票率との関係を分析したことは特筆すべき試みであった。しかし，そこにはいくつかの問題点も残されていた。第一に，公約の決定要因の分析が候補者の属性などに限られ，有権者との戦略的関係が扱われなかった。第二に，公約が得票率に与える影響については，選挙ごとに一貫した結果が得られず，その影響力は顕著ではないことが結論されてきた。

このようにアメリカやヨーロッパの政治学では，政党公約が有権者と政

府の関係をマクロ次元で分析するためのリソースとして扱われたのに対して，日本においては主に，政党や政府のメカニズムを明らかにするための素材として活用されてきたという大きな違いが存在した。ここで注目するべき点は，品田が，「有権者の選好を政治エリート間の勢力関係に転換する結節点が選挙であり，公約がそのような転換を政策面で担保する役割を果たす。しかし政治過程の実証的分析において蓄積がなされてきたのは専ら選挙研究とエリート研究であり，この転換部分に関する検証は急務である」（品田 2000：148）としているように，日本の政策公約データ，特に政党レヴェルのデータの新たな活用の道筋を示していることである。こうした指摘からも，日本の有権者と政党間の政策を介した政治代表のメカニズムについて分析を進める必要があり，また，その作業を通して新たな推論を導く余地は大きいと考えられる。マクロ次元での有権者と政党の結節点を明らかにし，公約分析を既存の政治代表研究の系譜に位置づけることが，日本における政党の公約研究の今後の課題になってくるのではないだろうか。

では具体的に，日本政治分析への応用に際して，どのような作業が追加的に求められるであろうか。次節では，欧米における有権者と政党の関係をめぐる分析の特徴をまとめた後に，第Ⅲ部の課題を明確にしておきたい。

8.4 代表制研究の残された課題と日本政治研究の可能性

ここまでの先行研究の検討から，近年の多国間比較による政党の公約位置をめぐる分析の特徴は，次の2点に要約できる。第一の特徴は，政治代表の研究への貢献を強調し，多くの論考が「動態的代表」論文か，著書『マクロ政体』を引用しながら，その発展を期している点である。そして，中位投票者の政策位置への収斂，あるいはそれからの拡散を説明しその帰結としての選挙結果を分析している点で，中位投票者理論の含意の検証やその拡張を意図したものでもあった。

第二の特徴は，従来の代表制研究であれば，世論が影響を与える対象として「政策選択」を分析対象としなければならなかった中で，CMPデータの普及により，「政策（公約）」自体に注目することが可能になったことである。その結果，有権者と政党を媒介する政策の性質によって，有権者の

政策選好の負託や代表のメカニズムが異なることが明らかになってきており，この研究は今日も継続的に発展している。

その一方で，これらの研究には分析対象をめぐる問題もあり，それから導かれる課題もある。それらは次の3点にまとめられる。

第一の課題は，データ分析の方法をめぐってのものである。統合理論に代表される理論モデルの実証が，代表制研究を念頭に進展してきた中で，扱われるデータの形状は一カ国の時系列データから，主にCMPデータを使用した多国間のパネル・データ分析に移行した[110]。パネル・データ分析には，「(i) 個体間の異質性を制御することができ，(ii) 情報量が多く，バラツキも充分にあり，変数間の共線性が低く，自由度が大きい分，有効性が高く，(iii) 時間情報も組み込まれることから動態性を含めて分析することが可能になる」(Baltagi 2005: 47) といった利点がある。このような特性を持つパネル・データに関して，その分析技術が発展し，統計ソフトウェアの開発によってその利用可能性が高まったことがCMPデータによる政党の政策をめぐる分析，ひいては代表制に関する新たな形態の研究を可能にした。

その一方で，パネル・データ分析の推定をめぐっては，特に個別効果の違いに配慮して推定法を精緻化させることが求められている。現在の分析において，個別効果は国ごとに存在するものとして，それを固定効果モデルによって分析することが大部分である。しかし，個別効果は国ごと，政党の種別ごと（与党か野党か），あるいは政党ごとによっても異なることが想定される。たとえば国ごとの違いは，社会文化的な文脈によって固有のものとして規定され，与党か野党かによっても特有の政策選択がなされるかもしれない。一方，政党ごとの違いはランダムな変化に内包されると考える方が自然とも考えられよう。このような個別効果の「多層性（multi-

---

(110) 本書では，政党と選挙年からなるデータを便宜上パネル・データと呼ぶ。しかし，ナタニエル・ベックとジョナサン・N・カッツによれば，これは厳密には正しいとは言えない (Beck and Katz 2007)。彼らは，パネル・データとはサーヴェイ調査のように膨大な数の横断面の観察数に対して，2期以上10期未満の時系列からなるものを指し，たとえばCMPデータに代表されるようなOECD諸国についての政治経済データなどは，「時系列＝横断面データ（Time-Series-Cross-Section data: TSCS data）」と呼ぶのが適当であるとしている。

level)／階層性（hierarchical）」に配慮した推定を進める必要があるというのが第一の課題である。

　第二の課題は，多国間比較研究において，非欧州諸国の政党が分析には含まれていないことと密接にかかわる。2000年以降，CMPデータを用いた多国間比較分析が普及してきた経緯を振り返ってきたが，本章で紹介した分析は，全て西欧諸国を分析対象としたものである。少ない場合で8カ国（デンマーク，フランス，イギリス，ギリシャ，イタリア，ルクセンブルグ，オランダ，スペイン），多い場合で17カ国（加えて，オーストリア，ベルギー，フィンランド，ドイツ，アイルランド，ノルウェイ，ポルトガル，スウェーデン，スイス）の政党が分析に含まれているが，OECD諸国でCMPデータには含まれながらも多国間比較の対象となっていない地域は，北米，オセアニア，アジアの10数カ国に上る。この背景には，代表制分析の要となる世論について，ユーロバロメーター以外に比較分析に統合しうるデータが入手困難であったことが指摘できよう。OECD諸国の中でも，たとえば日本の場合，世論についてのデータセットは日本人研究者にとってすらどれを用いるのかのコンセンサスが得られていない上に，外国の研究者にとって，言語上の障壁からもそれにアクセスすることは容易でない。

　代表制をめぐる比較分析は，CMPデータの普及やパネル・データ分析の技術発展も相俟って進展してきたが，依然分析に付されていない地域の政党は数多く存在している。それらの地域を含めた分析，ないしはそれらの政党についての個別の知見から，欧州諸国の政党についての分析結果に追加的証拠を通したフィードバックを提出することが求められている。つまり，欧州諸国とは異なる制度背景を持ち，またその大きな変化も経験した日本政治についても，有権者と政党・政府の間に政策を介した代表プロセスが認められるのかどうかを，経験的に検証していく作業が要請されているのである。

　また，これらの比較分析は単に分析事例の拡張以外の意義を有している。多国間比較研究の分析対象となっている欧州諸国については，制度背景が相対的に同質であると想定できることを指摘した。しかしそれに加えて，政治文化の均質性には，特に留意する必要があるだろう（Blondel and Inoguchi 2006; Almond and Verba 1963）。政治文化やその国に固有の政治的文脈は往々にして観察不可能であり，いったん形成されて以降は，継続的

で時間的に不変な性質を持つ[111]。

　こうした性質を有する変数の影響を制御しながら量的分析を進めることについては，その技術的な制約が，計量分析の方法論をめぐる研究を中心に指摘されてきた（cf. Beck and Katz 2007, 1995; Beck et al. 1998; Plümper and Troeger 2007）。具体的には，個別効果の分散の小ささゆえに，個別効果自体，すなわち政治文化や各国の政治的文脈が各国の代議制に与えている影響を制御する，あるいは測定することが困難である点が問題となる。これはつまり，多国間比較を通して，世論と政策の応答関係が確認されながらも，政治文化といった不可視の要因が除外されていることによる推論の過誤の可能性が否定できないことを示唆していた。こうした難点に対処するためには，異なる政治文化を持つと考えられる国の事例を追加的に分析することで，観察が困難な要因が与える影響が実際には見過ごせないものなのか否かを，比較によって確かめる必要がある。

　この要請に基づくと，日本という「異なる政治文化を持つ国」（cf.: Blondel and Inoguchi 2006; Van Wolferen 1989）を分析対象に加えることの貢献がより鮮明になる。すなわち，もし仮に日本においても有権者世論によって政府の政策や政党の公約が規定されるという応答性のメカニズムの存在が明らかになるならば，政治文化が異なる場合においても，政策は世論によって規定されるという代議制のメカニズムに関する証拠が追加的に確認されることになる。政策は政治文化といった漠然とした観察しにくい要素を与件とするというより，時々の世論との呼応や，場合によってはその時期に特有の経済状態への対応として決定されるものなのかどうかが明らかとなるからである。

　最後に第三の課題として，日本政治に関する代表制研究においても，CMPデータを用いた上で，世論と政党の政策の関係を分析する必要がある。この点は，第二の課題とも密接にかかわる。なぜなら，日本の事例を多国間比較に組み込む際に，同様のデータセットに依拠する意義は大きい

---

(111)　代議制民主主義を機能させるための制度装置自体がそれぞれの国に特有の文脈を形成し，それ自体が政治文化の形成に寄与しているとも考えられるが，ここでいう政治文化は「政治的現象に対する心理的志向」（Almond and Verba 1963）を表しており，あくまで政治体制の構築に先行し，それを決定づけるものという意味で用いている。

からである。議員個人のミクロ・データの集積など，日本政治研究に独自の発展も認められる公約研究であるが，多国間比較のための横断面情報と時系列情報の確保を考えた場合，CMPデータの貢献は大きい。CMPデータについては，データ作成上も深刻な誤差が看過できないことが報告されており，また，他の調査データを使用する方が適切であるとの見方もある（たとえば，Benoit et al. 2009）。しかしこれらの問題点を踏まえた上でも，ヨーロッパ諸国に関する近年の代表制研究においてはCMPデータが用いられることが多く，それに日本の事例も加えた上での分析がなされていない状況は，なおもって問題と考えられる。日本政治においても，たとえば世論変化が政党の政策変化を促しているのか，政党の政策は選挙結果を規定しているのかといった問いを，政党ごとや時期ごとの違いを考慮して分析することによって，ヨーロッパ諸国に関する知見にフィードバックを与えることが求められている。

このように，日本における世論と政党の関係について，一定の方法論的課題にも留意しながら分析をする意義は大きい。次章以降では，まず，世論が政党の政策を規定しているのかどうかを確かめるのに先だち，それを論証するための主要な前提を検証する。それはすなわち，「有権者はそもそも政党の政策に注目していたのか」というものである。有権者が政党の政策に関心を持っていないならば，世論が政党の政策を規定するということの基盤が成立しない。従って，次章ではまず，有権者の政策への注目，政策評価についてのマクロ次元での実証分析を進めることにしたい。

第 9 章　政党の政策に対する有権者の注目

9.1　有権者は政策に注目していたのか—マクロ次元の分析の必要性

　日本の有権者は，政党の政策に注目しながら投票政党を選んできたのだろうか。日本の投票行動研究において，この問いは，ミシガン・モデルに立脚した多くの追試を経てきた。その知見は，たとえば三宅一郎が指摘したように，「投票にたいする効果として，政策評価は政党支持に次ぐ位置を占めるが，これを凌駕することはなかった」との分析結果に要約される（三宅 2001: 184）[112]。投票選択の 3 つの主因である政党評価，候補者評価，政策評価の中で，政策評価の説明力は政党評価ほど顕著なものではないが，有権者が何らかの政策への魅力をもとに投票政党を決めているのは確かであることが明らかにされてきた（今井 2008；山本 2006；谷口 2005；中村 2003；堀内 2001；鈴木 2000；西澤 2000；蒲島他 1997）。その点で，「有権者個人の政治的選択に政策評価が与える影響」を改めて検証することは，さほど新しい取り組みとはいうわけではない。
　しかし，「政党から提供される政策に対する有権者の関心」という，マクロ次元の分析視点にまで充分な関心が払われてきたと言えるだろうか。ミ

---

(112)　三宅の分析は選挙制度改革後の1993年と1996年の選挙を分析したものであり，税制，自衛隊，福祉，憲法問題，行政改革の政策争点が「自民党投票意図」に対して回帰されている（三宅 2001）。55年体制下の政策評価と投票選択についても，後述の諸研究で扱われているが，三宅の結果はそれらの知見をほぼ集約したものと考えられることから，ここで代表的研究として取り上げた。

クロ次元での分析結果は,「政策に関心を払う有権者像」を繰り返し提示してきた。それはマクロ次元の分析を通しても確認されるのだろうか。ベンジャミン・I・ペイジとロバート・Y・シャピロは，マクロ次元の視点から有権者の集積的な政策選好を観察する意義を強調し，その上でアメリカの「一般有権者」の集合的な政策選好は合理的なものであったことを次のように主張している (Page and Shapiro 1992: xi)[113]。

> 本書の主張とは，アメリカの一般有権者の集合的な政策選好がほぼ合理的であったということである。集積的な政策選好は確かであり，ランダムな「無態度 (noattitudes)」なものではなかった；それは安定的で，大幅に変化することもなかった；意味のある差異は認められながらも，それはほぼ一貫的であった（自己矛盾するものではなかった）；それらのパターンは，有権者の間に存在する価値や利用可能な情報のもとで，筋道の通ったものであった；集合的な政策選好が変化するときには，メディアによって報じられる，国際社会の出来事や，社会経済状態の変化に整合的に反応することで，理解可能，且つ予測可能なかたちで変化していた；そして最後に，こうした世論変化は，一般有権者が接する新たな状況や情報への微調整にもとづくものであった。

このようにペイジとシャピロは，有権者の政策をめぐる世論が，大きな変化を経てもある程度の予見性のもとに穏当に変化するという特徴をもって，アメリカ市民を「合理的な一般有権者」であるとした。こうしたペイジやシャピロの研究とも類似し，マクロ次元から見た場合の日本の一般的有権者も，政策に対して一定の一貫した理解があり，安定した政策への関心を維持し続けてきたのだろうか。その意味において，「合理的な日本の一般有権者」という実態を確認できるのだろうか。

もし有権者が一定程度合理的であるとするならば，政党から提供される

---

(113) なお引用文中の「集合的」という表記は，「collective」の訳語である。他のマクロ政治分析においては，「aggregate」とい言葉が使われ，「集積的」という訳語を用いていたのに対して，ここではそれと「集合的」という訳語でそれらを区別することにした。

政策と，有権者間のマクロ次元の動態的関係にも，その有権者像が反映されるであろう。具体的には，「もし有権者の政策選好の集積としての世論が，政党の政策に基づいて形成されているとするならば，政党の政策によって選挙の結果が規定される」という分析結果が得られるはずである。そして，「有権者が政策に注目している」ということがマクロ次元で確認されなければ，政治代表の基盤は成り立たない。その点からも，一般有権者がある程度合理的に，政党の政策を判断しているという量的証拠が得られれば，それは大きな意味を持つものとなる[114]。

また本章では，1993年の新党登場や選挙制度改革を経て，そうした有権者の政策への注目がどのように変化したのかについても検証する[115]。ミクロ次元のデータ分析においては，55年体制下の個別有権者に関するデータが限られていることを背景に[116]，1990年代初頭の政治変動期をはさんで以前と以降の「継時性 (longitude)」を保った分析を行うことには難点もあった。これに対処するためにも有効と考えられるのが，マクロ・データを

---

(114) ロバート・S・エリクソンらは，マクロ次元の集積的データ分析の利点だけを強調したわけではなく，その限界についても論じた（Erikson et al. 2002: 7-8）。第一に，「情報量に富んだ良質の有権者」がどれだけの割合存在し，その割合が増加しようと，その中で実際に政治的インパクトを与えうるものの比率というのは決して多くないこと，そして第二に，無知で情報に恵まれていない投票者によってもたらされる誤差が（誤差同士によって）相殺されず，結果的に経済政策などの難解なイシューにおいて，客観的な指標によらず為政者のデマゴーグなどに踊らされることによって判断を行ってしまうことが，「誤ったシグナルへの体系的な応答」をもたらすことの2点を，主な問題として挙げている。しかし，そうした誤差が実際には体系的なものではないと考えられることを，エリクソンらは併せて強調したのである。

(115) 本章と次章において，新党の登場というとき，それは主に1992年の日本新党，1993年の新党さきがけと新生党の結成を念頭に置いている（増山 2003）。それ以降の1994年の新進党，1996年の民主党，1997年の自由党の成立などは政界再編が進行していくプロセスとして考えている。新党の登場期，進行期，そして定着期それぞれの政党行動と有権者の行動の継続や変化が整理された上で検討されるのが望ましいが，1990年初頭，主に1992年と1993年に顕在化した政界再編の動きを構造変化点と定めて，以降分析を進める。

(116) ここで念頭に置いているのは「日本人の選挙行動に関する時系列データ (Japan Election Studies: JES)」などである。

用いることによって，世論と政党の政策の関係が，大規模な政治的変化の前後で異なるのか否かを確かめることである。

もし選挙制度改革や新党の登場をはさんでも，政策評価が投票政党選択を規定しているとの証拠が得られるなら，有権者が政策評価に基づいて支持政党や投票政党を選んでいたとする知見はそれだけ頑強であると言えるだろう。一方で，もしそれが大規模な政治変化以前と以降で大きく異なるなら，有権者の政策評価の規定力は外生的変化にもさらされやすい脆弱なものであることに留意せねばならなくなる。有権者は外生的な選挙制度の変化や新党の登場によって，政策評価に基づく政党選択の程度を変化させたのだろうか。それとも，日本の有権者は，そうした政治変化の前後で一定の合理性を維持し続けたのだろうか。

9.2 分析の設定

9.2.1 データ

本節では集積的データの分析により，「有権者が政党の公約に注目して投票政党を選んできたのなら，選挙期のある政党の公約は同党の得票の程度を規定する」という仮説を検証する。加えて，「新党の登場以降の方が以前に比べて，政策評価をもとに支持政党や投票政党の選択が行われるようになったのか」という問いにも取り組む。

これらを検証するためには，政党の公約についての指標を独立変数とし，従属変数には有権者による政党への支持や投票の程度を示す変数を用いた推定が必要となる。そこで本節では，第8章においてその有効性を強調した「マニフェスト国際比較プロジェクト（CMP）」データを使用し，政党の各政策分野での公約の力点を把握する。

ではこのCMPデータとは，どのようなものかを説明しておくことにしよう。CMPデータは，OECD諸国の各政党に関するデータを含む[117]。そ

---

(117) 2010年に改訂されたデータセットにおいては，東欧，中南米，アジアのいくつかの国が追加され，データセットの横断面は格段に増加した。しかし，長期間にわたってデータが整備されているのは，いまもってOECDを中心とした国の政党についてである。

れらの政党が選挙ごとに示す公約や政策綱領，あるいはそれに準ずるものが観察の対象となる。そして各政党が各政策分野について，どの程度の文言・条項を充てているかの割合をもとに，政党の当該分野での力点を把握できるという点を特徴としている。具体的には，7つの政策分野について全部で56のサブカテゴリが作成され，全ての政策公約のうち，当該分野に割かれた文言の割合が変数の値として採用される[118]。

たとえば，1996年の自民党の場合，「PER104 Military: Positive（軍事：拡充）」という変数の値が「13.89」となっている。「PER104」変数は，「軍事支出の維持または増額の必要性；軍事力の近代化ならびに強化；再軍備と自衛；軍事的同盟における義務の履行の必要性；軍事に関わる人的資本の必要性；対外的な安全保障の必要性」という内容を含む。「13.89」という数字は，1996年の自民党が，同年の選挙公約においてこれらの内容にかかわる文言を全体の「13.89パーセント」含んでいたことを意味している。これに対して，「PER105 Military: Negative（軍事：削減）」変数は，軍事費の減額などを盛り込んだ逆の内容を含むことを意味する。そして1996年の自民党の場合，この値は「ゼロ」となる。このようにCMPデータを通じて，政党の政策位置を，各政策分野における拡充と削減の程度を対照しながら把握することができる。

さて欧米におけるCMPデータを用いた政党の政策位置の研究は，ほとんどの場合において，「集積的な政党の政策位置スコア」を主要な変数として用いている。これが可能であったのは，特にヨーロッパ諸国に関する研究において，独立変数である世論の変化（中位投票者の選好の変化）を，ヨーロッパの有権者を対象としたサーヴェイ・データである「ユーロバロメター（Eurobarometer）」より抽出できたからである。これにより，ユーロバロメターから得られた世論の平均値，または中央値をもとに，集積的な世論を捉えることが可能であった。その上で，独立変数と従属変数の整合性を維持しながら，「中位投票者の選好変化としての世論変化」を政党の政策位置に回帰するという方法がとられた（たとえば，Ezrow 2005, Adams et al. 2004, 2006）。これは，独立変数と従属変数間で網羅されている政策

---

[118] 7つの政策分野は，対外的関係，自由と民主主義，政治システム，経済，社会保障と生活の質，社会構造，社会集団である。

分野に整合性があったことにより可能となった。政党側と有権者側の集積的な値の相互性が充分に保たれているので，政策分野ごとの分析ではなく，全政策分野を通してのマクロ分析を行うことに，さしたる問題がなかったのである。

しかし，世論と政党の政策の研究がヨーロッパの分析にとどまり，日本の事例が除外されてきたことからも分かるように，日本の有権者の政策選好が微視的に看取できるデータが限られているのはもちろんのこと，それらを集計的に捉えるデータも豊富にはなかった。そうした問題を背景として，「各政党の政策位置の平均値」と「中位投票者の政策位置」の間の整合性を先行研究ほどに保証できないところに応用上の難点があったと言える。

他方で，こうした欧米における研究の設計には，問題点もあった。それは，「政策分野ごと」の分析がなされてこなかったということである。アダムスらによる多国間比較分析において，政党のイデオロギー位置は，「全政策分野における拡充（positive）変数の平均値」として定義された（Volkens et al. 2011, Codebook, 20-21）[119]。そして有権者のイデオロギー位置についても，ほぼ同様の定義のもとに分析がなされた。このイデオロギー位置変数は，確かに各政党の全般的な積極性のようなものを捉えてはいる。しかしたとえば，軍事費の増額と社会保障の拡充を同時に約束し，イデオロギー値が高い値をとる政党があったとしよう。その時，その政党は，どういったイデオロギー上の方向性において，高い値をとる傾向にあったと理解できるのであろうか。軍事費と社会保障費のトレード・オフを考えると（Whitten and Williams 2011），たとえばこのような，「軍事も拡充，福祉も拡充」といった政党のイデオロギー値を実質的に理解することは難しい。そしてこのような外交安全保障政策にかかわる左右軸（タカ派とハト派）と，経済政策に関わる左右軸（小さな政府と大きな政府）を混成させた指標をもとにした場合でも，確かに，世論と政党の連動が見てとれるかもしれない。しかし，その政策的，イデオロギー的方向性の一致・不一致を実質的に把握することは，「全政策分野における拡充変数の平均値」からだけでは

---

(119) これは「左右位置（Rile）」変数として，広く使われているものであり，もとはレイヴァーとバッジによって定義されたものである（Laver and Budge 1992）。

なしえないところに問題がある。

　このように考えると，欧米の政治代表研究が志向してきた，包括的な代表制という視点は確かに重要ではあるが，同時に，個別の政策領域内での政治代表という視点が制約のあるものであったことの問題点も浮かび上がる。従って本章（ならびに第9章）では，主要な政策分野として経済政策と外交・安全保障政策分野にそれぞれ焦点を当てる[120]。そして，各分野での世論と政策の方向性を見極めながら，変化の一致・不一致を問う分析を進めることにしよう。またこれらの2分野は，ハイ・ポリティクスとロウ・ポリティクスの2つの政策領域において中核となるカテゴリであり，そこでの政党の政策と選挙パフォーマンスの関係を分析することで，主要な政策分野に対する市民の反応を充分に推し量ることができるだろう[121]。その意味で，本章と次章の分析は，第7章の研究設計と近いものとなっている。

9.2.2　独立変数と従属変数

　次に，外交安全保障政策にかかわる指標と，経済政策にかかわる指標について説明していきたい。

　CMPデータの中には，外交政策に関わる変数として，特定国との関係の緊密化に対する政策を表す変数と，防衛政策に関わる変数として，軍事力の増強・抑制を表す変数が含まれている。これらの変数は，戦後の日本政治において，外交政策上の主要な争点となった「日米安保の堅持か，再考

---

(120)　経済政策と外交・安全保障政策分野両面での世論動向を分析したものに中村（2006-2007），他にも安全保障と経済をめぐる比較考量と有権者の投票行動を分析したものに大村（2010a）などが挙げられる。また主要な政策分野として，社会保障を含める必要などが考えられるが，社会保障については，本文で定義する経済政策変数にもその要素が含まれていることから，別に変数を定めることによって分析することはしない。

(121)　世論を，当該政策分野を重視する有権者の割合で指標化するという方法は，中位投票者位置による指標化に比べて，空間競争モデルの含意を検証するという点では適当でないとも考えられる。一方，中位投票者位置による分析では不明なままである，当該政策分野への有権者の集積的な期待を分析に盛り込むことができる点において，従来の研究よりも有権者全体の気分をより捉えることが可能となっている。

か」,「再軍備か,非武装か」,「護憲か,改憲か」という対立軸を捉える上で有効な変数となる。そこで本章では,第一に,特定国との関係緊密化の推進を謳う文言や軍事力の整備・強化を訴える条項量が多いことを示す指標として,次の「現実主義的対外政策」変数を定義する[122]。

「現実主義的対外政策」変数＝[特定国との関係強化（PER 101 foreign special relationship: positive）＋積極的軍事力整備（PER 104 military: positive）] / 2. (9.1)

一方で,第二に,特定国との関係強化に否定的,及び軍事力整備に消極的または否定的であることを表す指標として,以下の「非武装中立的対外政策」変数を定義する。

非武装中立的対外政策＝[特定国との関係緊密化の忌避（PER 102 foreign special relationship: negative）＋消極的軍事力整備（PER 105 military: negative）] / 2. (9.2)

ここで,これらの対外政策関連の変数についての記述統計（表9.1）を参照すると,「現実主義的対外政策」変数の値が最も大きい政党,つまり特定国との関係緊密化を言明し,防衛強化を謳う程度が最も高いと考えられる保守的政党は2000年のデータに存在する保守党であったが,次は自民党である。その観察数を考慮しても[123],長期にわたり西側諸国との関係緊密化や防衛問題に関するのコミットメントを行うトレンドを自民党が有していたことがうかがわれる。一方で社会党や共産党といった革新政党について

---

(122) 大村（2010c）においては,「現実主義的対外政策」変数は「積極的外交安全保障」変数,「非武装中立的対外政策」変数は「消極的外交安全保障」変数,「小さな政府」変数は「経済政策」変数という呼称で定義した。本書においては,直観的な理解のしやすさと,変数の実質的な内容をよりよく反映させるために,新しい呼び方に改めている。

(123) 表9.1から明らかなように,保守党についてのデータ時点は「2000年」の1回のみである。この点からも,自民党が長期にわたって,外交・安全保障政策に関して,一貫して保守的な立場を表明してきたことがうかがい知れる。

表9.1 政党ごとの外交・安全保障政策に関する記述統計

		保守党	自民党	民主党	公明党	社会(社民)党	共産党	全体
現実主義	観察数	1	43	5	41	43	43	
	平均	6.52	4.587	1.562	0.838	0.350	0.140	1.501
	最大値	6.52	11.110	4.055	2.700	2.150	1.150	11.110
	最小値	6.52	1.820	0	0	0	0	0
非武装中立	観察数	1	43	5	41	43	43	
	平均	0	0.294	2.023	4.058	4.904	6.854	3.239
	最大値	0	1.200	6.975	8.065	8.350	12.500	12.500
	最小値	0	0	0	1.280	2.275	2.560	0

注：ここでは対外政策をめぐる政策位置を把握するための主要な政党の値を挙げたが，他の政党の観察数についても併せて報告しておくと，民社党が38，新自由クラブが15，社民連が13，新党さきがけが10，新生党が6，民主党が5，新進党が4，民主改革連合が4，自由党が1，無所属が15，その他が51となる。

の値は低く，自衛隊の廃止や日米同盟への否定的姿勢が反映されている。そして「現実主義的対外政策」変数の値とは逆の傾向が，「非武装中立的対外政策」変数の値からは認められる。革新政党の方が高い値となり，防衛強化や特定国との関係緊密化の忌避を訴える傾向にあったことがわかる。

次に，経済政策に関する指標には，CMP内で「myrl2」として作成されている，小さな政府に対するコミットメントの程度を測る変数を用いる。この変数を，次のように定義する。

myrl2 ＝［市場経済（market economy）＋政府・行政効率（governmental and administrative efficiency）］－［計画経済（planned economy）＋福祉（welfare）］[124]． (9.3)

---

(124) 「市場経済（markecon）」変数は「［PER401(free enterprise) ＋ PER414(economic orthodoxy)］／2」として算出され，「政府・行政効率（effgov）」変数は「PER303(governmental and administrative efficiency)」によって表わされている。「計画経済（planecon）」変数は「［PER403(market regulation)＋PER404(economic planning)＋PER412(controlled economy)］／3」として，「福祉（welfare）」変数は「［PER503(social justice)＋PER504(welfare expansion: positive)］／2」として算出されている。なお，「PER401」変数は「資本主義への好意的文言；国家管理に対する私企業の優位；私有権の尊重；規制緩和の必要性」，「PER414」変数は「古典的な経済的正統性の必要性（例：財政赤字の削減，経済危機時の緊縮，貯蓄，株式市場や銀行制度といった伝統的な制度の支持，強い通貨への信奉）」，「PER303」変数は「政府の効率性；公的サービスの削減；行政手続きの改善；

ここで表9.2には、「小さな政府」に関する各政党の値を記述統計として報告している。平均値の高低をもとに、政党を並べているが、むしろ注目すべき点は標準偏差の値である。自民党の標準偏差の値は最も大きい。経済政策を「小さな政府－大きな政府」軸で定義づけた場合に、自民党はそれだけ幅広い政策位置を移動してきたことが明らかである。また、55年体制下の主要政党ではなく、新しく登場してきた政党（新党さきがけ、民主党、新生党、新自由クラブ）の方がより小さな政府志向が強く、また先鋭的であったことも見てとれる[125]。

また本章の分析では、大きな政治変化が相次いだ、1993年以前と以降で政党の政策に対する有権者の注目が大きく異なるものであったかを分析することを目指す。従って、「制度改革ダミー」を加えた分析を行う。また、経済政策に関する変数の性質が、小さな政府志向を表すものであることから、中曽根政権以降（1980年以降）の新自由主義改革の効果を制御する。これは、1980年以降に「1」をとるダミー変数である。そして、これらのダミー変数は、単に変化の効果を測るというためだけに推定モデルに組み込

表9.2　政党ごとの「小さな政府（myrl2）」変数に関する記述統計

	新党さきがけ	民主党	新生党	新自由クラブ	自民党	共産党	公明党	社会(社民)党	全体
観察数	10	5	6	15	43	43	34	43	261
平均値	22.964	17.574	12.200	9.648	0.768	-1.745	-2.294	-3.508	1.775
標準偏差	6.589	3.300	0	1.739	9.402	9.045	8.504	7.793	10.043
最大値	30.620	19.050	12.200	11.020	15.150	12.820	10.230	6.670	30.620
最小値	17.860	11.670	12.200	7.590	-13.650	-18.800	-16.180	-22.070	-22.070

注：ここでは経済政策をめぐる政策位置を把握するための主要な政党の値を挙げたが、他の政党については、「表9.1」の注記の情報も参考にしていただきたい。

政府・行政の簡素化、効率化に関する一般的なアピール」、「PER403」変数は「企業経済の良化のための規制；独占やトラストへの反意；消費者と中小企業の保護；経済的競争の促進；社会主義的な市場経済」、「PER404」変数は「政府による長期的な経済計画への好意的な言及」、「PER412」変数は「統制経済への支持」である。
(125) 表9.2の値は他にも興味深い含意を示している。たとえば、96年以降の自社さ連立政権が、いかに異なる経済政策を持つ政党が連立したものであったかが、3党の値の比較からうかがい知れる。

表9.3　従属変数・独立変数の記述統計

統計量＼変数	得票率	現実主義	非武装中立	経済	制度改革ダミー	新自由主義改革ダミー
観察数	334	261	261	261	334	334
平均	0.088	1.501	3.239	1.775	―	―
最小値	0.000	0.000	0.000	−22.070	0	0
最大値	0.419	11.110	12.500	30.620	1	1
中央値	0.053	0.845	2.540	3.450	―	―

むものではない。ダミー変数をめぐる推定の工夫については，次節で説明することにしよう。そして，従属変数である選挙の結果は得票率によって操作化する。得票率には，CMP データにおいて設定されている，政党の得票数を有効投票数で割った値を使用する[126]。

さらに本章においては，各独立変数の係数に符号条件を与えない。なぜなら，得票率の増減を各政策が有意に規定しているという証拠が重要だからであり，その方向性が問題となるわけではないからである。従って，結果の解釈においては，有意性にのみ注意を払う[127]。

これらの従属変数と各独立変数の記述統計については表9.3に示した。

---

(126) CMP データより，得票率は「得票率 i(pervote)= 政党 i の得票数 (stimmen) / 有効投票総数数 (valvote)」として求められている。なお，括弧内が CMP データ内での変数名にあたる。

(127) この点について，もう少し補足しておきたい。このような設定をとる背景には，マクロ次元での政党の政策と有権者の投票行動に関する分析では，政党の政策がときどきの有権者にとって，絶対的に好ましいものであるのか，そうでないものかを独立変数に反映させることまではできないという点が指摘できる。「絶対的に」と断るのは，前回選挙よりも有権者がある政策を「より好むようになった」という相対的変化は，世論変化の階差を乗ずることで反映できるのかもしれないが，「その時まさに有権者がある政策を望んでいるのか」に応えうる絶対的な値を集計データから導くことは困難である。よって，各変数の影響を測定するに際し，そのときどきの政党の政策が好ましいのか，そうでないのかが測定されていない以上，政策変数は支持率，得票率に対して正の符号条件下での説明力を有していることだけが期待されるわけではない。政策変数の係数の符号が負である場合にも，それは有権者による「期待はしていないが，関心を有している状態」を説明していたものとして推論される方が望ましい。従って，本章の推定では係数の符号条件についてあらかじめそれを定めずに分析を行うということで対処している。

9.3 推定法

次に推定の方法について説明する。日本のサンプルを抽出したCMPデータであっても，1960年以降の日本の各政党についての選挙時ごとの観察から構成される。従って形式上は，パネル・データを構成する。しかし，各政党について選挙年次内でも複数の時点（shot）の観察が含まれている（「付録E」参照）。ゆえに，「政党」という個別ユニットに対する，「年」によって表される時間ユニットが「1対1」のペアを常に形成できず，場合によっては政党ユニットに対して複数の時間情報が対応するという「重複」が発生する。そこで本章では，「付録E」に報告したトマス・R・キュサックとルッツ・エンゲルハートによるデータの形状に基づき，政権期を表す「context」変数をもとに時間情報を設定している。

そして本節の分析の主眼は，新党登場と選挙制度改革という，ほぼ同時期に生じた政治変化以前と以降での有権者の政策に対する注目の程度の異同を検証することにある[128]。この変化以前と以降での継時的比較のために，本書では，「制度改革ダミー」を経済政策値と外交政策値に乗じた交差項を統計モデルに投入する。また制度変化だけではなく，主要な経済的変化である「新自由主義ダミー」も同様の交差項として処理して分析する。

さてパネル・データ分析においては，一般的に，統合されたデータによる最小二乗推定量（Pooled OLS: POLS），個別主体による切片の異質性を考慮し，時間とともに変化しない個別主体に固有な効果を差し引くことで算出される固定効果（Fixed Effect: FE）モデル，そして個別効果は確率的に

---

(128) ある時点以前と以降の変化の確からしさを検証するためには，構造変化点と考えられる時点が統計的に有意であるかどうかを確かめるチャウ検定（Chow Test）や，時系列情報の長期記憶性を想定したARFIMA(Fractionally Integrated Autoregressive Moving Average) モデルによる分析（飯田2005），ローリング回帰分析（Rolling regression）による推定（Maeda 2011），更に先駆的なものとしては，レジーム変化を分析するためのマルコフ切り替え（Markov Switching）モデルなどの援用（参考：飯田2008）が考えられるが，本節では構造変化点の特定よりは，変化点として広範に考えられている以前と以降でのある要因の説明力の変化を探ることを目的とするので，構造変化点自体の確からしさの追求は行わない。

生起し，その発生のメカニズムが誤差項とは無関係であるとの仮定のもとに導かれる変量効果（Random Effect: RE）モデルが用いられる。それらを「F 検定」，「尤度比検定」，「ハウスマン検定（Wu-Hausman Test）」を複数回重ねてトーナメント的に取捨した上で，推定量の選択がなされるのが通例である（Wooldridge 2010: 321-334; 481-484）。そして政治学が扱うデータでは，個別主体に該当する国家や有権者といった個体が固有の性質を持っているのが常であるという実態も反映して，ハウスマン検定によって FE 推定量が最良のものとして採択されることが多いという特徴がある。

しかしここで再考すべきは，政策を提供している政党について，それらを「個別政党」という次元でのみ分析に付してもよいのかということである。自民党，社会党，公明党，各新党といった政党群は，それぞれに固有の個別効果を有しているようだが，その個別性のみが政党の政策の性質を決定づけると言えるだろうか。政党をめぐる他の次元のカテゴリにおいて，より政党の個別性を規定しうる要因があるのではないだろうか。

この点に関連して，政党の政策を独立変数に扱う本章の分析の場合，「個別政党」によって政党の政策が異なると想定するのに加え，「与党であるか，野党であるか」によっても政策に固有の差異が生じることが想定される。与野党の別によって，第一に政党の政策の個性が決定づけられ，その他にも「与野党レヴェル」において個別効果が異なると考える方が自然である。各政党の個別性によっても受け取る得票率の程度は異なるかもしれないが，たとえば自民党と他政党では異なると想定できたとしても，新自由クラブと民社党の個別効果，あるいは新党さきがけと新生党のそれらが異なっている程度が異質であるとはあらかじめ想定するのは妥当でないかもしれない。後者の個別政党間の違いは，切片パラメターの違いというより，ランダムな誤差に含有されるものとして理解した方が適切ではないかとも考えられる。そのように検討すると，与野党間の違い，各政党間の違いという「政党構造の多層性」を反映した分析手法の必要性が示唆されるのである。

そこでこの点を考慮したパネル・データ分析の手法として，本書は「混合効果（Mixed Effect: ME）モデル」を用いることで分析に取り組むことにする。ME モデルでは，個別効果にパラメターを推定する階層をまずは設定する。その上で，個別効果と（残余的な）誤差の独立性を仮定しながら，個別効果を誤差項として分析する階層を定める。そして階層間の入れ

子関係（nested）を設定した上で，最尤法によりながら推定を行うという手順をとる。ここまでのパネル・データ推定に関する議論を，技術的に整理し本書の推定に際しての留意点についてまとめたものが，本書の「付録D」にある。上述の議論の詳細については，そちらを参照していただきたい。

最後に，当期の得票率を1期以前のそれらが説明していることが理論上も方法論上も予測される。従って本章では1期分のラグ付き従属変数をモデルに組み込み分析を進める（Beck and Katz 1998; 曽我 2011）。

9.4 分析結果

9.4.1 切片にのみ変量効果を含むモデル

MEモデルによる推定を進めるにあたって，第一に，各政党次元での切片のみに変量効果を含むモデルを推定したのが，表9.4である。表9.4の推定結果より，おおまかな政党の政策と有権者の受け止め方の傾向を確認することができる。

まず，交差項を含まない現実主義的対外政策，非武装中立的対外政策，経済政策の各変数がおしなべて有意である。次に，選挙制度改革後の各政策変数の効果は，選挙制度改革との交差項の結果から確認することができる。ここでは現実主義的対外政策が有意になっている。これらを総合すると，現実主義路線の対外政策が，選挙制度改革後にも有権者の注目を促す

表9.4 切片のみに変量効果を含む ME モデルの推定結果

モデル 変数名など	切片のみ RE	
【固定効果】		
ラグ付き従属変数： 得票率（t − 1）	−0.115**	(0.052)
現実主義的対外政策	0.026***	(0.005)
非武装中立的対外政策	−0.011***	(0.004)
経済政策	−0.003**	(0.001)
制度改革ダミー	−0.024	(0.030)
現実主義×制度改革	−0.039***	(0.009)
非武装×制度改革	0.009*	(0.006)
経済×制度改革	0.002	(0.002)
新自由主義ダミー	−0.010	(0.032)
経済×新自由主義	−0.001	(0.002)
現実主義×新自由主義	0.024**	(0.010)
非武装×新自由主義	0.001	(0.006)
定数項	0.120***	(0.031)
観察数	253	
ワルド検定	123.21	
【変量効果】	係数	分散
切片	−2.550***	0.078***
残差	−2.696***	0.067***
尤度比検定	56.37	

注：有意水準は，***：1％，**：5％，*：10％。（ ）内は頑健標準誤差。なお，両側検定をもとにした検定結果を報告している。

ものであったことが示されている。また選挙制度改革以前の経済政策についても，有意に得票率の増減に寄与していることが分かる。

このように表9.4からは，大まかな政党の政策に対する有権者の関心の動向を知ることができる。しかし，この推定量の妥当性はどのように評価できるだろうか。変量効果の係数と分散に注目すると，固定効果だけでは説明できない分散が切片にも，回帰モデルの残差にも有意に存在していることが見てとれる。この固定効果だけでは説明しきれない分散を減らすために，上位階層としての「与野党別階層」を加えることで，より妥当な推定量を確かめていく必要がある。

9.4.2 各変数の傾きにも変量効果を加えたモデル

そこで，切片にだけではなく，各変数の傾きに対しても変量効果を加えて推定したものが，表9.5である。なお，この推定に際しては，他の特定化に基づくモデルも推定している。その結果は，付録Dの表D.1に報告している。そしてこの表9.5に報告したモデルは，その中でも最も妥当と考えられるものである。

まず，変量効果の網がけのセルに注目すると，政党次元の階層の分散と比較した場合に，与野党次元の階層を含むことによって分散が改善されていることが明らかである。たとえば，「現実主義的対外政策」変数を例にとると，変量効果の分散は「0.00586→0.00082」に減少している。そしてモデル全体としての残差の分差も，表9.4の「0.067」から「0.0126」に減少している。すなわち，与野党次元の階層を含めて，全変数の傾きを入れたモデルに改めたことによって，より適合性（fit）の高いモデルへの改善がなされている。

では，このモデルをもとに分析結果を改めて検討しておくことにしよう。交差項を含まない2つの外交安全保障変数と制度改革ダミーとの交差項の結果より，選挙制度改革以前と以降のどちらにおいても，外交安全保障政策が得票率を有意に説明している。世論は外交安全保障政策に影響を受けており，そこから有権者は外交安全保障政策に注目していたことが示唆されている。また新自由主義トレンドが現れる以前と以降の比較からも，同様のことが言える。

また，もうひとつの重要な知見が，表9.5のモデルからは導かれる。それ

表9.5 全変数の傾きにも変量効果を含むMEモデルの推定結果

モデル 変数名など	与野党次元の階層を付加 + 全変数にRE	
【固定効果】		
ラグ付き従属変数：得票率（t − 1）	0.007	(0.008)
現実主義的対外政策	− 0.007**	(0.003)
非武装中立的対外政策	− 0.006***	(0.002)
経済政策	0.002	(0.002)
制度改革ダミー	− 0.008	(0.027)
現実主義×制度改革	− 0.011**	(0.006)
非武装×制度改革	− 0.008**	(0.004)
経済×制度改革	− 0.001	(0.002)
新自由主義ダミー	− 0.046**	(0.018)
経済×新自由主義	− 0.003	(0.004)
現実主義×新自由主義	0.009***	(0.003)
非武装×新自由主義	0.011***	(0.005)
定数項	0.152***	(0.033)
観察数	253	
ワルド検定	34.63	
【変量効果】	与野党層	政党層
現実主義的対外政策	0.00082	0.00586
非武装中立的対外政策	0.00060	0.00441
経済政策	0.00277	0.00242
選挙制度改革	0.02232	0.04496
現実主義×制度改革	0.00142	0.00464
非武装×制度改革	0.00125	0.00350
経済×制度改革	0.00050	0.00152
新自由主義	0.00679	0.04309
経済×新自由主義	0.00507	0.00116
現実主義×新自由主義	0.00105	0.00314
非武装×新自由主義	0.00462	0.00254
切片	0.01576	0.10340
残差	0.01261	
尤度比検定	716.58	

注1：有意水準は，***：1％，**：5％，*：10％。（ ）内は頑健標準誤差。なお，両側検定をもとにした検定結果を報告している。

注2：「選挙制度改革×新自由主義」の交差項は，「制度改革ダミー」と同値になることから，共線性のために推定からは除外される。

注3：変量効果の推定結果については，説明力の増減を確かめるために，分散のみを報告している。網がけのセルが，与野党階層を付け加えたことによって，分散が改善された変量効果である。

は，新自由主義ダミーが統計的に有意であるのに対して，制度改革ダミー自体は統計的に有意ではないことである。有権者と政党の関係においても，選挙制度改革の効果は限定的であることが示されている。

一方で，経済政策については，選挙制度改革の以前と以降で得票率の増減を有意に説明しているという結果は得られなかった。また与野党次元の階層を付け加えたのちにも，変量効果の分散は改善されていない。表9.4内のモデルにおいては，世論との有意な連動を確認することはできなかった。しかし，この結果は与野党の差異も固定効果に含むモデルによっても追認されるのだろうか。すなわち，有権者は政権与党の経済政策に注目していたとする知見は確認されないだろうか。

9.4.3 与野党の差異の交差項を固定効果に含んだモデル

最後に，与野党次元の上位階層を設定し，全変数の傾きを変量効果に含めるのに加えて，与野党次元の交差項も固定効果に入れたモデルを推定した。その結果

が，表9.6である。まず尤度比検定の結果からは，表9.5のモデルの方が「716.58＞547.08」と値が高く，先の表9.5内モデルの適合性の方が高いことが示唆されている。係数の全体的な評価については，表9.5のモデルをもとにした方がよいことが示されている。すなわち，2つの外交安全保障政策に対して，有権者がよく注目していたとする解釈は，まずもって本章の知見の土台となる。

しかしその上で，変量効果に関する推定結果に注目すると，各変数の傾き，切片，そしてモデルの残差の分散は，表9.6のモデルにおいて大きく改善されている。また，与野党別ダミーやその交差項の固定効果に関しては興味深い結果が得られた[129]。なお3変数間交差項のモデルについては，付録Dの表D.2に他のモデルも報告している。ここでは，その中で最も妥当と思われるモデルをもとに解釈を進めるが，他のモデルとの比較については付録Dを参照していただきたい。

表9.6のモデルにおいて，最も注目すべき点は与野党ダミーの効果が顕著で，与野党の交差項を含む変数の多くが有意であるということである[130]。与野党ダミーの結果は，自明のことではあるが，与党ほど得票率が高いことが示されたものである[131]。その上で，「各政策変数×新自由主義×与野党」の交差項が全て有意になっている。これは1980年以降の新自由主義のトレンドのもとで，与党の各政策が得票率の増減に影響を与えてきたものと解釈できる。

このことは先の表9.4の結果との関連からも重要である。すなわち，選

---

(129) なお「与野党ダミー」，「制度改革ダミー」，「新自由主義改革ダミー」からなる3変数間の交差項は，「現実主義的対外政策」変数を例にとると，次のように解釈できる。「現実×制度改革×与野党」は選挙制度改革以降の与党の現実主義的対外政策の効果である。これに対して，「現実×制度改革」の係数は，選挙制度改革以降の野党の現実主義的対外政策の効果である。そして，「現実×与野党」は選挙制度改革以前の与党の現実主義的対外政策の効果である。そして，「現実主義的対外政策」は選挙制度改革以前の野党の現実主義的対外政策の効果である。

(130) 付録Dの表D.2においても，全てのモデルで与野党ダミーが有意となっている。

(131) この結果から，選挙制度改革以前と以降という差異の効果は，与野党の差異の効果に吸収されたと言えるかもしれない。

表9.6 全変数の傾きに変量効果を含み，与野党別の交差項も付加したMEモデルの推定結果

変数名など	モデル 与野党差異の交差項を付加 ＋ 全変数にRE	
【固定効果】		
ラグ付き従属変数：得票率 (t - 1)	0.005	(0.008)
現実主義	-0.006	(0.005)
非武装中立	-0.004*	(0.002)
経済政策	-0.001	(0.001)
制度改革ダミー	0.016	(0.024)
現実主義×制度改革	-0.019	(0.015)
非武装×制度改革	-0.009**	(0.004)
経済×制度改革	0.00	(0.001)
新自由主義ダミー	-0.023*	(0.020)
経済×新自由主義	0.001	(0.001)
現実主義×新自由主義	0.005	(0.004)
非武装×新自由主義	0.004**	(0.002)
与野党ダミー	0.214***	(0.075)
現実主義×与野党	0.000	(0.009)
非武装×与野党	-0.026***	(0.008)
経済×与野党	0.008***	(0.002)
現実×選挙×与野党	0.013	(0.017)
非武装×選挙×与野党	-0.012	(0.024)
経済×選挙×与野党	-0.019***	(0.007)
現実×新自由主義×与野党	0.015**	(0.007)
非武装×新自由主義×与野党	0.064***	(0.011)
経済×新自由主義×与野党	-0.009***	(0.002)
制度改革×与野党	0.001	(0.053)
新自由主義×与野党	-0.170***	(0.050)
定数項	0.115***	(0.036)
観察数	253	
ワルド検定	122.15	
【変量効果】	与野党層	政党別層
現実主義	0.001	0.008
非武装中立	0.001	0.005
経済政策	0.000	0.002
選挙制度改革	0.004	0.044
現実主義×制度改革	0.001	0.005
非武装×制度改革	0.001	0.004
経済×制度改革	0.000	0.001
新自由主義	0.003	0.046
現実主義×新自由主義	0.000	0.001
非武装×新自由主義	0.001	0.004
経済×新自由主義	0.001	0.003
切片	0.002	0.104
残差	0.010	
尤度比検定	547.08	

注1：有意水準は，***：1％，**：5％，*：10％。（ ）内は頑健標準誤差。なお，両側検定をもとにした検定結果を報告している。

注2：「選挙制度改革×新自由主義」の交差項は，「制度改革ダミー」と同値になることから，共線性のために推定からは除外される。

注3：変量効果の推定結果については，説明力の増減を確かめるために，分散のみを報告している。網がけのセルが，与野党階層を付け加えたことによって，分散が改善された変量効果である。

挙制度改革が有権者と政党の関係の変化点であったというより，その変化の起点は1980年代にあったと考えられるからである。これは，「新自由主義×与野党」変数が有意であることからも示唆される。

そして，与野党ダミーを含めたことによって，経済政策にかかわる結果がここまでのものとは異なり，有意に転じた。「経済×与野党」，「経済×選挙×与野党」が全て有意であるという結果より，与党の経済政策に関しては，選挙制度改革以前であっても以降であっても，有意に得票率の増減を規定していることが明らかになった。これは，外交安全保障政策関連の変数が，与野党の区別なく有権者の評価の対象となっていたのに対して，経済政策に関しては，与党の経済政策への注目が基盤となっていたことを明確に示す結果であった。

9.5 まとめ

従来の投票行動研究において，日本の有権者が政策評価をもとに投票政党を選択しているという知見は繰り返し追試を経てきている。しかし，本章の分析の特徴は，「政府，あるいは政党から提供される政策によって規定される有権者の投票行動と，そのマクロ次元での政治的帰結」を明らかにしたことにあった。この作業を通じて，「合理的な日本の一般有権者」(Page and Shapiro 1992) の実態を本章は示した。そしてそれは，政党の対外政策には全般的に関心を払い，与党の経済政策に注目してきたことに特徴づけられている点を明らかにした。

本章の結論は，次の3点に要約できる。第一に，選挙制度改革の以前であっても以降であっても，有権者が政党の外交安全保障政策に注目していたことを示す分析結果を得た。第二に，経済政策に関しては，有権者が与党のそれに注目する傾向にあったことが明らかになった。第三に，選挙制度改革の効果と，それ以前から認められた新自由主義の台頭の効果を比較検証したところ，制度改革といった政治変化よりも，社会経済の変化である新自由主義の効果の方が確かであることが示された。

第10章　政党のコミットメントと世論
―政党の公約は世論に規定されてきたのか

10.1　世論は政党の政策を規定してきたのか

　戦後の日本政治において，政党の政策は世論の動態に応じて変化してきたのだろうか。そして世論に連動して政策を変更する政党は，選挙に強かったのだろうか。本章においては，政党の政策と世論の関係について，これらの2つの問いを検証する。この2つの問いは，近年の多国間比較による政治代表の研究において取り組まれてきた，2つの研究群に対応してのものである。

　アメリカ政治学において，世論が政府や政党の政策決定にどの程度影響を与えるのかという研究は，ウォーレン・E・ミラーとドナルド・E・ストークスによる選挙区世論と議員行動の研究に始まり (Miller and Stokes 1963)，後にロバート・S・エリクソンらによる「EWM(Erikson-Wright-McIver) モデル」によって大きな発展を見た (Erikson et al. 1989, 1993)。さらに EWM モデル以降，世論の政党の政策に対する影響力をほぼ所与とした上で，集積データを用いた上での分析の精緻化が進められることになった。そして近年の多国間比較による政治代表分析へとつながっている (Adams et al. 2004, 2006; Adams and Ezrow 2009; Erikson et al. 2002; Ezrow 2005, 2010)。

　次節においては，世論及びその変化に応じて日本の政党の政策が変化してきたのかを確かめる。それに際して第一の分析は，全ての政党が世論に対して応答的であったのかを分析するものである。日本政治研究において

は，第2章においても論じたように，自民党と政府がほぼ同一のものとして扱われる傾向にあった。これを改め，日本の各政党が世論に対してどのように反応してきたのかを確かめるのが，第一の分析課題である。

それに加えて，第二の分析では政党の性格や規模に従って，政策的応答性に違いがあったのかを検証する。具体的には，与党か野党かという違い，そして主流政党かすき間政党かという違いがそれぞれ政党の政策をどのように規定していたのかを分析する。前章において検討したように，政党が与党であるか野党であるかという違いによって，異なる政策が選択される可能性がある。そしてそれは，政党が持つ個別効果の違いとして，根源的に政党を規定しうる要因であることを強調した。従って本節においても，政党が世論に応答する程度が，政党の与野党の違いによって異なるのかを検証することにしたい。

そして近年の代表制研究においては，第8章で論じたように，政党の規模の違いによって応答性の経路が異なる可能性が示唆されてきた。具体的には，大規模で政権に就く可能性が高く，広範なイシュー領域に対応する「主流政党」に対して，小規模で特定のイシューに特化し，政策的凝集性が高い「すき間政党」に注目が集まった[132]。

本章においては，エズロウと（Ezrow 2010:12）とメグイド（Meguid 2008: 3-5）の定義をもとに，すき間政党を「伝統的な左右空間において，中道的な立場に位置しない小政党，または新たなイシュー領域を展開する小政党」であると定義する。この定義に従い，中選挙区制下の共産党，公明党，社会民主連合，新自由クラブ，民社党，小選挙区比例代表制下の共産党，公明党，国民新党，社民党，新生党，新党さきがけ，たちあがれ日本，保守（新）党，みんなの党を，日本におけるすき間政党であると定義する。そして，これらのすき間政党が，どのような応答性の特徴を持っていったのかについても，与野党の違いと併せて検証することにしたい。

---

[132] また，こうしたすき間政党による応答性の問題は，選挙制度の観点からも重要と考えられた。たとえばローレンス・エズロウは，選挙制度自体が政党の政策を規定することはないものの，比例代表制がすき間政党の生き残りを促し，そのもとで選挙競争空間に残ることができたすき間政党によって，少数派の政策的応答性が維持されうることを明らかにしている（Ezrow 2010）。

10.2 分析

10.2.1 設定—データセットと各変数の説明

　政党の政策が世論によって規定されているかを確かめるために，本節においても，「マニフェスト国際比較プロジェクト（CMP）」のデータセットに依拠して分析を進める。

　従属変数は政党の政策なので，前章の設定を踏まえ，外交・安全保障政策に関する「現実主義的対外政策」，「非武装中立的対外政策」の2種類の変数と，経済政策に関する「小さな政府」変数を用いる。また，公約の作成者は前回公約やそのもとでのパフォーマンスを踏まえ，漸増的に政策決定を行うと考えられることから，前回公約の説明力を加える。また自己相関を除去するという方法論的な観点からも，ラグ付き従属変数として，前期の公約値を推定モデルに組み込んだ上で推定を行う（Beck and Katz 1998; 曽我 2011）。なお，データの形状に伴う推定法の調整や特定化については，次節以降の推定も併せて，「付録F」を参照していただきたい。

　次に独立変数について説明する。本節では，t期における経済と外交に関する世論が，同じくt期における政党の政策をどの程度説明しているのかという点と，「t−1期からt期にかけての世論変化」が，t期における政党の政策をどの程度説明しているのかという点が問われる。そこで本章では，「内閣府データ」内の「政府への要望」への回答結果をもとに，世論，およびその変化を操作化する。経済政策に関する世論については，データ時点が多く，小さな政府変数との整合性も考慮して，政府への要望は「減税」と「物価安定」であると回答した有権者の割合の平均値を「経済世論」変数とした。外交政策については，「外交・防衛」という選択肢が設けられている年度が社会経済関連のイシューに比べて若干少ないものの，同選択肢の回答割合をもって「外交世論」変数とする。そして，世論の変化もまた主要な独立変数となる。「経済世論」を例にとると，「経済世論変化」変数は「経済世論（t）−経済世論（t−1）」として算出する。そして，「外交世論変化」変数についても同様の手順でそれを求める。また「経済世論」変数と「外交世論」変数は，それぞれ次節の分析においても用いられる。

そして各政党が与党なのか野党なのか，あるいは主流政党なのかすき間政党なのかという違いに条件づけられることで，世論の影響力がどのように変わり，政策の応答性がどのように異なるのかを分析する。こういった仮説の設定は，主要な独立変数と条件変数の積である交差項を推定モデルに組み込むことで分析できることが知られている(Brambor et al. 2006: 64)。本節ではその結果の読解に注意しながら，交差項モデルの分析によって，世論変化に条件づけられた世論の説明力を特定していく。

また本節では「与党ダミー×世論／世論変化」，「主流政党ダミー×世論／世論変化」の交差項をそれぞれ加えた，2種類のモデルを追加的に検討する。与野党の違い，主流・すき間政党の違いによって，異なる応答性を予測することから，表10.1のような符号条件をあらかじめ定める。

日本においては，長期間にわたり与党であり主流政党であり続けた自民党が，現実主義路線を維持し，経済政策においては，幅広い分布の有権者の政策への期待を包括的に取り上げてきたことが指摘されている。これに対して，ジェームズ・A・アダムスらの分析において（Adams et al. 2006），すき間政党があえて極端な政策位置を掲げることでコアな支持者からの得票を維持しようとしたとする知見が示されているように，野党ないしはすき間政党においては，非武装中立的な対外政策において応答性が認められるのではないかと考えられる。一方で経済政策に対しては，変数の性質が「小さな政府」を表すものであるという点も考慮して，応答的であるか，あるいはそうでないかという両方の場合が想定される。特に日本の場合は，前章の表9.2にもあるように，小規模な政党に新自由主義的傾向を持つ政党が含まれていた。こうしたことからも経済政策に関する符号条件は，正だけを予測するものではない。

これらの世論変数に加えて，経済政策についての分析では，選挙期の経済状態が経済公約量に与えている影響を制御するために消費者物価指数[133]を，そして新自由主義的なトレンドが，「小さな政府」へのコミットメ

表10.1　政党の違いに伴う異なる政策的応答性の予測

政党の違い 従属変数	与党	野党	主流	すき間
現実主義	(＋)	(－)	(＋)	(－)
非武装中立	(－)	(＋)	(－)	(＋)
小さな政府	(＋)	(＋)または非有意	(＋)	(＋)または非有意

ントに影響している可能性を制御するために，1980年以降に「1」をとる「新自由主義ダミー」変数をそれぞれ推定モデルに含める。なお，各変数の記述統計は表10.2に報告した。またデータセットに関しては，前章の場合と同様に，一般的

表10.2 独立変数の記述統計

変数	世論		その他	
統計量	経済	外交	得票率	消費者物価指数
観察数	302	152	334	346
平均	15.94	0.97	0.09	76.47
標準偏差	7.23	0.46	0.10	29.09
最大値	34.50	2.00	0.42	102.80
最小値	4.50	0.30	0.00	19.10
中央値	16.20	0.80	0.05	90.40

注：従属変数である政党の各政策の記述統計に関しては，表9.1－表9.3を参照していただきたい。

に普及しているCMPデータとは異なるものを使用している。よって，それについての説明を「付録E」に提示したので，そちらも併せて参照していただきたい。

10.2.2 分析結果

(1) 全政党の政策的応答性

全政党に関する分析結果は表10.3に報告している。それによれば，経済政策に関して，世論が減税や物価安定などの経済問題への対処を多く求めている場合に，政党はより経済的効率性を重視する政策にコミットする傾向が示唆されている。またモデル2より，有権者が経済問題を前回選挙時より重視するようになった場合，政党も経済政策に関しての公約量を増やすことで対処していることも明らかである。また，物価が上昇することによって公約量が増加することが示されている。政党が生活状態の悪化を感知することで，経済政策に力点を置くことも明らかである。加えて，1980年代以降であることを表す新自由主義ダミー変数については，新自由主義の台頭以降，小さな政府志向のコミットメントを増やす傾向が見てとれる。このように経済政策については，減税や物価安定などの経済関連イシューへの有権者の関心の高まり，政府への改善要求が経済的な効率化を標榜する政策を促すことが明らかになった。

---

(133) 総務省統計局の「日本の長期統計 第22章：物価」内の，「消費者物価指数（全国，中分類別）（昭和30年～平成17年，昭和30年度～平成16年度）」における「持家の家賃を除く総合」の値を消費者物価指数指標として参照した(http://www.stat.go.jp/data/chouki/22.htm)。

表10.3 世論と世論変化による政策の規定についての実行可能な一般化最小二乗法推定

従属変数： 公約 (t) 独立変数	経済政策		現実主義的対外政策		非武装中立的対外政策	
	モデル1	モデル2	モデル3	モデル4	モデル5	モデル6
公約 (t－1)	0.752 (0.035)***	0.736 (0.035)***	0.118 (0.033)***	0.288 (0.039)***	0.054 (0.033)	0.115 (0.045)**
世論 (t)	0.180 (0.057)***		0.467 (0.197)**		0.669 (0.139)**	
世論変化		0.207 (0.063)***		－0.304 (0.171)*		0.499 (0.353)
消費者物価指数	0.093 (0.015)***	0.083 (0.016)***				
新自由主義ダミー	2.580 (0.810)***	1.404 (0.721)***				
定数項	－10.307 (1.820)***	－6.100 (1.231)***	1.013 (0.499)**	0.842 (0.375)**	2.613 (0.620)***	3.012 (0.702)***
観察数	226	217	117	104	117	104
ワルド検定	1088.980	1034.960	21.330	55.570	6.660	8.510
カイ2乗値	0.000	0.000	0.000	0.000	0.084	0.037

注：有意水準は，＊＊＊：1％，＊＊：5％，＊：10％。（ ）内は頑健標準誤差。なお，両側検定をもとにした検定結果を報告している。

次に外交問題に関する世論に関しては，モデル3とモデル5より，全体として，外交政策に関わる世論の高まりが，政党による外交・安全保障問題への言及を促す傾向が示されている。また興味深いことに，外交世論の高まりによって「非武装中立的対外政策」，つまり日米関係強化や防衛強化に反対するような公約量の方が増分は大きいことが明らかになった。この結果が得られた背景には，外交や安全保障に関する世論の高まりに反応し，それに呼応することで政策アピールを強化した共産党や社会党の存在が示唆されているようである[134]。またモデル4と6より，外交世論の変化の公約量に対する顕著な説明力は認められず，一貫したトレンドを導けなかった。但し，モデル4の結果をあえて解釈するなら，外交に関する世論の変化が大きい場合に自民党に代表される保守的な政党は，外交や防衛に関する政策を訴えることを手控え，他のイシューに焦点を当てるか，そもそも

---

[134] アダムスら（Adams et al. 2006）のすき間政党分析にあるように，中小政党は極端な主張を行う傾向にあるという知見と整合的な推論を導くことが可能な結果であった。しかし，のちの分析にもあるように，それが選挙パフォーマンスの向上をもたらしたとまでは結論できない。

外交・防衛問題については静観したことが示されている。

(2) 与野党による政策的応答性の違い　次に表10.4においては，与野党という条件のもとで，世論の政策に対する説明力がどのように異なるのかが報告されている。すなわち，与党か野党かの違いによって政策的応答性がどのように異なるのかが，この分析結果より明らかになる。

特に注目すべきは，「世論×与党ダミー」，「世論変化×与党ダミー」に関する結果であり，表内では薄い網がけのセルで表されている。交差項の条件変数がダミー変数であるため，ここでの交差項の結果は与党ダミーが「1」のとき，すなわち与党による世論の応答性に関する値として解釈することができる。ここで重要な点は，現実主義的対外政策と世論変化に関する交差項と，非武装中立的対外政策の2つの交差項の係数の符号が異なっていることである。これは，現実主義的対外政策に関しては，与党であることで世論に応答する傾向になるが，非武装中立的対外政策に関しては，与党の応答性は認められないということである。

また，濃く網がけした「世論 (t)」と「世論変化」変数は，そのまま野

表10.4　与野党の違いによる世論に対する応答性の分析

従属変数： 公約 (t)　　モデル 独立変数	経済政策		現実主義		非武装中立	
	モデル1	モデル2	モデル3	モデル4	モデル5	モデル6
公約 (t − 1)	0.856 (0.040)	0.870 (0.034)	0.514 (0.049)***	0.752 (0.053)***	0.407 (0.045)***	0.422 (0.071)***
世論 (t)	−0.037 (0.068)		0.117 (0.202)		1.468 (0.228)***	
世論変化		0.182 (0.093)		−1.181 (0.396)***		−0.261 (0.783)
与党ダミー	0.649 (1.810)	0.794 (0.739)	1.301 (0.721)*	0.783 (0.222)	0.920 (0.806)	−1.617 (0.400)***
世論×与党 世論変化×与党	−0.015 (0.107)	−0.215 (0.160)	0.277 (0.354)	5.964 (1.278)***	−1.266 (0.394)***	−3.248 (2.509)***
定数項	1.251 (1.248)	0.651 (0.410)	0.106 (0.405)	0.175 (0.091)*	−0.978 (0.449)*	1.781 (0.288)***
観察数	190	182	203	86	203	86
ワルド検定 カイ2乗値	642.760 0.000	656.160 0.000	251.700 0.000	452.050 0.000	203.990 0.000	96.860 0.000

注：有意水準は，＊＊＊：1％，＊＊：5％，＊：10％。（　）内は頑健標準誤差。なお，両側検定をもとにした検定結果を報告している。

党に関する結果として解釈することができる。それによると，現実主義的対外政策に関する結果より，野党は世論変化に応じて現実主義的な政策を提示する傾向にはもちろんなかった。また，野党は世論の高まりに応じて，非武装中立的対外政策をより多く提示する傾向にあったことも明らかになっている。

　総合すると，日本における政党の応答性に関して，自民党に代表される政権与党は，世論における外交や安全保障への関心の高まりに応じて，現実主義的な外交安全保障政策を提示してきたことが，表10.4の分析結果より明らかである。これに対して，野党は外交への関心が高まっていると感知した場合には，与党とは反対に非武装中立路線に代表されるような左派寄りの対外政策を提示してきたことが示されている。一方で経済政策に関しては，表10.2の予測とも異なるものであり，統計的有意性も確認されなかった。

(3) 主流政党とすき間政党間の政策的応答性の違い

　最後に，すき間政党の応答性について検討しておくことにしよう。表10.5にあるように，主流政党ダミーを乗じた交差項を含めた上で分析しており，主流政党の世論に対する応答（交差項の結果）については薄い網がけのセルで表し，主流・すき間政党の世論に対する応答（通常の世論変数と世論変化の結果）については濃い網がけのセルで表している。これを検討すると，表10.4の結果とも整合的に，主流政党ほど外交政策に関する世論が高まった時に，非武装中立路線の公約をせず，逆にすき間政党は，そうした公約を提示する傾向にあったことが示されている。またモデル4の結果からは，外交政策への期待が高まった際に，すき間政党ほど現実主義路線の公約を減らす傾向にあったことが明らかである。これは，アダムスらの分析において（Adams et al. 2006），すき間政党ほど極端な政策位置をとる傾向にあったとする結果とも整合的である。日本の政党の対外政策においても，小規模な政党ほど，極端な政策位置を提示してきたことが明らかになった。

　但し，ここでの分析からも明らかなように，経済政策に関する分析結果は予測とは整合的なものではなかった。モデル2からは，世論において減税と物価への政策的な期待が高まった時に，すき間政党が小さな政府にかかわる政策を提示していたことが示されているが，これは予測と合致する

表10.5 主流政党とすき間政党の世論に対する応答性に関する分析

従属変数：公約 (t) モデル 独立変数	経済政策 モデル1	経済政策 モデル2	現実主義 モデル3	現実主義 モデル4	非武装中立 モデル5	非武装中立 モデル6
公約 (t-1)	0.843 (0.040)***	0.857 (0.035)***	0.601 (0.055)***	0.837 (0.056)***	1.079 (0.296)***	0.581 (0.073)***
世論 (t)	-0.006 (0.074)		0.283 (0.267)		0.466 (0.050)***	
世論変化		0.149 (0.098)**		-1.486 (0.663)**		2.043 (1.130)*
主流政党ダミー	2.511 (1.751)	1.415 (0.696)	-0.386 (0.750)	-0.285 (0.194)	0.548 (0.827)	0.583 (0.326)*
世論×主流 世論変化×主流	-0.090 (0.099)	-0.079 (0.153)	-0.075 (0.375)	1.357 (0.922)	-0.291 (0.410)	-5.138 (1.616)***
定数項	0.264 (1.344)	0.089 (0.522)	0.474 (0.568)	0.427 (0.177)**	-0.879 (0.613)	0.633 (0.293)*
観察数	190	182	203	86	203	86
ワルド検定 カイ2乗値	654.820 0.000	662.880 0.000	158.960 0.000	258.790 0.000	131.950 0.000	76.650 0.000

注：有意水準は，***：1％，**：5％，*：10％。（　）内は頑健標準誤差。なお，両側検定をもとにした検定結果を報告している。

ものではなく，主流政党について統計的に有意な結果も導かれていない。この点については，すき間政党に新自由クラブ，保守党などの多くの保守主義的な政党が含まれていたこととも無関係ではないかもしれない。いずれにせよ，与野党，主流・すき間政党という区別は，経済政策における応答性に関して，注目すべき差異をもたらすものではなかった。

10.3　世論に応答する政党は選挙に強かったのか

政党が世論に配慮して，政策を決定することが前節の分析によって確認された。では，世論に応じることで政党は選挙において善戦しやすかったのだろうか。それとも政党の迎合を好感しない有権者からの懲罰により，選挙でのパフォーマンスは芳しくなかったのだろうか。

確率的投票モデル（the probabilistic voting model）に基づいた場合，政党が繰り返される選挙において，世論に沿う政策を策定しそれを公約どおりに実行することで政党の評判が増強され，選挙に勝利しやすくなることが示唆されてきた（たとえば，Lin et al. 1999）。この含意を検証したものと

して，エズロウは欧州諸国の約80の政党についてのパネル・データ分析を行い，中位投票者の選好に政党の政策位置が近接すればするほど，政党の得票率は上昇することを明らかにしている（Ezrow 2005; McDonald and Budge 2005: Chapter 8）。

一方，確率的投票のもと非政策的投票の領域が有権者内で増大すれば，政党は中位投票者の政策位置から遠ざかる政策転換を行うことが理論的には予測されている（たとえば，Adams et al. 2005; Schofield 1998a）。そのような場合に，政党の性質，すなわち政党のイデオロギー性，政策位置，さらに政党規模などによって，選挙でのパフォーマンスが規定されるのかどうかが分析されてきた。これに関する実証研究として，アダムスらは，すき間政党が世論に迎合して政策コミットメントを変更することを支持者たちは期待していないので，政党の政策変更に失望し，懲罰的に政党を支持しなくなることを明らかにしている（Adams et al. 2006: 522-525; cf. Adams and Somer-Topcu 2009）。

特にアダムスらの2006年の分析によれば，すき間政党が政策を中道寄りに移行させることで，懲罰的に得票率が減少することが明らかになったという（「代償の大きい政策変更仮説（the costly policy shift hypothesis）」）。共産党や緑の党などのすき間政党は，「選挙での支持獲得のために，政治的信念の表明と政策的主張の中道化のトレード・オフに直面しておらず，選挙での支持を得るためには政策を中道化することなどできないのであり，彼らの得票最大化戦略とは，イデオロギー的理由からすき間政党に魅力を感じているコアな有権者たちに，ひたすら自分たちの政策をアピールする」（Adams et al. 2006: 514）ことで，政治的競争空間の生き残りを賭けているのだと彼らは主張した[135]。

本節の分析は，上述のアダムスらの分析枠組みに基づいた上で進められる。日本の政党全般について分析する際には，日本の政党の継時的全サンプルに関して，世論と政党の政策，あるいは世論と政策の変化それぞれの効果や，互いの関連性がもたらす影響を測る必要がある。それによって，世論変化のもとで，政党の政策の得票率に対する効果がどのように異なる

---

(135)　日本政治における中小政党支持者の離反構造を分析したものとして，鬼塚（2002）が挙げられる。

第10章　政党のコミットメントと世論―政党の公約は世論に規定されてきたのか　185

のかを検討することが可能になる。この点に関して，アダムスらの分析では，世論の好意的変化と非好意的変化がダミー変数によって条件づけられただけであった。よって本章の分析はこれを改善し，当期の世論がある政策分野に対して抱く期待のもとで，当期の政策公約を増やすことが政党の選挙パフォーマンスをどの程度向上させるのか（低下させるのか），そして前期から当期にかけての世論の変化のもとで公約を増やすことが，政党の選挙パフォーマンスをどの程度向上させるのか（低下させるのか）を連続的に確認する。つまり政党が，選挙時の世論に迎合した場合，政党の得票率は増加するのか否か，そして，政党が前回選挙時から今回選挙時にかけての世論の変化に迎合した場合，政党の得票率は増加するのか否かを，世論の連続的な推移を条件として与えることで確かめていくことにしたい[136]。

10.4　分析

10.4.1　設定―交差項を含む独立変数の構成

　本節では世論や政党の公約が政党の選挙パフォーマンスをどれだけ向上させるのか，つまり選挙の帰結をどのように説明しているのかを明らかにする。そこで従属変数には，各政党が選挙時に得られる支持の程度がどれだけ増減したか，つまり有権者は政党の政策，および世論への迎合を考慮した上で，政党に報奨を与えるのか，それとも懲罰を与えるのかを測るために，各政党の得票率を用いる（Adams et al. 2006: 524)[137]。

　次に独立変数については，経済と外交それぞれについて2種類の指標化を行う。まず，「世論のもとでの政策」についての分析では，当期の世論に条件づけられた当期の公約の説明力を明らかにしたい。従って，当期の当

---

[136]　なお，政党が当期の世論を感知してそれに合わせようとする迎合と，世論が前回選挙時から変わってきていることを知って応答しようとする迎合の2種類が考えられることから，2つの説明についてここでは検討している。

[137]　CMPデータにおいて，1993年以降の小選挙区比例代表並立制下の選挙については，比例選挙での得票率が採用されている（変数名：「pervote」）。本章もその得票率変数を用いて，分析を進めている。

該政策分野での「内閣府データ」の世論調査に基づいたスコアと、当期(t)の公約に関する CMP のスコア、加えてその2変数を乗じた交差項を含んだ推定モデルを検証する。次に「世論変化のもとでの政策」についての分析では、前期から当期にかけての当該政策分野での世論変化と当期の公約に関するスコア、およびその2変数を乗じた交差項を含むモデルを検証する。

10.4.2　分析結果と議論

分析結果は表10.6に提示している。また、交差項分析の解釈を助けるためのグラフとして、経済政策については図10.1、現実主義対外政策については図10.2、非武装中立的対外政策については図10.3を、それぞれ参照していただきたい。

まずは、図10.1を例に図の読解の方法を説明しておこう。X軸は条件変数である「経済世論の高低」である。X軸を右に進むほど、経済政策に関

表10.6　世論のもとでの政党の得票率に対する公約の説明力に関する分析

従属変数： 得票率 (t)	経済政策		現実主義		非武装中立	
独立変数　　モデル	モデル1 FE	モデル2 FE	モデル3 FE	モデル4 FE	モデル5 FE	モデル6 FE
公約 (t)	−0.006 (0.001)***	−0.001 (0.000)***	−0.005 (0.002)**	−0.004 (0.002)*	0.007 (0.002)***	0.001 (0.002)
世論 (t)	0.002 (0.000)***		0.001 (0.006)		0.043 (0.008)***	
公約(t) × 世論(t)	0.000 (0.000)***		0.008 (0.003)***		−0.009 (0.002)***	
世論変化		0.000 (0.001)		0.024 (0.013)*		0.018 (0.017)
公約(t) × 世論変化		0.000 (0.000)*		−0.005 (0.006)		0.000 (0.005)
得票率 (t−1)	−0.007 (0.021)	−0.017 (0.024)	−0.005 (0.018)	−0.019 (0.020)	0.008 (0.018)	−0.020 (0.020)
定数項	0.077 (0.006)***	0.106 (0.003)***	0.108 (0.006)***	0.115 (0.004)***	0.073 (0.008)***	0.107 (0.006)***
観察数	222	210	123	123	106	106
決定係数	0.277	0.134	0.194	0.117	0.098	0.049
個別効果の有無に関するF検定	222.590 0.000	163.440 0.000	297.410 0.000	330.930 0.000	462.650 0.000	393.160 0.000

注：有意水準は、***：1％、**：5％、*：10％。( ) 内は頑健標準誤差。なお、両側検定をもとにした検定結果を報告している。

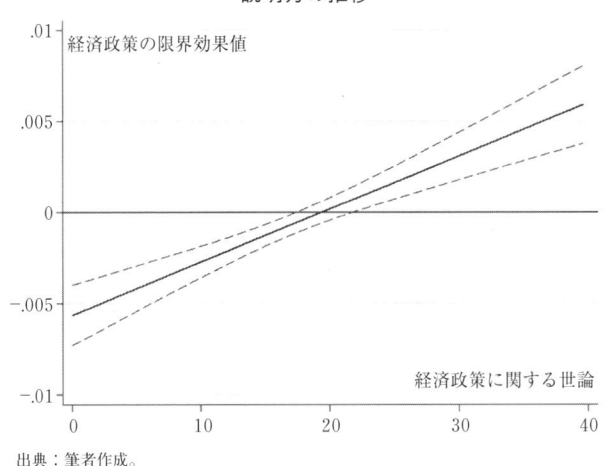

図10.1 経済世論の変動に伴う経済政策の得票率に対する説明力の推移

出典：筆者作成。

する世論が高まっていたことが示されている。次にY軸は、主要な独立変数である「政党の経済政策」が、従属変数である得票率をどの程度説明しているかを示す限界効果値を表している。条件変数である経済世論のもとで、主要な独立変数である経済政策が1パーセント増加することで、従属変数である得票率が増加する場合には、限界効果を示すY軸の値は正となり、減少する場合には負となる。図10.1によれば、減税や物価安定についての世論がさほど高まっていない場合、市場経済を重視する政策を展開することで得票率は微減するが、その程度は世論が高まるにつれて穏当になり、その世論が20パーセント近くに達するとき、経済に関わる主張を多く行うことで得票率はわずかながら上昇に転じていくことが示唆されている。

では、この限界効果値はどの程度確からしいだろうか。それを判断する基準が95パーセント信頼区間を示す破線であり、上側、下側それぞれ2.5パーセントの信頼区間を示している。この破線部分と太線の限界効果を示す実線部分が、ともに正の値または負の値の領域内に位置している範囲において、限界効果の値は統計的に有意であると解釈される。いま、図10.1において、上下両側の2.5パーセントの破線部分が終始正負の領域内に位置しており、経済政策の得票率に対する限界効果値は、世論の推移にかかわらずほぼ統計的に有意であることが示されている。以下では各図を参考に

しながら，世論への政党の応答が，選挙結果をどのように規定してきたのかを解釈していくことにしよう[138]。

まず既述の通り，経済問題に関する世論に応じて公約量を増やすことは，必ずしも政党の選挙パフォーマンスを向上させないことが明らかになった。世論の高揚につれて，経済公約量の増加は得票率を漸増させパフォーマンスを改善させているようだが，経済問題を重視する世論が相当に高まっている場合であっても，政策公約を強化したからといって有権者はさほど好意的に政党を評価するわけではないことが示唆されている。また経済世論の変化が大きいときに，公約に関する推定量の確からしさは低いが，変動が少ないときでも大きいときでも，トレンドは一貫して世論変化に伴う政党の変化を歓迎しないというものであった。

では，どのような経済公約が得票の増加を阻害しているのだろうか。上述の結果は，経済公約変数と経済世論変数の構成を考慮した場合に注意深く解釈される必要がある。なぜなら，経済公約は「小さな政府」へのコミットメントの程度を指標化しており，経済世論については「減税」が指標の主要素になっているからである。変数の構成に沿って素直に解釈を進めるなら，「有権者は減税を求めているが，政府規模の縮小を謳う政党には懲罰的対応をとっていた」ということができる。これは少ない費用負担での社会福祉の充実という，有権者からの無理難題がつきつけられた結果ととることもできる。いずれにせよ，ある種のばらまきを謳わず，世論に配慮しない政党が選挙で善戦することの難しさを示す結果であった。このような変数の成り立ちを考慮すると，戦後日本の総選挙において，有権者に配慮しない経済政策を提示し，その意向を充分に汲み取らなかった政党は選挙に弱かったことを示唆したものと言える。

次に現実主義的対外政策に関しては，図10.2より有権者の外交に関する関心が高まる時期に，特定国との関係強化や防衛強化についての公約を提示することが得票率の漸増を促すことが見てとれる。一方，非武装中立的対外政策については，図10.3より外交世論が高まる時期に，特定国との関

---

(138) なお，世論変化のもとでの政党の政策の説明力については，各政策分野の分析において統計的に有意な結果を認められなかった。よって，ここでは図示を省略し，また解釈についても多くは言及していない。

図10.2 外交世論の変動に伴う現実主義的対外政策の得票率
に対する説明力の推移

出典：筆者作成。

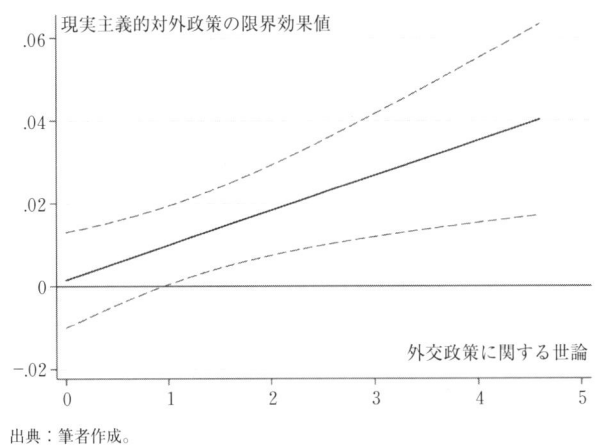

図10.3 外交世論の変動に伴う非武装中立的対外政策の
得票率に対する説明力の推移

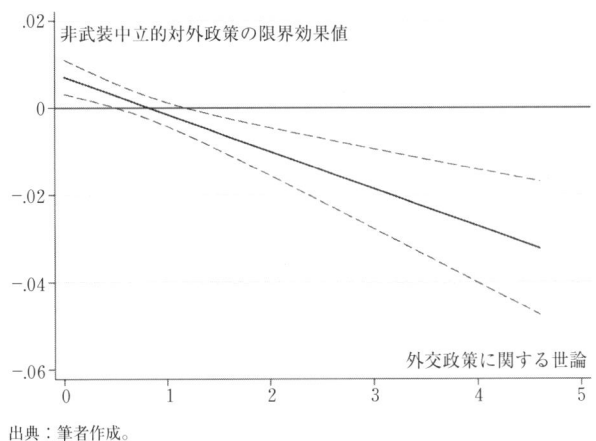

出典：筆者作成。

係緊密化を拒絶し，防衛強化に反対する姿勢を示すことで，得票率が低下することが明らかになっている。

これらの結果を補足するために，外交に関する有権者の関心が高い場合と低い場合を区分した検討を加えてみよう。その区分をもとに外交公約と

得票率の関係を示したのが，図10.4である。図10.4は，外交政策に関する期待・要望が高まっている場合と，そうでない場合における，外交政策と得票率の関係を示したものである。外交政策に関する世論の高低を分ける基準は中央値の「0.8」であり，回帰直線はそれぞれの外交政策に関する世論のもとでの外交政策による得票率の説明の程度を示している[139]。小政党は非武装中立をめぐる政策を多く提示してきた。しかしそれは，得票につながらないものであったことがこの図からは示唆されている。また，外交政策に対して世論の関心が強い時期に公約を多く提示することで得票率の漸減がもたらされることが破線によって，また，関心が強くない時期に

図10.4 外交に関する世論と政党の対外政策

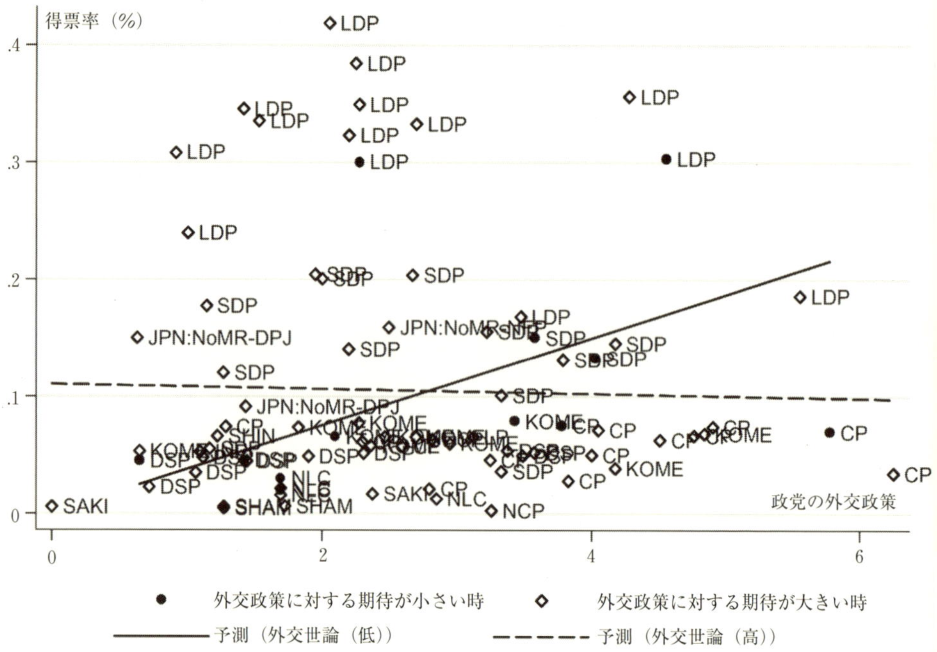

出典：筆者作成。

---

(139) 図10.4の外交政策については，外交政策全般に関する政党の傾向を把握するために，現実主義的対外政策，非武装中立的対外政策，両変数の平均値を用いている。

公約を多く提示することで得票率の増加がもたらされることが実線によって示されてもいる。これを参照すると，共産党や社会党（社民党），公明党などの中小政党が外交について政策コミットメントを多く提出しながらも得票率が伸びていない。それに比べ，自民党についての観察は左上の少ない外交公約のもとでの高い得票率という，いわば「政党にとってのレヴァレッジの高い領域」に多く認められる。この結果は，第9.2節の野党やすき間政党に関する分析結果とも符合するものと考えられる。

　こうした散布図と回帰直線からだけでは充分な推論には限界もある。しかし，この主流政党と中小政党での外交コミットメント量と得票率の関係の相違が，現実主義的対外政策（図10.2），非武装中立的対外政策（図10.3）に関する対照的な交差項分析の結果に反映されていると言えよう。図10.4の右下に位置するすき間政党群の観察は，非武装中立的対外政策についての結果，すなわち，「外交コミットメント量を増やしても得票が伸びない状態」を示していると考えられるのである。総合すると，通常，世論変化への対応が得票の漸増をもたらすのに対して，外交問題への関心が高まっている時期に，独自路線の対外・安全保障政策を掲げていた政党は，有権者からの負託を受けにくかったことが明らかになった[140]。

---

(140)　またこの結果より，アダムスらによる「すき間政党は世論に迎合することで支持者の離反を招き，競争空間で生き残れなくなるから，中位投票者とは異なる政策を主張し続ける」とする知見には（Adams et al. 2006），再考の余地があることが示唆される。なぜなら，日本政治をめぐる歴史的文脈を考慮すると共産党や社会党については，世論が外交問題を重視している場合にも世論の大勢とは異なる非武装中立や日米同盟破棄などの政策を標榜したことで，得票率が低迷せざるを得なかった。アダムスらがすき間政党や極端な主張を展開する政党について，世論に迎合することで得票率が低下することから先鋭な主張を続けたとする解釈を示したのに対して，日本の政党の外交・安全保障政策についての分析は，極端な対外政策によって中小政党は有権者からの信任を得ることができなかったことを示している。つまり，日本の事例の検討からは，中小政党は得票率が減るから世論に迎合しないのではなく，世論に迎合しないから得票率が低いままにとどまっていると考える方が適当なように思われる。その点でアダムスらの知見は，すき間政党の行動原理のメカニズムに関して再考の余地が残されていると言えよう。

10.5 まとめ

　本章の分析を通じて，世論は政党の政策を規定しており，政党は世論に配慮しながら政策コミットメントを決定していることが明らかになった。そして，世論に配慮しない政党の選挙パフォーマンスは芳しくなく，配慮した政党は選挙でも強かったことを併せて示した。

　また本書の主眼は，政策的応答性を分析する際に，政府と政党の次元を分け，与党以外の政党に特有の応答の経路があるのかを確認することにあった。そこで，政党を「与党と野党」，「主流政党とすき間政党」に分けた上での分析も併せて提示した。与野党での差異を考慮して分析したのは，前章の与野党での階層の区分に呼応してのものである。そして，「主流政党とすき間政党」を分けた上で分析したのは，先行研究において，主流政党とすき間政党に独自の政治代表の経路が確認されてきたとする知見に即してのものである。

　以上の分析の結果，主流政党与党が，世論に応じて現実主義的な対外政策路線を，そしてすき間政党野党が，非武装中立路線に代表される対外政策を，それぞれとる傾向にあったことが明らかになった。但し，経済政策については，政党の性格ごとの差異は確認されなかった。こうした結果から，対外政策において，政党の性格の違いに応じた独自の政策的応答性のチャネルがあったことが裏付けられた。

　これらの日本の政党の政策的応答性をめぐる知見からは，もうひとつの重要な含意が指摘できる。それは第 II 部の分析において，部分的に政府による政策的応答性に偏りがあったことを示唆する知見が導かれた。しかし，政党次元の政策に目を向けたとき，外交・安全保障といったハイ・ポリティクスの領域においても有権者に対する応答性が機能していたことが，本章の分析からは明らかになっている。

第Ⅳ部
結　語

第11章　結論と含意
―「日本のマクロ政体」の実相

　本書は,「日本のマクロ政体 (The Japanese Macro Polity)」がいかなるものかを解明することを目指してきた。マクロ政体についての分析は,主にアメリカ政治を中心に進められた。しかしその存在は,無論アメリカに特有のものではない。代議制民主主義を採用している国家においては,その国に固有の政体が存在している。そして,一般有権者とエリートとの間に政策を介して存在する関係の特徴を確認することにより,各国の「マクロ政体」を明らかにすることができる。
　ここまでの分析を通して,戦後の日本政治において,政府は時期ごとの濃淡はありながらも世論の動向に配慮する政策決定を行ってきたことが明らかとなった。また,政党の提示する公約と世論の動向にも,密接な連関が存在することが確かめられた。それは他の主要な政策決定要因の影響を制御した場合にも,政府や政党が世論の影響を受け,それを軽視しては選挙での良好なパフォーマンスを期待しづらかったことを示すものであった。
　また,日本のマクロ政体が,選挙制度（改革）とほぼ無関係に形成されてきたことには留意する必要があるだろう。議員個人が選挙制度改革以降に政策行動を活発化させたことは,多くの議員行動研究に明らかである。しかし,近年の政治代表をめぐる研究においては,制度の影響の限定性が明らかになってきていることも確かである。たとえばローレンス・エズロウは西欧諸国の比較政党分析を通して,選挙制度の形態によって,政策の収斂や拡散が起こるわけではなく,政治代表が選挙制度から受ける影響は限定的であることを明らかにしている (Ezrow 2010)。この知見とも関連して,日本における政治代表の特徴は,市民の期待という漠然とした動きを

基盤とし，その変化の起因も社会経済状態に求められるものであった。そして，制度の直接的な影響はほとんど認められなかった。個別の政治アクターは制度に条件づけられ，制約されることで行動し，その変化に伴って行動を変える。しかし，それらの「個」のつながりから形成される「関係」までもが，制度のクリアカットな変化に伴って同様に変わるとは限らないことを，本書によるマクロ政体の分析は示している。

では，「日本のマクロ政体」とはどのようなものだったのだろうか。それを総括的に述べるために，本書の分析から得られた具体的な知見を整理しておくことにしたい。

11.1　本書の知見の要約

本書の分析の結果をまとめたものが，図11.1である。これは第2章の図2.2（41頁）に対応したものである。

本書の知見の第一は，日本政治における「政策ムード」を見出したことである。政策ムード指標の特定には，スティムソンのアルゴリズムの応用を通して取り組んだ。それにより導かれたのは，「成長好感ムード」と「弱者救済ムード」と呼ぶべき2種類の政策ムードであった。これら2つのム

図11.1　「日本のマクロ政体」モデル―本書の分析結果のまとめ

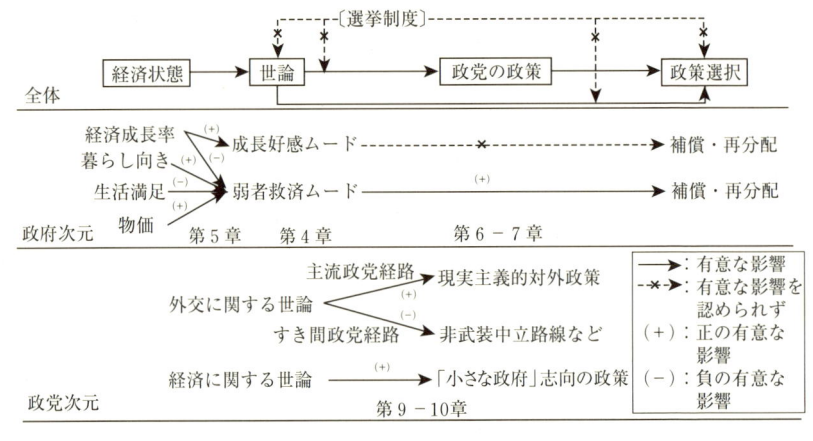

出典：筆者作成。

ードは戦後の多くの時期に対照的な動きを特徴としながら推移していた。日本の政策ムードの特徴は，アメリカにおける「国内政策リベラリズム・ムード」がイデオロギー的な性質を有するものであるのとは異なり，経済状態の影響を強く受けるところにあった。

　続いて検討したのが，客観的な経済状態や主観的な経済評価のどういった側面が，これらの政策ムードを規定しているのかについてである。その結果日本においては，有権者の悲観的な気分の高まり，すなわち弱者救済ムードの高まりに対して，有権者の暮らし向きの悪化や不満足感の高まりが与える影響が顕著であることが示された。これが本書の第二の知見である。

　さらに，第三の知見として，政府の政策選択，政党の政策はともに世論に影響を受けてきたことを明らかにした。すなわち，戦後の日本政治においては，政策的応答性が一定程度機能し，「動態的代表」と呼びうる状態が確かに存在していたことが示された。

　第四の知見として，本書は有権者が政党の政策に注目してきたことを明らかにした。「マニフェスト国際比較プロジェクト（CMP）」データをもとにした分析の結果，対外政策に関して，有権者は与野党の区別なくその内容に影響を受けていたのに対し，経済政策については与党の政策に有権者がとりわけ注目してきたことが明らかになった。つまり，「合理的な日本の一般有権者」とは，政党の対外政策全般と与党の経済政策に注目する性質のものだったのである[141]。

---

(141)　なお有権者の情報処理能力をめぐっては，しばしば選挙情報の充分な咀嚼は困難であり，非合理的で，非効率的な決定に傾きがちであることが，いくつかの研究から示唆されてきた。そういった事実を完全に否定できないにしろ，正しい政策理解に基づく政策評価ばかりが政策評価ではないことには留意する必要がある。有権者には何らかの独自の政策理解があってしかるべきであり，それが社会経済状況の正しい認識に基づいていないとしても，それも政策評価の一環であると考える方が適切とも言える。たとえば，本書の第9章の分析は，有権者が何らかの評価に基づいて投票選択だけではなく，投票選択の変化までも規定していることを示しており，それだけ有権者は政治代表の応答性を形づくる基盤として，政党や政府の政策に注意を払っていたということができる。そして，日本においては経済状況・評価が市民の選好形成に影響を与えることが示唆されており，それが政策評価を助けることによって，ムードが

最後に第五の知見として、これらの日本のマクロ政体をめぐるいくつかの政治過程は、世論や世論を規定する社会経済状態に規定されており、1993年の大規模な政治変化の影響を受けたものではなかったと考えられる。日本におけるマクロ政体とは、選挙制度改革というフォーマルな変化より、社会経済やそれに応じて変化した世論によって決定づけられていた。

そして、こうした本書の分析は比較政治学上も重要な意味を持っている。すなわち、ヨーロッパ諸国とは異なる政治文化のもとにある日本においても、世論の与える影響が無視できないものであった。また世論形成には、主に経済状態が影響を与えているというマクロ政体の特徴が確認された。つまり、政治代表のメカニズムの維持に、政治文化といった観察の困難な要因が介在している程度は限定的であることが推論される。なぜなら異なる政治文化のもとにあっても、異なる政治代表のメカニズムが観察されるわけではなく、欧州諸国のマクロ政体がそうであるように代議制のシステムは世論への応答性を基盤として成り立っていることが示されたからである。さらに言うならば、中選挙区制といった独自の制度背景のもとで形成された政治的文脈の影響が、限定的だったのではないかと考えられるからである。

11.2 日本におけるマクロ政体とは

11.2.1 「日本のマクロ政体」の特徴—「弱者救済を重視する民主主義」

本書の知見を踏まえて、日本におけるマクロ政体とは、どのようなものであったと総括できるだろうか。分析結果からは、日本のマクロ政体、あるいは代議制民主主義の特徴として、「弱者救済を重視する民主主義」という姿が浮かび上がる。

具体的には、どのような政治的出来事に、「弱者救済を重視する民主主義」は顕著に見てとれるだろうか。第一次オイル・ショック後の政府の危

形作られ、それが政府の政策形成に影響を与えていたことが明らかになっている。少なくとも、経済政策に対する有権者の注目は、今後も「日本のマクロ政体」の基盤であり続けるだろう。

機対応は，その典型的な事例と考えられる[142]。1973年の第一次オイル・ショックに際して生じた物価上昇を受け，政府は当初公定歩合の大幅な引き上げや，公共事業を抑制するなど緊縮財政に努め，物価の安定を図った。その後，政府は不況の長期化を防ぐために公定歩合の段階的引き下げを行い，補正予算による国債発行を増額するなど連続的な景気浮揚策をとり続けた。結果として，暮らし向きの悪化が顕著であったこの時期に，田中政権と三木政権の下では，相次いで総選挙での苦戦が続いたものの，戦後初の大不況下にあってさえも自民党は政権を維持するに充分な議席を確保しえた。オイル・ショックの場合に限らず，戦後日本の政府や政党は少なくない局面で[143]，政策によってその信頼性と応答性をアピールしてきたのだと考えられる。そこでは，政策的応答性が危機の影響を受け，救済への期待が高まった時に現れるという特徴があった。

民主主義は，そもそも多数派が少数派の利益や意見を可能な限り汲み取ることを前提としているために，「弱者救済」という装置は民主主義にあらかじめ組み込まれたものだとみることもできる。その意味で，「日本の民主主義は弱者救済型であった」と主張することは，自明にすぎないとの見方もあるだろう。

しかしここで，アメリカ政治における政策ムードが保守－リベラル軸からなるイデオロギーに根ざしたものであり，政府の政策選択もそれに対するイデオロギー的反応に規定されていたことを思い起こす必要がある。アメリカ政治に関して，ムードと財政支出の関係は分析されてこなかったが，国内政策リベラリズム・ムードが低下しているとき，すなわち保守主義的なムードが高まっていた1980年代前半や1990年代後半から2000年代初頭に

---

(142) 第一次オイル・ショック後の政治過程については，主に井戸正伸，内山融，河野康子らの研究を参照（井戸1998；内山1998；河野2002）。

(143) 他にも，政策的応答性が認められた事例として，中曽根政権下での日本電信電話公社や国鉄の民営化，小泉政権下での郵政改革などの民営化の遂行過程が挙げられる。逆に，世論からの反発に直面し，政策立案・実行が難航し，政権存続にも影響を及ぼした事例としては，竹下政権下での消費税の導入をめぐる世論の反発などが指摘できる（cf. Kato 2003）。こうした事例においては，その政策領域の顕出性が高まり，争点投票がもたらされやすいという特徴も指摘できるようである（参考：谷口2005）。

かけては、社会保障を含む財政支出の顕著な減少が認められてきた。

このようないわば、「弱者切り捨て型」の時期を含むマクロ政体を持つアメリカと対照すると、日本のマクロ政体の性格がより明らかになってくる。そして、日本において弱者救済ムードの高まりに呼応して、政府による補償と再分配がよく反応してきたという事実は大きな意味を持つことが分かる[144]。有権者の不満感に対して、政府が経済的に補償や再分配で対応していたということは、それだけ日本におけるマクロ政体が、・民・主・主・義・の・本・来・的・な・機・能・の・ひ・と・つとしての弱者救済に力点を置いたものであったことを示唆するからである[145]。

11.2.2 「日本のマクロ政体」という議論の限界、そしてなお強調しうる意義

ここまで「日本におけるマクロ政体」の特徴を探る中で、その積極的な意義を論じてきた。しかし、日本の代議制民主主義の機能について、本書の分析結果から上記のような楽観的な側面ばかりを強調できるだろうか。序章でも論じたように、本書が依拠する政治代表、ひいては代議制民主主義の定義から考えて、ここまで示してきた有権者と政党・政府間のマクロ

---

[144] 本書がいう「弱者救済を重視する民主主義」と「日本型福祉レジーム」（新川 1999, 2005）との関係は、更に検討を要する課題である。現に、弱者救済ムードが増すことによって再分配政策が拡充していたことにも示されているように、両者は密接に関連し合っている。今後は、福祉国家研究の知見に世論の要素をより組み込んだかたちで分析を発展させることにより、2つの概念の共通点の模索や差異化の作業を進めることが求められている。

[145] また、このような日本の民主主義の特徴を他の民主主義との関連で理解するに際して、民主主義の類型論との接点についても付け加えておきたい。それに際して、アレンド・レイプハルトの枠組みは有効である。レイプハルトによる民主主義の類型に即して考えると、日本のマクロ政体はコンセンサス型民主主義に位置づけられると考えられる（Lijphart 1999: 196-198）。コンセンサス型の民主主義は、「包括的、交渉的、妥協的」という特徴を持つとされるが、これらの特徴のもとではじめて少数派の利益の集約が可能になると言えるだろう。これはアメリカの民主主義が混合型とは言え、より多数決型に近い性質を持つことと比べた場合によりよく理解されるだろう。とは言え、こうした類型との接点は執政制度や選挙制度との関連付けを通して、初めて明らかにすることができるものである。本章末尾に挙げる制度的側面の再考と併せて、今後の課題としたい。

第11章 結論と含意——「日本のマクロ政体」の実相

連関をめぐる量的証拠から,戦後日本政治が規範的に弁証されうると見るべきではない。本書では,「多数派の利益が政府によって捕捉されている状態」が民主主義であり,「政策によって有権者と政府・政党が結節され,応答性が保たれる状態」が政治代表であるとする比較分析のために有効な定義に拠って論証を進めてきた。これらの定義に照らすと,本書の分析結果は確かに日本における政治代表,ひいては代議制民主主義が機能していたと結論できるものであった。

しかし,「日本のマクロ政体」とは何かをもう少し正確に論じるためには,有権者と政府・政党の応答関係をめぐる留保について,もう少し検討しておく必要があるだろう。それは,政策的応答性の偏りをめぐってである。

本書の分析において,有権者の期待に対する政府や政党の応答に,部分的な偏りがあったことは完全には否定できないものであった。特に第6章の分析結果は,市民の中でも特に弱者層に対して,政府の感度が高かったことを示すものである。そして第7章においては,農業分野において世論全般とは逆行する政府支出や立法活動がなされていたとする証拠も認められた。これらは,議員行動研究において繰り返し明らかにされてきたように,利益誘導が戦後日本政治の代表制の中核をなすものであり,自民党政治と偏った受益者との間で応答関係が保たれてきたとする通説とも整合的なように,場合によっては解釈しうるものかもしれない[146]。弱者層を農業従事者や中小企業労働者と捉えるならば,補償や再分配の主な受益者は一部の特定利益に属する有権者であったという理解も可能になる。そして,これ以上分析単位を分解し,受益者層の分布を特定することが困難であるというのが,本書が採る「マクロ政治分析」における最大の難点である。

---

(146) 他方で議員行動研究においては,制度改革以降の政党次元での政策行動の活発化の様子が明らかにされてきているが(たとえば,建林2004),それらは「政策を介しての政治代表のメカニズム」が活発化してきていることを示す傍証とも言える。つまり,政府・政党と有権者の応答性が高まってきている可能性が示唆されているのである。もし,そうした応答性の高まり,政策を介しての政治代表の深化が認められるならば,議員レヴェルではたとえば世論調査や選挙区民の意向への配慮が確認されるであろうし,有権者レヴェルではマニフェストなどの政策への注目が助長されることによって,本書の主張は補強されることになると考えられる。

しかし，こうしたマクロ次元の分析視点ゆえに，明らかになったことの意義もまた大きい。それは包括的な政策的応答性と，個別の主要な政策分野における応答性をともに検証したことによって，利益誘導が展開され，応答性の偏りが存在したと考えられる政策領域が広範には及んでいなかったことが明らかになったからである。農林水産業関連での政府の対応をめぐって，一定の応答性の偏りが認められたにしろ，それは全歳出，全立法から考えれば特定の局面に限られたものであった。利益誘導の問題は，議員行動の特徴的な側面を扱うものであることから，実態上も分析上も多くの研究者の関心を集めた。そこからは，派生して逆説明責任という説明ももたらされた。またそれが，選挙制度と密接にかかわっていたことも，そうした傾向に拍車をかけた。しかし，「日本のマクロ政体」という包括的な動態からすると，応答性に明白なバイアスが認められ，利益誘導政治がかかわる領域というのは，実際には限定されたものだった。マクロ政体という次元に目を向ければ，日本の政府や政党は弱者への応答という幅広い国民層を対象として，補償や再分配を通じた包括的な応答性を維持してきたと考えられるのである。

また本書の主張は，あくまで政策に関わる世論の一面を抽出し，それと政策との応答に焦点を当てたものであるという限界もはらんでいる。それは，狭い意味での政治代表や代議制民主主義の機能に着目したにすぎないとする批判を喚起するかもしれない。扱ったテーマの大きさからしても筆者1人の力量を越え，より細かな代表制の政治過程をめぐって因果関係の推論が積み重ねられる必要があるのは確かである。そうした追試は政策的対応の受益者は誰であったかという点や，世論の異なる側面に焦点を当てることを通じて展開されていくことになるだろう。

一方で，少なくとも本書による政策的応答性の実証分析によれば，日本のマクロ政体は，「民主主義の機能不全」，「半人前の民主主義」と全面的に結論しうるほどに脆弱なものではなかった。そして，自民党による統治の側面に関しても，同党が従属的な有権者からの応答，説明責任の上で，受動的に，ないしは支配的に分配・再分配を操作したという政党像は，本書の分析結果からただちに導かれるものではなかった。なぜなら，もし代議制民主主義がうまく機能せず，応答性にも全面的な偏りがあったとするなら，各章の分析が示すような知見はおそらく導かれることはないからであ

る。有権者の包括的な期待が政策選択に反映されることはないであろうし，政党の政策は世論と連動しないであろう。また選挙結果が，世論と政党の政策の動態的なつながりによって規定されることもないはずである。こうした点から，日本における代議制民主主義の擬制や包括的な応答性を積極的に評価しようとする研究が，今後も続けられる意義は大きいと言えるのではないだろうか。

11.2.3 「日本のマクロ政体」の変化

そして近年，そうしたマクロ政体が大きく変化してきていることもまた確かなようである。たとえば第6章の図6.2（98頁）に顕著に表れているように，戦後，特に55年体制下において弱者救済ムードと政府による補償の関係はほぼ一体となって推移してきた。これは世論から導かれたムードの系列と，経済指標との間にかなり近似した動きが認められた点で注目に値するものである一方で，1990年代の半ば以降は公共事業費に代表される補償は減額の一途をたどり，救済ムードの高まりとはもはや呼応しないばかりか，乖離する傾向が認められている。

この背景には，1990年代以降の相次ぐ規制緩和・規制改革の流れが指摘できるだろう（橋本・中川 2000；加藤 1994）[147]。金融，農業，運輸，通信，インフラなど多岐にわたって諸規制が緩和または撤廃される中で，それまでの政府・政党による応答の基盤であった主要な保護政策は縮約を迫られつつある。そしてこうした規制緩和の結果生じる雇用の悪化や，中小零細規模の社会経済集団の淘汰は急速に救済ムードを押し上げていることは確かである。また，特に小泉政権以降の新自由主義的な政策運営のもとでは，セイフティー・ネットの整備よりも競争原理の徹底の方が重んじられてき

---

(147) ここでいう規制緩和，規制改革の流れとは，1993年の「緊急経済対策」に始まり，1994年から1995年にかけての羽田，村山政権下での「規制緩和推進要綱」，「構造改革のための経済社会計画」，「規制緩和推進計画」の決定，1996年から1997年にかけての橋本政権下での「経済構造の変革と創造のための行動計画」，2000年の小渕，森政権下での「規制改革推進3カ年計画」，2001年以降小泉政権下での「経済財政諮問会議基本方針（骨太の方針）」，石油公団，道路公団，郵政公社の民営化といった，社会保障，教育，農業，運輸，通信，エネルギー，そして金融政策分野での一連の取り組みを指す。

た。そういった政治的な変化と，国内外からの経済的な要請のもとで，日本における有権者と政府の応答性の基盤をなしてきた，弱者への応答の側面が限定されつつあるというのが，日本のマクロ政体の現況と言えるのではないだろうか。

このように考えてくると，上述のような戦後日本政治において部分的に存在したと考えられる応答性の偏り，1990年代半ば以降のマクロ政体の変化を考慮するとき，実態政治においては，何らかの「代表の不平等」があり（Adams and Ezrow 2009），それが今後見過ごせないものになってくることも考えられる。そして，2000年代半ば以降のデータを付加して本研究を追試していくことにより，日本における有権者と政党・政府間の応答性，ひいては代議制民主主義の到達度をめぐる結論はより一層の制約を迫られるのかもしれない。あるいは2009年以降，民主党政権のもとでの社会保障の再充実などの動向を考慮すると，1990年代半ばからの10年間はある種の反動（backlash）のような期間であったと事後的に評価されるのかもしれない。さらに2011年に発生した東日本大震災は，少なくとも有権者のムードを大きく変化させたであろう。それに対して，2012年以降の政府や政党はどのように対応していくことになるのだろうか。こうした問いかけに，新たな時間的な情報の追加をまって追試を進めていくことが，本書から導かれる第一の課題である。

11.3 今後の展望と課題

それに加えて，本書の分析から導かれる課題として，次の3点を指摘しておきたい。

第一に，政策選択が実際の政治経済状態に反映され，それをもとに有権者が政権や政府の信頼性，能力，説明責任を判断するに至る業績評価のプロセスを，政治代表をめぐる分析に組み込む必要がある。本書では政治的帰結までを分析の対象とした。しかし，これだけでは有権者から政策的帰結に至る，「単線的」な政治代表関係が明らかになったにとどまる。政策的な帰結を受けて，有権者が政府と政党を再選択するという「循環的」な政治過程を，従来の政治代表関係に組み込んだ上で分析する必要があるだろう（Fearon 1999）。

日本に限っても，政党システムの変化の過渡期にあって，選挙結果の変動が著しい今日，2009年衆議院議員選挙での民主党への政権交代の背景に自民党への失望があったことが指摘されている。またその後の2010年参議院選挙において，民主党が敗北した要因に同党の政策実行に対する信頼性の低下が考えられるなど，政党の信頼性，説明責任性を分析モデルに取り込む必要性は，少なくとも2000年前半以前よりは格段に高まっている。主流政党としての歴史の浅い民主党が政党間競争の主要なアクターである中で，信頼性に対する評価が不安定であることは，今後数年間は頻繁な政権交代が起こりうることを示唆しているようである。こうしたマクロ次元での選挙予測の観点からも，政党の信頼性，能力，説明責任性を組み込んだモデル構築の意義が大きいと考えられるのである。

次に，本書のいくつかのモデルをもとにして，選挙結果や政策選択を予測する (forecast) 作業が求められる。たとえば，ミクロ次元のサーヴェイ調査をもとにして選挙結果を予測しようとするとき，その作業は大規模なものにならざるをえない。これに対して，マクロ政治分析は，いくつかの主要な政治経済にかかわるマクロ指標をもとに，世論動向や選挙結果，政策選択が予測可能になるという効率性に特徴づけられる。また，本書のいくつかのモデルの妥当性を探り，反証を試みるためにも，予測という作業は大きな意味を持つ。また本書の分析は，55年体制下の日本政治と制度改革以降10年から15年程度の分析を含むものではあるが，たとえば2005年の自民党大勝から，2009年の政権交代，2010年の参議院選挙での再スウィングといった，近年の政治変動を含んだ分析にはなっていない。2005年までを対象としたモデルにより，2005年以降の大きな政治変動，今後，自民党と民主党という二大政党間で繰り広げられると考えられる競争をどの程度記述できるのか，あるいはできないのかを検討しておく必要があるだろう。

最後は，「制度への注目」の視点を，日本政治の代表制研究に取り込んでいくことである。第2章で論じたように，近年の代表制研究は，政治的エリートと政治的大衆に関するミクロ分析間の乖離と，理論研究と実証分析の乖離を埋めることで発展してきている。こうした動態的な代表メカニズムについての新しいタイプの研究は，CMPデータを用いて，空間競争理論の含意を検証することによって今日もまさに進行中であり，データセットの改良やパネル・データ技術の進歩によって，今後さらなる進展が期待さ

れるものである[148]。

　とは言え，現在の多国間比較分析には北米，オセアニア，そしてアジア諸国が含まれておらず，たとえば，日本政治についてのCMPデータを用いた分析から，先行研究に対してフィードバックとなる推論を提示する必要性がある。では，この貢献は具体的に何に注目することによって可能となるだろうか。この点についてまとめ，最も重要と考えられる課題を挙げることで本書を締めくくりたい。

　政策のバラツキや選挙結果に世論の与える影響を分析している欧州諸国の比較政治分析では，選挙制度による説明，あるいは制御の可能性がほぼ見過ごされてきた。たとえば，最も国数の少ない分析であるアダムスらのすき間政党に関する論文では，デンマーク，フランス，イギリス，ギリシャ，イタリア，ルクセンブルグ，オランダ，スペインの計8カ国が含まれているが（Adams et al. 2006: 526），これら8カ国に関してさえ，比例代表制を採用しているのがデンマーク，オランダ，ギリシャ，ルクセンブルグ，1993年以前から2005年以降のイタリア，何らかの変則的で混合的な比例代表制をとっている国がフランス，スペイン，そして1994年から2004年にかけてのイタリア，そして完全小選挙区制の国がイギリスと，選挙制度をめぐるヴァリエーションが存在する。このような場合，比例代表制のもとでは小規模な政党が選挙で生き残る余地も充分にあり，また独自の政策路線をとる誘因が高いことも想定されるのに対して，小選挙区制下ではそもそもすき間政党の良好な選挙パフォーマンス自体が期待しづらいことが想定されるなど，制度と世論と政党の性質の相互作用によって，政党の政策も選挙結果も異なってくることが予測される（Ezrow 2010）。

　但し，一連のCMPを用いて欧州諸国を中心に分析した研究では，比例代表制を採用している国が相対的に多く，それゆえに政策や選挙結果に対する制度の影響を重視する必要が少なかったことも確かである。しかしそこに，アメリカやカナダの小選挙区制，オーストラリア，ニュージーランド，

---

(148) 最新の研究は，多国間比較もさることながら，新たな理論モデルを通して政党の政策変化や選挙結果を扱うものである。代表的なものに，過去の選挙でのマージンが今回選挙でのパフォーマンスを規定することを明らかにした，ジェームズ・H・フォウラーとオレグ・スミルノフの研究がある（Fowler and Smirnov 2007）。

1993年以降の日本の小選挙区比例代表並立制，そして55年体制下の日本の中選挙区制下という観察を含めることで，小政党の生き残りのための政策戦略は制度の影響を考慮せずには分析できず，また生き残りの可能性自体が，比例代表制下の国々とは大きく異なることが予想される。選挙制度の多様性を考慮した場合，おそらくアダムスらの分析結果は維持されず，修正を余儀なくされることになってくるであろう。それは，他の関連の研究についても同様である。またそこに，執政制度の側面が加われば，結果のヴァリエーションはさらに増えることになる。

　本書はここまで「政治代表における制度への注目」に対して，「政治代表における政策への注目」の意義を強調しつつ分析を進めてきた。最後に提示した課題は，この2つの研究の系譜を統合していく試みであり，異なる制度下で，有権者の政策に対する期待が政党や政府に反映される応答性の違いを検討する必要性を強調するものである。今後の多国間比較による代表制研究においては制度の差異を考慮した上で，有権者の期待が政府の政策に反映されていく仕組みを分析していくことが求められる。

付　録

付録A：各章の実証分析における分析単位の一覧

表A.1　各章の実証分析の分析単位

章	分析内容 （分析対象年）	分析単位 横断面（cross-section）	分析単位 時系列（time-series）
第4章	政策ムードの特定 （1960－2006年）	因果関係の分析は含まず	
第5章	政策ムードの規定要因の分析 （1960－2006年）	－	年ごとの経済状態と政策ムードとの関係からなる時系列
第6章	政策ムードの政策選択に対する影響の分析 （1960－2005年）	－	年ごとの政策ムードと政策選択の関係からなる時系列
第7章	政策分野ごとの世論と政府支出／立法の関係 （立法：1960－2000年／支出：1960－2000年））	－	年ごとの世論と政府支出／立法活動からなる時系列
第9章	政党の政策に対する有権者の注目に関する分析 （1960－2000年）	日本の各政党	各内閣 （「付録E 表E.1」参照）
第10章	世論と政党の政策の関係に関する分析 （1960－2000年）	日本の各政党	各内閣 （「付録E 表E.1」参照）

付録B：RF-VAR モデルと SVAR モデルについて

　誘導形ベクトル自己回帰（Reduced Form-Vector Autoregression: RF-VAR）モデルは政治経済にかかわる諸変数が，ある時には内生的に，ある時には外生的に入り組んだ構造になり，どれが先行指標であるかを特定するのが容易でないような場合に有効とされる。それらの相互依存関係にある複数の変数間の因果性を，誘導形（Reduced Form）モデルによって推定していくものである。その構造は，以下の（B.1）式のように表される。

$$y_t = c + \beta_1 y_{t-1} + \beta_2 y_{t-2}, \ldots, + \beta_l y_{t-l} + \mu_t$$
$$= c + \beta(L) y_t. \qquad (B.1)$$

　但し，y は内生変数行列，c は定数項ベクトル，β は係数行列，L はラグオペレーターである。この（B.1）式により，各内生変数のラグ値間の説明力を相互に確認できる。しかし，誘導形モデルでは，同期の双方向のベクトルの中で，何が主要な構造的ショックを構成するのかを特定することが困難である。仮に，世論に対する経済変数の各種パラメーターが明らかになったとしても，それらのうちから外生的なショックと内生的な変数の与える影響を判別できないことが問題となる（Brandt and Freeman 2009; Sims 1980; Sims and Zha 1999）[149]。たとえば本書が取り上げる政策ムードに対して，暮らし向きや満足度といった変数は過去の値だけではなく，そのときに有権者内部で共時的に発生するメカニズムを基盤としており，同時性を反映した構造モデル（structural model）を直接的に解くことが求められるからである。これがまさに，ブラントらによって提起されたマクロ政体分析をめぐる問題であり，また彼らが構造ベクトル自己回帰（Structural Vector Autoregression: SVAR）モデルの必要性を強調した根拠であった[150]。

---

(149)　これは，$\beta(L)$ に何の制約（具体的には，ゼロ制約）も課さないためである。つまり，全ての変数の過去の値がそれぞれの変数に与える影響を測定するために，理論によって想定される因果経路が判別されて，その独立変数と従属変数間の関係が識別されるわけではない。そのため，政策ムードに対して何が内生的な関係にあり，何が外生的なショックをもたらしているのかを特定することは困難であり，政策決定分析に汎用するにはその点で難点があるとされる。

そしてSVARモデルは，以下の（B.2）式で表される。

$$A(L)\underset{1\times m}{y_t} = \underset{1\times m}{\overline{\omega}_t}$$

但し， $A(L) = \underset{m\times m}{A_0} - \sum_{l=1}^{p}\underset{m\times m}{A_l}\underset{1\times m}{L_l}$

$\underset{1\times m}{\overline{\omega}_t} = \underset{1\times m}{c} + \underset{1\times m}{\varepsilon_t}$

$E[y_{t-l}\varepsilon_t] = 0 \ \forall l, E[\varepsilon_t\varepsilon_t] = \Omega_\varepsilon, t = 1, 2, ..., T.$ (B.2)

（B.2）式は同時点（contemporaneous）での各変数の関係を表す係数行列 A_0 を含んだものであり，その点がRF-VARモデルとは異なる。なお，A_0 の係数行列における「0」は，当該の2変数が同時点において独立であることを意味し，これに対して，係数 $A_l (l = 1, ... , l)$ は過去の l 次のラグ項 L_l の現在の値との関連性を表している。また，$\overline{\omega}_t$ は定数項 c と構造的（外生的）ショックを表すかく乱項 ε_t からなる。ε_t は互いに独立であることが想定されることより，分散・共分散行列は対角行列をなす。

ここで（B.2）式を推計可能な形状にするためには，（B.2）式の誘導形を導く必要がある。両辺に A_0^{-1} を乗じると，

$$d = cA_0^{-1}, \quad \beta_l = -A_l A_0^{-1}, \quad \mu_t = \varepsilon_t A_0^{-1}, \quad \text{(B.3)}$$

（B.3）式より，以下を得る。

$$y_t = d + y_{t-1}\beta_1 + \cdots + y_{t-1}\beta_l + \mu_t, \quad t = 1, 2, ..., T. \quad \text{(B.4)}$$

---

(150) SVARをめぐる計量理論については，クリストファー・シムスの一連の研究などに詳しい（Sims 1980, 1986; Sims and Zha 1999; Zha 1999: Chapter1; Leeper et al. 1996; Rubio-Ramírez et al. 2010; Hamilton 1994）。中でも，シムスらは1980年以降，経済の同時決定構造を解くモデルの開発として構造VARをめぐる方法の革新を牽引しており，近年ではB-SVARがパトリック・T・ブラントらの政治学者に注目されることで，その応用が政治学においても進められている（Brandt et al. 2008; Sattler et al. 2008, 2009; Brandt and Freeman 2009）。

なお，ここで誤差項 μ_t の分散共分散行列は，次式のように表される。

$$\mu_t = \varepsilon_t A_0^{-1} \Leftrightarrow E[\varepsilon_t A_0^{-1}] = E[A_0^{-1}\varepsilon_t \varepsilon_t A_0^{-1}] = A_0^{-1} A_0 = \Sigma_\mu. \quad (\text{B}.5)$$

構造形方程式では，一致性の侵害から OLS によって直接的に推定しえなかった各係数であるが，(B.3)式の誘導形を推定し，(B.4)，(B.5)式によって構造形パラメターを回復することで，A_0 ならびに Ω_ε を求めることが可能となる。

さてここで，以下の同時点係数行列，ならびにかく乱項の分散共分散行列を導くに際して，

$$A_0 = \begin{pmatrix} 1 & a_{12} & \ldots & a_{16} \\ a_{21} & 1 & \ldots & a_{26} \\ \vdots & \vdots & \ddots & \vdots \\ a_{61} & a_{62} & \ldots & 1 \end{pmatrix},$$

$$\Omega = E[\dot{\varepsilon}_t \varepsilon_t] = \begin{pmatrix} \sigma_1^2 & 0 & \ldots & 0 \\ 0 & \sigma_2^2 & \ldots & 0 \\ \vdots & \vdots & \ddots & \vdots \\ 0 & 0 & \ldots & \sigma_6^2 \end{pmatrix}, \quad (\text{B}.6)$$

A_0 に，算出すべきパラメター数の関係で何らかの制約を課す必要がある。具体的には，A_0 と $\dot{\varepsilon}_t \varepsilon_t$ には m^2 の未知パラメターが含まれるのに対して，誘導形の分散共分散行列 Σ_μ は $m(m+1)/2$ の情報しか含んでいない。よって，A_0 について推定すべきパラメター数を，$m(m+1)/2$ 個以下に抑えるという非再帰的識別制約（nonrecursive restrictions）を課す必要がある[151]。こ

---

(151) これは A_0 に下三角行列（triangular matrix）という制約を付加することで，丁度識別（just-identification）を満たそうとするものである。なお，推定すべきパラメター数が $m(m+1)/2$ 個より多い，または同じである場合は，過剰識別（over-identification）の状態を意味する。下三角行列を定義することで，コレスキー分解（Cholesky decomposition）により各変数間のショックを定義することが可能となる。

付録B：RF-VAR モデルと SVAR モデルについて 215

れは A_0 に対して,

$$A_0 = \begin{pmatrix} 1 & 0 & 0 & 0 & 0 & 0 \\ a_{sm} & 1 & 0 & 0 & 0 & 0 \\ a_{lm} & a_{ls} & 1 & 0 & 0 & 0 \\ a_{cm} & a_{cs} & a_{cl} & 1 & 0 & 0 \\ a_{um} & a_{us} & a_{ul} & a_{uc} & 1 & 0 \\ a_{gm} & a_{gs} & a_{gl} & a_{gc} & a_{gu} & 1 \end{pmatrix},$$

(B.7)

という制約を与えるものである。ここで, m はムード, s は生活満足度ないしは不満足度, l は暮らし向き, c は消費者物価指数, u は失業率, g は GDP 成長率という第 5 章の設定に従う。(B.7) 式とは, ゼロ制約を与えることで, 識別すべきパラメターを限定し, 限られた自由度の中で推定を可能にするものである。最終的に推計する SVAR モデルは, 次式に従う。

$$\begin{pmatrix} 1 & 0 & 0 & 0 & 0 & 0 \\ a_{sm} & 1 & 0 & 0 & 0 & 0 \\ a_{lm} & a_{ls} & 1 & 0 & 0 & 0 \\ a_{cm} & a_{cs} & a_{cl} & 1 & 0 & 0 \\ a_{um} & a_{us} & a_{ul} & a_{uc} & 1 & 0 \\ a_{gm} & a_{gs} & a_{gl} & a_{gc} & a_{gu} & 1 \end{pmatrix} \begin{pmatrix} mood_t \\ satisfaction_t \\ life_t \\ cpi_t \\ unemployment_t \\ gdp_t \end{pmatrix}$$

$$= d + A(L) \begin{pmatrix} mood_t \\ satisfaction_t \\ life_t \\ cpi_t \\ unemployment_t \\ gdp_t \end{pmatrix} + \begin{pmatrix} \varepsilon_{mt} \\ \varepsilon_{st} \\ \varepsilon_{lt} \\ \varepsilon_{ct} \\ \varepsilon_{vt} \\ \varepsilon_{gt} \end{pmatrix}.$$

(B.8)

付録C：RF-VAR モデルと SVAR モデルの分析結果一覧

本付録Cでは，第5章における経済状態と政策ムードに関する各推定結果の表及び図を報告する。

まずは各図，すなわちインパルス・レスポンス関数（Impulse Response Function: IRF）グラフについて説明する[152]。IRFとは，インパルスであるj期のかく乱項のショックμ_{jt}が1単位増加し，確率変数ベクトルy_{js}に刺激（impulse）を与えるとき，s期後のy_{jt+s}への反応がどのように推移するかを表すものである[153]。そしてIRFグラフは，X軸に時間経過を，Y軸に確率変数ベクトルの変動をとることで，ショックによる応答が生起しそれが徐々に変化していく様子を図示したものである。また，その応答をめぐる不確実性に関しては，IRFの誤差幅として，ブート・ストラップ法により上下両側2.5パーセントの信頼区間を算出し，破線で示した上で報告している[154]。

なお通常，VAR 関連のモデルは，IRF グラフをもとに解釈される。しかし，各因果性が定常性の問題を考慮した上でも成立しうるか否かを確かめるために，「グランジャーの意味での因果関係に関するワルド検定（Granger Causality Wald Test）」の結果を，推定結果の各表に併せて報告している[155]。いくつかの成長好感ムードに関するグランジャー検定による

---

(152) 図については，本来内生的な各変数の相互関係が全て出力されるが，本書においては，簡潔に主要な変数の結果を示すために政策ムードに対する各変数の IRF のみを報告している。

(153) これはたとえば，政策ムードに関する方程式におけるかく乱項の標準偏差が1単位増加するときのショックの程度を表すものである。

(154) インパルス応答関数の誤差幅の算出について，クリストファー・A・シムスとタオ・ツァーは Z 値が「1.96」のとき，すなわち95パーセント信頼区間だけではなく，その値が「1」のときに相当する68パーセント信頼区間（上下両側16パーセント棄却域）に基づいた誤差幅の申告も勧めている（Sims and Zha 1999; Brandt and Freeman 2006; Brandt and Williams 2007）。本書はより厳密な信頼区間の報告を選択し，95パーセント信頼区間に基づいて誤差幅を明示することにした。

(155) ディッキー＝フューラー検定（Dickey=Fuller Test）の結果からは，成長好感ムードの場合で「Z(t)=－1.556, p＞Z(t)=0.5054)」，弱者救済ムードの場合で

と，ムードに対する各変数の因果性はほとんど認められていない。他方，弱者救済ムードに対しては，複数の経済変数が，複数のモデルにおいてムードの変動を説明しているとする結果が，「見せかけ」のものではないことがグランジャーの意味において確認されている。つまり，グランジャーの意味でのワルド検定の結果が有意である変数が，概ね弱者救済ムードに先行し，それを規定しているものであることが明らかになっていることがわかるであろう。

「Z(t)=－1.346, p>Z(t)=0.6080」とそれぞれ単位根の存在が確認されている。単位根があって，データが非定常な系列同士の回帰分析においては，見せかけの因果・相関が問題となることが知られている。こうした問題に対処するために，一般的には，1階の階差をとることで階差定常過程（Differential Stationary Process）を得た上で推定することが望ましいとされる。ただし，変数間の共和分が存在するときには，通常の推定量が最良不変推定量を満たす。この共和分の有無を確かめるために，本章ではグランジャーの意味での因果性の検定結果を報告している。グランジャー検定においては，推定式の残差項が定常であるかどうかを確かめることにより，共和分の有無が確認できる。残差項が定常でランダム・ウォークに従うならば，共和分はなく，その帰無仮説が棄却されるならば，推定式において共和分が成立することから見せかけの因果性を棄却できる。従って，本章の各分析において，「$p > \chi^2$」の値が充分に「0」に近いほど，見せかけの因果である可能性が低いことが示されている。
(156) RF-VAR については，ラグの次数を3期として分析しているが，3期目以降は2期目と同様の符号であり，紙幅の関係から結果について割愛している。SVAR についても同様の扱いである。

6変数間 RF-VAR モデル[156]

表C.1 成長好感ムードに関する6変数間 RF-VAR モデル

変数名	係数	標準誤差	グランジャー因果 $(p > \chi^2)$
成長好感ムード（t－1）	0.803***	(0.148)	
成長好感ムード（t－2）	－0.038	(0.126)	
【主観＝社会志向】			
生活満足（t－1）	0.046	(0.035)	0.412
生活満足（t－2）	－0.008	(0.038)	
【主観＝個人志向】			
暮らし向き（t－1）	－0.089**	(0.042)	0.083
暮らし向き（t－2）	0.023	(0.029)	
【客観＝個人志向】			
消費者物価指数（t－1）	－0.46*	(0.245)	0.162
消費者物価指数（t－2）	0.44*	(0.238)	
【客観＝社会志向】			
失業率（t－1）	－1.556	(1.609)	0.495
失業率（t－2）	1.048	(1.381)	
【客観＝社会志向】			
GDP成長率（t－1）	0.026	(0.133)	0.494
GDP成長率（t－2）	－0.193*	(0.103)	
定数項	7.765*	(4.586)	
観察数	40		
対数尤度	－392.11		
グランジャー因果			0.675

注：有意水準は，***：1％，**：5％，*：10％。（ ）内は頑健標準誤差。なお，両側検定をもとにした検定結果を報告している。

図C.1 成長好感ムードに関する6変数間RF-VARモデルのIRF関数

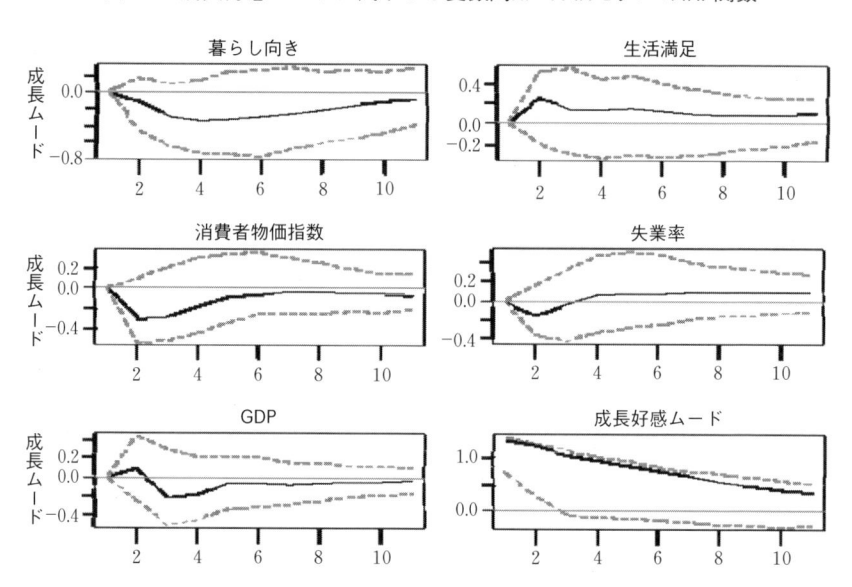

付録C：RF-VAR モデルと SVAR モデルの分析結果一覧　　219

表C.2　弱者救済ムードに関する6変数間 RF-VAR モデル

変数名	係数	標準誤差	グランジャー因果（$p > \chi^2$）
弱者救済ムード（t − 1） 弱者救済ムード（t − 2）	0.76***	(0.141)	
生活不満足（t − 1） 生活不満足（t − 2）	− 0.157	(0.132)	0.11
暮らし向き（t − 1） 暮らし向き（t − 2）	0.061**	(0.030)	0
消費者物価指数（t − 1） 消費者物価指数（t − 2）	0.017	(0.035)	0.002
失業率（t − 1） 失業率（t − 2）	0.099**	(0.040)	0.02
GDP 成長率（t − 1） GDP 成長率（t − 2）	0.061**	(0.024)	0.025
定数項	0.781***	(0.213)	
観察数		40	
対数尤度		− 378.731	
グランジャー因果			0.000

注：有意水準は，***：1％，**：5％，*：10％。（ ）内は頑健標準誤差。なお，両側検定をもとにした検定結果を報告している。

図C.2　弱者救済ムードに関する6変数間RF-VARモデルのIRF関数

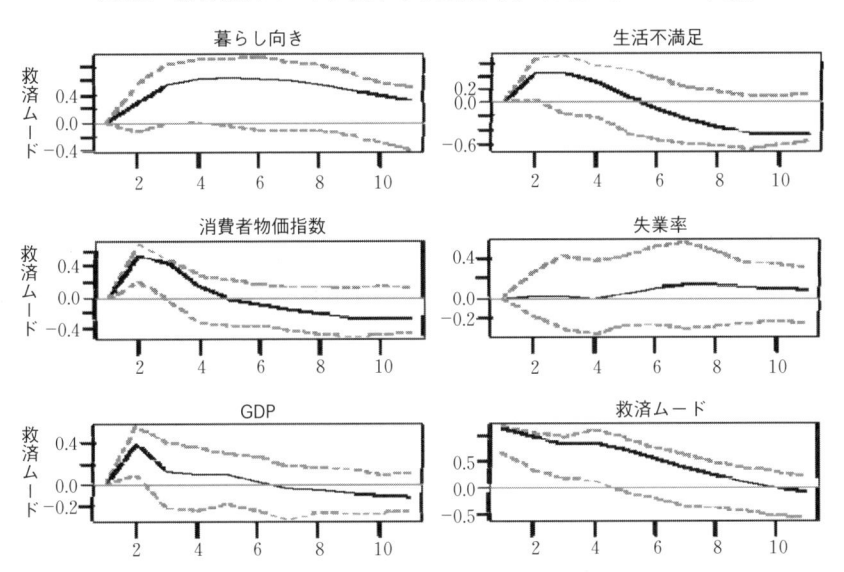

主観的変数の内生化／客観的変数の外生化・RF-VAR モデル

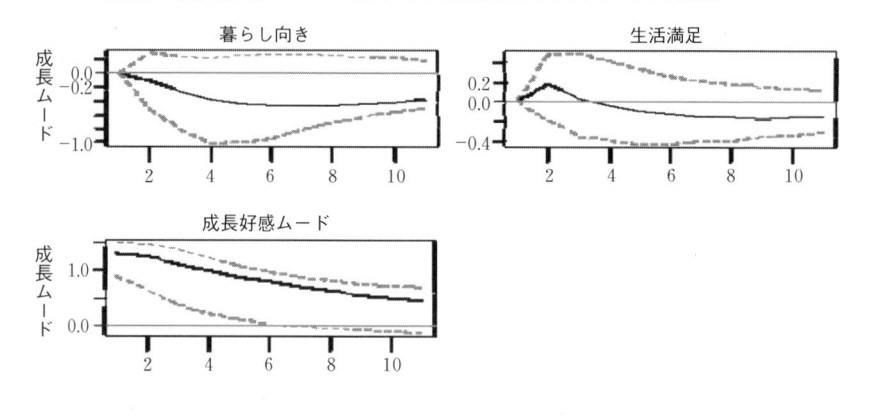

表C.3 成長好感ムードに関する客観的変数を外生化したVARモデル

変数名	係数	標準誤差	グランジャー因果（$p > \chi^2$）
【内生変数】			
成長好感ムード（t−1）	0.898***	(0.140)	
成長好感ムード（t−2）	−0.05	(0.128)	
生活満足度（t−1）	0.036	(0.036)	0.551
生活満足度（t−2）	−0.02	(0.038)	
暮らし向き（t−1）	−0.011	(0.027)	0.556
暮らし向き（t−2）	−0.015	(0.027)	
【外生変数】			
消費者物価指数（t）	−0.003	(0.015)	
失業率（t）	0.065	(0.315)	
GDP成長率（t）	0.066	(0.086)	
定数項	1.265	(3.110)	
観察数	40		
対数尤度	−310.575		
グランジャー因果			0.662

注：有意水準は，***：1％，**：5％，*：10％。（ ）内は頑健標準誤差。なお，両側検定をもとにした検定結果を報告している。

図C.3 成長好感ムードに関する3変数間VARモデルのIRF関数

表 C.4　弱者救済ムードに関する客観的変数を外生化した VAR モデル

変数名	係数	標準誤差	グランジャー因果 ($p > \chi^2$)
【内生変数】			
弱者救済ムード (t－1)	0.748***	(0.152)	
弱者救済ムード (t－2)	0.005	(0.141)	
生活不満足度 (t－1)	0.054	(0.035)	0.237
生活不満足度 (t－2)	0.018	(0.038)	
暮らし向き (t－1)	0.023	(0.026)	0.02
暮らし向き (t－2)	0.044*	(0.025)	
【外生変数】			
消費者物価指数	－0.039**	(0.016)	
失業率	0.065	(0.283)	
GDP 成長率	－0.136	(0.085)	
定数項	－2.299	(3.174)	
観察数	40		
対数尤度	－303.25		
グランジャー因果			0.060

注：有意水準は，***：1％，**：5％，*：10％。（　）内は頑健標準誤差。なお，両側検定をもとにした検定結果を報告している。

図C.4　弱者救済ムードに関する 3 変数間VARモデルのIRF関数

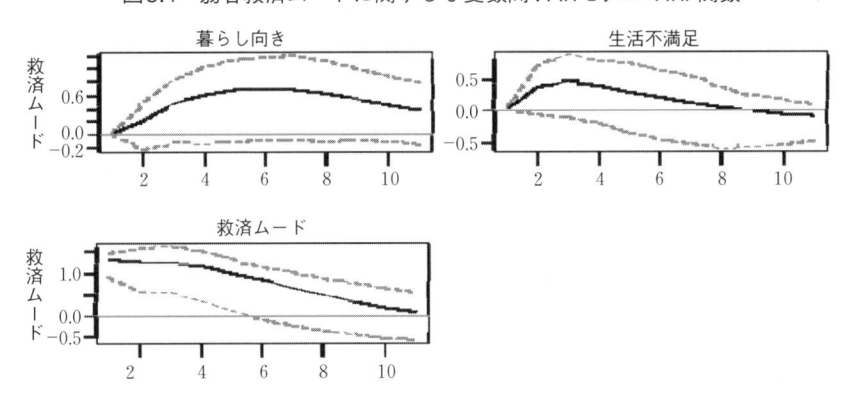

6 変数間 SVAR モデル

表C.5 成長好感ムードに関する 6 変数間 SVAR モデル

変数名	主観的変数			客観的変数		
	成長ムード	暮らし向き	満足度	CPI	失業率	GDP
成長好感ムード	1	0	0	0	0	0
暮らし向き	0.984 (0.755)	1	0	0	0	0
生活満足度	−1.606** (0.727)	−0.512*** (0.157)	1	0	0	0
消費者物価指数	−0.102 (0.109)	0.111*** (0.025)	0.022 (0.024)	1	0	0
失業率	−0.002 (0.022)	0.002 (0.006)	−0.005 (0.005)	0.003 (0.033)	1	0
GDP 成長率	0.355* (0.186)	−0.274*** (0.053)	−0.041 (0.041)	−0.455 (0.280)	5.356*** (1.409)	1
観察数	36					
対数尤度	−314.357					
グランジャー因果	0.084					

注1：有意水準は，***：1％，**：5％，*：10％。( ) 内は頑健標準誤差。なお，両側検定をもとにした検定結果を報告している。
注2：表内の網がけしたセルが成長好感ムードに対する各変数の係数を表す。以下，表 C.6 から表 C.8 まで同様の表記に従う。

図C.5 成長好感ムードに関する 6 変数間 SVAR モデルの IRF 関数

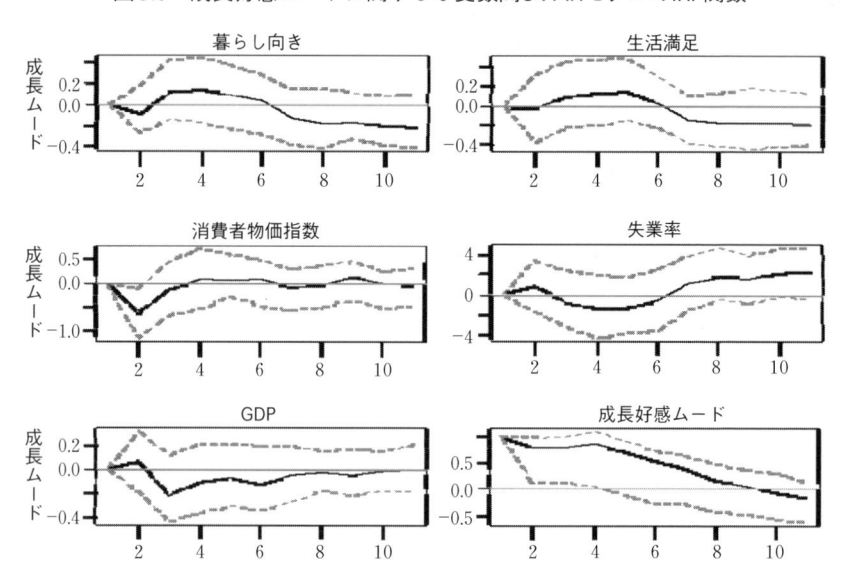

付録C：RF-VAR モデルと SVAR モデルの分析結果一覧　　223

表 C.6　弱者救済ムードに関する 6 変数間 SVAR モデル

	主観的変数			客観的変数		
変数名	救済ムード	暮らし向き	不満足度	CPI	失業率	GDP
弱者救済ムード	1	0	0	0	0	0
暮らし向き	1.215 (0.746)	1	0	0	0	0
生活不満足度	−1.516* (0.806)	0.532*** (0.174)	1	0	0	0
消費者物価指数	−0.001 (0.143)	0.106*** (0.033)	−0.040 (0.028)	1	0	0
失業率	−0.047** (0.022)	0.006 (0.006)	0.003 (0.004)	0.009 (0.026)	1	0
GDP 成長率	0.689*** (0.209)	−0.291*** (0.052)	−0.061 (0.040)	0.428* (0.229)	3.334** (1.483)	1
観察数	36					
対数尤度	−311.856					
グランジャー因果	0.084					

注：有意水準は，***：1％，**：5％，*：10％。( ) 内は頑健標準誤差。なお，両側検定をもとにした検定結果を報告している。

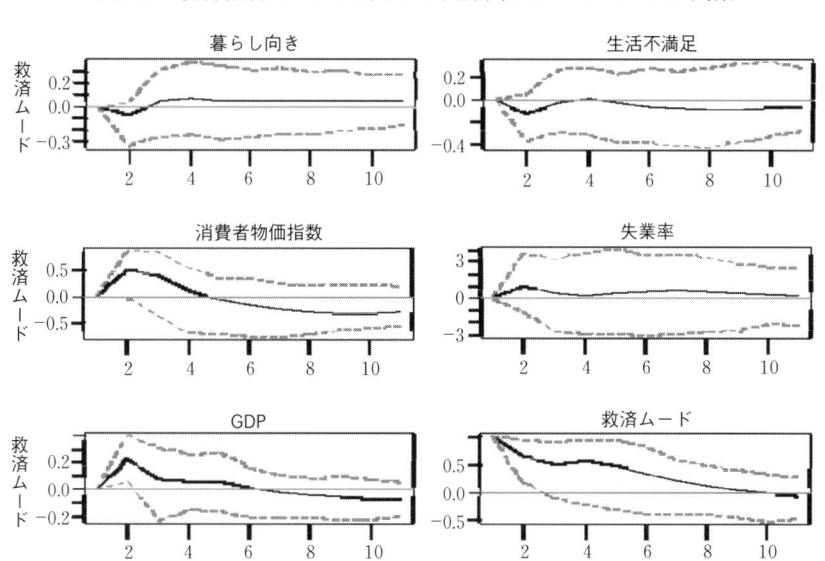

図C.6　弱者救済ムードに関する 6 変数間SVARモデルのIRF関数

主観的変数の内生化／客観的変数の外生化・SVAR モデル

表 C.7 成長好感ムードに関する客観的変数外生化 SVAR モデル

	主観的変数		
変数名	成長ムード	暮らし向き	満足度
成長好感ムード	1	0	0
暮らし向き	−0.626 (0.681)	1	0
生活満足度	−0.209 (0.696)	−0.096 (0.162)	1
観察数	39		
対数尤度	−303.68		
グランジャー因果	0.683		

注：有意水準は，***：1％，**：5％，*：10％。（ ）内は頑健標準誤差。なお，両側検定をもとにした検定結果を報告している。

図C.7 成長好感ムードに関する3変数間SVARモデルのIRF関数

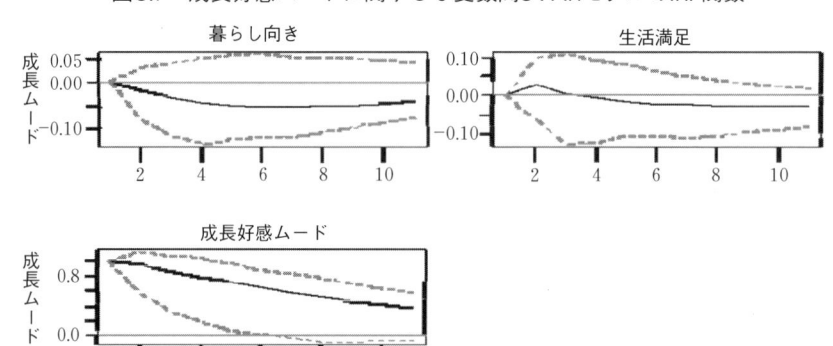

表 C.8 弱者救済ムードに関する客観的変数外生化 SVAR モデル

	主観的変数		
変数名	救済ムード	暮らし向き	不満足度
弱者救済ムード	1	0	0
暮らし向き	−0.648　(0.680)	1	0
生活満足度	−0.405　(0.710)	0.163　(0.165)	1
観察数		39	
対数尤度		−296.27	
グランジャー因果		0.068	

注:有意水準は,***:1%,**:5%,*:10%。( )内は頑健標準誤差。なお,両側検定をもとにした検定結果を報告している。

図C.8 弱者救済ムードに関する3変数間SVARモデルのIRF関数

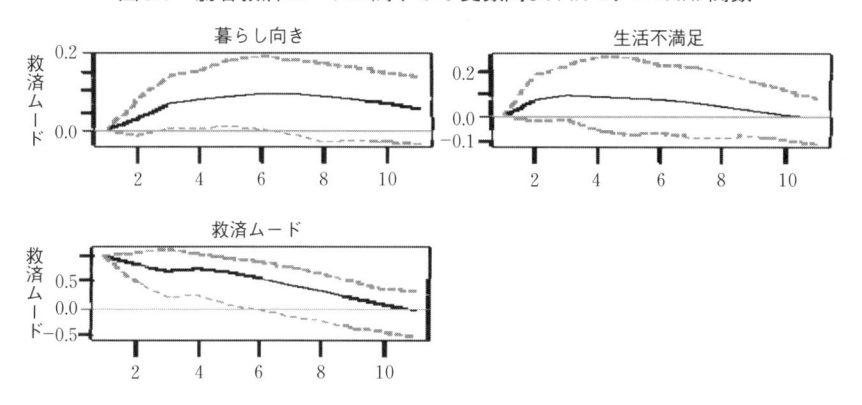

付録D：パネル・データ分析に際しての推定モデル

付録Dでは，第9章の推定で採用した「混合効果（Mixed Effect: ME）」モデルについて説明する。MEモデルは，固定効果（Fixed Effect: FE）モデルによって推定する階層と，変量効果（Random Effect: RE）モデルによって推定する階層を設定することで，固定効果モデルだけでは説明しきれない分散を，切片や各係数の変量効果を加えることによって減殺し，より説明力の高い推定量を得るためのものである。第9章においては，政党がまずは混合上位グループである $L(l_{ruling}, l_{opposite})$ に与党と野党という区別のもとに含まれ，従属的な下位グループ $M(M_{ruling}(m_{LDP}), M_{opposite}(m_{JSP}, m_{JCP}, m_{CGP} …))$ が振り分けられるという設定である（但し，ここで $M>L$）。推定モデルは，下位グループである各政党 $M(m=\text{LDP, JSP}, \cdots ,M(11))$ が，上位グループ $L(l=\text{Ruling, Opposite})$ に属するとき，推定式は，

$$y = F\psi_m + X\beta_{ME} + \mu, \tag{D.1}$$

$$\mu = R_\varphi \varphi + R_\upsilon \upsilon + \varepsilon. \text{ where } \varepsilon \sim \text{iid} \tag{D.2}$$

（D.1，D.2）式として与えられる。ここで，y は NT*1 からなる得票率についての従属変数ベクトル，NT*[K(+1)][157] からなる説明変数の行列 X と，その限界効果を表すベクトル β_{ME}，および誤差ベクトル μ からなる。さらに誤差ベクトルは，φ_i が下位グループである各政党の固定効果を，υ が変量に生起する各政党の個別効果を，そして ε が純粋な残余の誤差をそれぞれ表しており，$\varphi \sim \text{iid}(0, \sigma_\varphi^2)$，$\upsilon \sim \text{iid}(0, \sigma_\upsilon^2)$，$\varepsilon \sim \text{iid}(0, \sigma_{\varphi\varepsilon}^2)$ でそれぞれに独立である。そして ME 推定のために加えるのは，固定効果を仮定する「与党－野党」グループについてのパラメーター行列 Ψ，

$$\psi' = (\psi_{Ruling} \quad \psi_{Opposite}), \tag{D.3}$$

上位グループについての NT*1(11*14*1) からなる，固定効果ベクトル f についての行列，

$$\hat{F} = (f_{MRuling} \quad f_{MOpposite}), \tag{D.4}$$

---

(157) 「+1」は定数項分のスカラーを含めての表記。

付録D：パネル・データ分析に際しての推定モデル

を乗じた項である。もし，上位階層である固定効果を仮定したグループ内に，時間ごとに均等の数のグループが含有されるのであれば，変数行列 F は，

$$F = \begin{pmatrix} f_{1,1}^{l=1} & f_{1,1}^{l=2} & \cdots & f_{1,1}^{l=L} \\ f_{2,1}^{l=1} & f_{2,1}^{l=2} & \cdots & f_{2,1}^{l=L} \\ \vdots & \vdots & \ddots & \vdots \\ f_{n,1}^{l=1} & f_{n,1}^{l=2} & \cdots & f_{n,1}^{l=L} \\ \vdots & \vdots & \ddots & \vdots \\ f_{1,T}^{l=1} & f_{1,T}^{l=2} & \cdots & f_{1,T}^{l=L} \\ f_{2,T}^{l=1} & f_{2,T}^{l=2} & \cdots & f_{2,T}^{l=L} \\ \vdots & \vdots & \ddots & \vdots \\ f_{n,T}^{l=1} & f_{n,T}^{l=2} & \cdots & f_{n,T}^{l=L} \end{pmatrix},$$

(D.5)

という均等構造をなす。この場合，クロネッカー積を用いることで，$\mu = I_t + \sum_l$ からなる誤差項の分散共分散行列 $E(\mu\mu')$ を導出できる。そしてこの $E(\mu\mu')$ をもとに，「実行可能な一般化最小二乗法（Feasible Generalized Least Square: FGLS）によって推定を行うことができる。しかしいま，第9章の分析においては，

$$\hat{F} = \begin{pmatrix} f_{LDP, 1960}^{l=R} & f_{SDP, 1960}^{l=0} \\ f_{LDP, 1963}^{l=R} & f_{CGP, 1960}^{l=0} \\ \vdots & f_{DSP, 1960}^{l=0} \\ f_{LDP, 1990}^{l=R} & f_{JCP, 1960}^{l=0} \\ f_{JNP, 1993}^{l=R} & \vdots \\ f_{HAR, 1993}^{l=R} & f_{LDP, 1993}^{l=0} \\ f_{SDP, 1993}^{l=R} & f_{JCP, 1993}^{l=0} \\ f_{CGP, 1993}^{l=R} & \vdots \\ f_{SHI, 1993}^{l=R} & f_{SDP, 1996}^{l=0} \\ \vdots & f_{CGP, 1996}^{l=0} \\ f_{LDP, 2000}^{l=R} & f_{JCP, 1996}^{l=0} \\ \vdots & \vdots \end{pmatrix},$$

(D.6)

となり，(D.6) 式に明らかなように階層構造が不均等であるため，分散共分散行列を求めるためにクロネッカー積を用いることができない。よって分散共分散行列を求め，OLS 推定量を得るための FGLS 変換を行うことができない（Antweiler 2001: 299）。従って第 9 章の分析に際しては，(D.2) 式に定義した誤差項の設定に基づいてこれをもとに尤度関数を定め，その尤度を最大化することで ME 推定量を求める。ME モデル推定量においても，尤度関数（対数尤度関数）を誤差項に対して定義する点は RE の場合と変わらないので，(D.2) 式と同構造の誤差項を定義する RE 推定の尤度関数を，ほぼそのまま適用した上で推定した[158]。

　ここで，各推定結果の一覧表を報告する。モデル 1 がベースとなる切片のみに変量効果を含むモデルである。政党次元の階層だけでは，変量効果に有意な分散と残差が認められる。従って，変量効果に独立変数の傾きを含む何らかのモデルを構築する必要性が示唆されている。そしてモデル 2 においては，交差項以外の主要な政策変数について，その傾きにも変量効果を加えて分析した。それによって，分散の改善などが確かに認められる。しかし，本文においても報告したように，交差項を含む全変数の傾きに対して変量効果を設定したモデルの方が，モデルとしての適合性は高く，各変数に関する分散も大きく改善される。また尤度比検定の結果からも，このモデルの妥当性が最も高いことが示唆されるので，本文においてはモデル 3 の結果を中心に解釈した。

---

(158)　但し，ME 推定に際しての階層構造の不均等性に配慮し，個体ごとの対数尤度関数の集積であるとして尤度関数を再定義する必要がある。またバディ・H・バルタギらは，分散分析法（Analysis of Variance: ANOVA），FGLS，最尤法などの各推定量が算出され，各推定量の有効性をモンテカルロ実験によって比較しているが，それによると ANOVA 推定量が最も良質な推定量であるが，分散要素の推定とそれに伴う標準誤差の推定の労を考えると，「制約付き最尤法（Restricted Maximum Likelihood Estimation: REML）」が望ましいことを明らかにしている（Baltagi et al. 2001: 379）。従って，第 9 章の分析においては，制約付き最尤法をもとに分析を行っている。

表D.1 上位階層（与野党の違い）の交差項を含まないMEモデルの推定結果

モデル名 変数名など	モデル1 切片のみRE		モデル2 主要3変数にRE		モデル3 全変数にRE	
【固定効果】						
ラグ付き従属変数： 得票率（t−1）	−0.115**	(0.052)	−0.003	(0.014)	0.007	(0.008)
現実主義的対外政策	0.026***	(0.005)	−0.006**	(0.003)	−0.007**	(0.003)
非武装中立的対外政策	−0.011***	(0.004)	−0.003	(0.003)	−0.006***	(0.002)
経済政策	−0.003**	(0.001)	0.000	(0.001)	0.002	(0.002)
制度改革ダミー	−0.024	(0.030)	−0.020*	(0.011)	−0.008	(0.027)
現実×制度改革	−0.039***	(0.009)	−0.018***	(0.003)	−0.011**	(0.006)
非武装×制度改革	0.009*	(0.006)	−0.003	(0.002)	−0.008**	(0.004)
経済×制度改革	0.002	(0.002)	0.000	(0.001)	−0.001	(0.002)
新自由主義ダミー	−0.010	(0.032)	−0.047***	(0.010)	−0.046**	(0.018)
経済×新自由主義	−0.001	(0.002)	0.001	(0.001)	−0.003	(0.004)
現実×新自由主義	0.024**	(0.010)	0.010***	(0.003)	0.009***	(0.003)
非武装×新自由主義	0.001	(0.006)	0.004**	(0.002)	0.011**	(0.005)
定数項	0.120***	(0.031)	0.149***	(0.022)	0.152***	(0.033)
観察数	253		253		253	
ワルド検定	123.21		203.40		34.63	
【変量効果】	係数	分散	与野党層	政党層	与野党層	政党層
現実主義的対外政策			0.00129	0.00436	0.00082	0.00586
非武装中立的対外政策			0.00181	0.00438	0.00060	0.00441
経済政策			0.00032	0.00145	0.00277	0.00242
選挙制度改革					0.02232	0.04496
現実主義×制度改革					0.00142	0.00464
非武装中立×制度改革					0.00125	0.00350
経済×制度改革					0.00050	0.00152
新自由主義					0.00679	0.04309
経済×新自由主義					0.00507	0.00116
現実主義×新自由主義					0.00105	0.00314
非武装中立×新自由主義					0.00462	0.00254
切片	−2.550***	0.078***	0.00554	0.08514	0.01576	0.10340
残差	−2.696***	0.067***		0.02000		0.01261
尤度比検定	56.37		534.65		716.58	

注1：有意水準は，***：1％，**：5％，*：10％。（ ）内は頑健標準誤差。なお，両側検定をもとにした検定結果を報告している。
注2：変量効果の推定結果については，説明力の増減を確かめるために，分散のみを報告している。網かけのセルが，与野党階層を付け加えたことによって，分散が改善された変量効果である。

次に，与野党別の階層を加え，全変数の傾きを変量効果に加えるだけではなく，与野党の差異を交差項として含んだモデルも併せて検証した。条件変数が，新自由主義，選挙制度改革，与野党別からなる3変数間の交差項を含むMEモデルである[159]。ここでも全変数の傾きを含むことによって，分散が改善されることは明らかである。尤度比検定の結果からモデル6が

表D.2 上位階層（与野党の違い）の交差項を含む ME モデルの推定結果

モデル名 変数名など	モデル4 切片のみRE		モデル5 主要3変数にRE		モデル6 全変数にRE	
【固定効果】						
ラグ付き従属変数：得票率（t−1）	−0.050	(0.033)	0.002	(0.012)	0.005	(0.008)
現実主義的対外政策	−0.002	(0.007)	−0.011*	(0.006)	−0.006	(0.005)
非武装中立的対外政策	−0.005*	(0.003)	−0.006**	(0.003)	−0.004*	(0.002)
経済政策	−0.003***	(0.001)	−0.002	(0.001)	−0.001	(0.001)
制度改革ダミー	−0.017	(0.023)	−0.023*	(0.012)	0.016	(0.024)
現実主義×制度改革	0.012	(0.010)	0.013	(0.009)	−0.019	(0.015)
非武装中立×制度改革	0.000	(0.004)	−0.004*	(0.002)	−0.009**	(0.004)
経済×制度改革	0.004**	(0.002)	0.000	(0.001)	0.000	(0.001)
新自由主義ダミー	−0.008	(0.023)	−0.047***	(0.009)	−0.023	(0.020)
経済×新自由主義	−0.001	(0.002)	0.003***	(0.001)	0.001	(0.001)
現実主義×新自由主義	0.003	(0.010)	0.006	(0.005)	0.005	(0.004)
非武装中立×新自由主義	0.005	(0.004)	0.006***	(0.002)	0.004*	(0.002)
与野党	0.378***	(0.056)	0.176***	(0.057)	0.214***	(0.075)
現実主義×与野党	−0.005	(0.009)	0.004	(0.011)	0.000	(0.009)
非武装中立×与野党	−0.026	(0.027)	−0.025**	(0.011)	−0.026***	(0.008)
経済×与野党	0.011***	(0.003)	0.009***	(0.003)	0.008***	(0.002)
現実×選挙×与野党	0.006	(0.019)	−0.027**	(0.011)	0.013	(0.017)
非武装×選挙×与野党	0.126***	(0.023)	−0.018	(0.022)	−0.012	(0.024)
経済×選挙×与野党	−0.012***	(0.003)	−0.008	(0.007)	−0.019***	(0.003)
現実×新自由×与野党	−0.001	(0.019)	0.014*	(0.007)	0.015**	(0.007)
非武装×新自由×与野党	−0.095***	(0.035)	0.057***	(0.017)	0.064***	(0.011)
経済×新自由×与野党	−0.006	(0.004)	−0.011***	(0.001)	−0.009***	(0.002)
制度改革×与野党	−0.241***	(0.060)	−0.001	(0.031)	0.001	(0.053)
新自由×与野党	−0.078	(0.075)	−0.118***	(0.026)	−0.170***	(0.050)
定数項	0.088***	(0.022)	0.120***	(0.030)	0.115***	(0.036)
観察数	253		253		253	
ワルド検定	542.36		412.91		122.15	
【変量効果】	係数	分散	与野党層	政党別層	与野党層	政党別層
現実主義的対外政策			0.00149	0.00961	0.001	0.008
非武装中立的対外政策			0.00087	0.00535	0.001	0.005
経済政策			0.00039	0.00246	0.000	0.002
選挙制度改革					0.004	0.044
現実主義×制度改革					0.001	0.005
非武装中立×制度改革					0.001	0.004
経済×制度改革					0.000	0.001
新自由主義					0.003	0.046
現実主義×新自由主義					0.000	0.001
非武装中立×新自由主義					0.001	0.004
経済×新自由主義					0.001	0.003
切片	−4.464	0.0115	0.00381	0.09148	0.002	0.104
残差	−3.024	0.0490	0.01608		0.010	
尤度比検定	−1.40E−04		394.54		547.08	

注1：有意水準は，***：1％，**：5％，*：10％。（ ）内は頑健標準誤差。なお，両側検定をもとにした検定結果を報告している。
注2：「選挙制度改革×新自由主義」の交差項は，「制度改革ダミー」と同値になることから，共線性のために推定からは除外される。
注3：変量効果の推定結果については，説明力の増減を確かめるために，分散のみを報告している。網がけのセルが，与野党階層を付け加えたことによって，分散が改善された変量効果である。

最も適合性が高いと判断されることから，本文中ではモデル 6 をもとに結果を解釈した。

---

(159) 「制度改革ダミー」と「新自由主義改革ダミー」の交差項は，1993年以降が「1」となる「制度改革ダミー」と同値になるため，4変数間の交差項モデルであっても，事実上3変数間の交差項モデルとして推定される。

付録E：CMPデータについて

　第9章と第10章では，トマス・R・キュサックとルッツ・エンゲルハートによる「ベルリン社会科学研究センター（Wissenschaftszentrum Berlin für Sozialforschung）」が公開しているデータセット（Cusack and Engelhardt 2002）に基づき分析を進めている。このデータセットでは，CMPの広く公開されているハンドブックにおいて，日本の政党の観察数が「政党数×選挙年＝83」として紹介されているものとは異なり（Volkens et al. 2011: 64），各選挙年に複数の観察を含む形式が採られている。これは総裁選挙などを経た内閣の変化や，内閣改造などによって政府の構成が選挙年間に変動する分についても，政党の政策の観察が含まれているためである。これによりデータセットは，選挙年間の政党の政策・イデオロギー変化を含む複数の行が，1つの選挙年に含まれる形状となる。

　この選挙年間の変化を反映した観察の分解（decomposition）により，選挙時の政党の公約だけでなく選挙年間の政策位置の変化を観察することができる。本書もそれらの情報を活用した上で分析を進めることにした。こうしたデータの形式に依拠することから，パネル・データの設定に際しては各横断面の単位のみを設定し，時間情報については設定せずに分析を進めている。

　なお1960年以降の内閣並びにその改造の歴史と，それに対応する観察の区分については，表E.1に一覧を挙げたので参照していただきたい。この一覧表によって，各選挙年あたりにいくつの観察が各政党について含まれるのかを把握することが可能となる。それによると，全ての期間についての観察が存在する自民党，社会党（社民党時代も含む），共産党の場合で，観察数は43期間分となる。

表 E.1 内閣改造の変化，および改造に伴う政策データの分解に関する一覧表

選挙年度	rcontext	context	内閣とその改造	各内閣の期間
1960	1	1	第1次池田内閣	1960-1960
1960	2	2	第2次池田内閣（第3次改造まで）	1960-1963
1963	1	3	第3次池田内閣	1963-1964
1963	2	4	第1次佐藤内閣（第3次改造まで）	1964-1967
1963	3	5	第2次佐藤内閣	1967-1967
1967	1	6	第2次佐藤内閣（第1次改造まで）	1967-1968
1967	2	7	第2次佐藤内閣（第2次改造）	1968-
1969	1	8	第2次佐藤内閣（第2次改造まで）	-1970
1969	2	9	第3次佐藤内閣	1970-1971
1969	3	10	第3次佐藤内閣（改造まで）	1971-1972
1972	1	11	第1次田中内閣	1972-1972
1972	2	12	第2次田中内閣（第2次改造まで）	1972-1974
1972	3	13	三木内閣	1974-1976
1976	1	14	三木内閣（改造まで）	1976-1976
1976	2	15	福田内閣（改造まで）	1976-1978
1976	3	16	第1次大平内閣	1978-1979
1979	1	17	第2次大平内閣	1979-1980
1980	1	18	鈴木内閣	1980-1981
1980	2	19	鈴木内閣（改造まで）	1981-1982
1980	3	20	第1次中曽根内閣	1982-1983
1983	1	21	第2次中曽根内閣	1983-1984
1983	2	22	第2次中曽根内閣（第2次改造まで）	1984-1986
1986	1	23	第3次中曽根内閣	1986-1987
1986	2	24	第3次中曽根内閣	1987-1988
1986	3	25	竹下内閣	1987-1988
1986	4	26	竹下内閣（改造まで）	1988-1989
1986	5	27	宇野内閣	1989-1989
1986	6	28	第1次海部内閣	1989-1990
1990	1	29	第2次海部内閣	1990-1990
1990	2	30	第2次海部内閣（改造まで）	1990-1991
1990	3	31	宮沢内閣	1991-1992
1990	4	32	宮沢内閣（改造まで）	1992-1993
1993	1	33	細川内閣	1993-1994
1993	2	34	羽田内閣	1994-1994
1993	3	35	村山内閣	1994-1995
1993	4	36	村山内閣（改造まで）	1995-1996
1993	5	37	第1次橋本内閣	1996-1996
1993	6	38	第2次橋本内閣	1996-1996
1996	1	39	第2次橋本内閣	1996-1997
1996	2	40	第2次橋本内閣（改造まで）	1997-1998
1996	3	41	小渕内閣（第1次改造まで）	1998-1999
1996	4	42	小渕内閣（第2次改造まで）	1999-2000
2000	1	43	第1次森内閣	2000-2000

注1：「rcontext」は選挙年間のいくつ目の内閣の政策かを表すもので，「context」は全体の通し番号である。「脚注18」も併せて参照していただきたい。

注2：1960年の2つ目の観察は，複数の改造内閣のデータを含むものとなっており，第2次佐藤内閣第2次改造内閣については，選挙年をまたいでデータが2つに分けられているなど，データセット内の初期の年度については例外的コーディングも認められる。

付録F：第10章各節の推定法について

　第2節での分析の推定法について説明する。推定結果から予測される残差について，その1期前の値（残差の予測値のラグ値）が当期の公約値を1パーセント水準で説明していること，そしてパネル・データに対する1階の自己相関の有無を判別するウールドリッジ検定（Wooldridge test for autocorrelation in panel data）からもその存在が確認されているので，ここでは1階の自己相関を仮定した「実行可能な一般化最小二乗法（Feasible Generalized Least Square Estimation: FGLS）」によって推定を行った。

　最後に第4節の分析では，前期の残差が当期の残差を有意に規定していることは確認されながらも，ウールドリッジ検定の結果からはモデル1から6において，自己相関の存在を認めるとする帰無仮説は棄却されている。よって，それらを仮定しないOLS推定を行うが，その際個別効果の有無を示すF検定を行ったところその存在が確かであることから，それを反映したFEモデルの結果を報告した。またFEモデルの有効性は，上記と同様にウー＝ハウスマン検定によっても確かめられている。

参考文献

日本語文献

飯田健（2005）「政党支持の内閣支持への影響の時間的変化―ARFIMA モデルと時変パラメターを用いた時系列分析」『選挙学会紀要』，第4号，41-61頁。

飯田健（2008）「政治意識の転換点としての1993年―Bayesian Change Point Model による分析」日本選挙学会報告論文，2008年5月。

飯田健（2009）「投票率の変化をもたらす要因―投票参加の時系列分析」『選挙研究』，第25巻，第2号，107-118頁。

井戸正伸（1998）『経済危機の比較政治学―日本とイタリアの制度と戦略』，新評論。

猪口孝（1983）『現代日本政治経済の構図―政府と市場』，東洋経済新報社。

猪口孝・岩井泰信（1987）『「族議員」の研究―自民党政権を牛耳る主役たち』，日本経済新聞社。

猪口孝・小林良彰（1989）「誰のための政策か―日本の政府支出と政党綱領（1967-1987年）」『週刊東洋経済臨時増刊』，東洋経済新報社，26-31頁。

今井亮佑（2003）「有権者と政治エリート―国会議員の活動と有権者の業績評価」『選挙研究』，第18号，113-124頁。

上神貴佳・佐藤哲也（2009）「政党や政治家の政策的な立場を推定する―コンピュータによる自動コーディングの試み」『選挙研究』，第25巻，第1号，61-73頁。

内山融（1998）『現代日本の国家と市場―石油危機以降の市場の脱「公的領域」化』，東京大学出版会。

遠藤晶久（2009）「業績評価と投票」山田真裕・飯田健編『投票行動研究のフロンティア』，おうふう，第7章。

大竹文雄・白石小百合・筒井義郎編（2010）『日本の幸福度―格差・労働・家族』，日本評論社。

大村華子（2010a）「投票行動における福祉と防衛の比較考量―戦後日本の有権者にとっての「大砲」と「バター」」『レヴァイアサン』，第47号，146-169頁。

大村華子（2010b）「戦後日本政治における動態的代表―政策は世論によって規定されてきたのか」日本選挙学会報告論文，2010年5月。

大村華子（2010c）「戦後日本政治の政党のコミットメントと世論―世論と政党の政策に関する2つの問いの検証」『選挙研究』，第26巻，第2号，104-109頁。

大村華子（2011）「政治代表の多国間比較と日本政治分析の可能性」『選挙研究』，

第27巻1号，26-42頁．
鬼塚尚子（2002）「中小政党の連立政権参加と有権者の投票行動」『選挙研究』，第17号，113-127頁．
尾野嘉邦（2009）「空間理論と投票行動」山田真裕・飯田健編『投票行動研究のフロンティア』，おうふう，第8章．
加藤雅編（1994）『規制緩和の経済学』，東洋経済新報社．
蒲島郁夫（2004）『戦後政治の軌跡―自民党システムの形成と変容』，岩波書店．
蒲島郁夫・石生義人・森裕城（1997）「新党の登場と投票行動―多項ロジットモデルによるアプローチ」『選挙研究』，第12号，71-87頁．
川人貞史（2004）『選挙制度と政党システム』，木鐸社．
河野康子（2002）『戦後と高度経済成長の終焉 日本の歴史24』，講談社．
小林正弥（2000）『政治的恩顧主義論―日本政治研究序説』，東京大学出版会．
小林良彰（1991）『現代日本の選挙』，東京大学出版会．
小林良彰（1997）『日本人の投票行動と政治意識』，木鐸社．
小林良彰（2008）『制度改革以降の日本型民主主義―選挙行動における連続と変化』，木鐸社．
斉藤淳（2010）『自民党長期政権の政治経済学―利益誘導政治の自己矛盾』，勁草書房．
佐藤誠三郎・松崎哲久（1986）『自民党政権』，中央公論社．
佐藤卓己（2008）『輿論と世論―日本的民意の系譜学』，新潮社．
品田裕（1998）「〈資料〉選挙公約政策データについて」『神戸法学雑誌』，第48巻，第2号，541-572頁．
品田裕（2000）「90年代日本の選挙公約」水口憲人・北原鉄也・久米郁男（編）『変化をどう説明するか：政治篇』，木鐸社，147-171頁．
新川敏光（1999）『戦後日本政治と社会民主主義―社会党・総評ブロックの興亡』，法律文化社．
新川敏光（2005）『日本型福祉レジームの発展と変容』，ミネルヴァ書房．
新藤宗幸（2009）『司法官僚―裁判所の権力者たち』，岩波書店．
鈴木基史（2000）「並立制における投票行動研究の統合的分析アプローチ」『選挙研究』，第15号，30-41頁．
曽我謙悟（2011）「政治学における時系列・横断面（TSCS）データ分析」『オペレーションズ・リサーチ』，第56巻，第4号，209-214頁．
建林正彦（2000）「中選挙区制と議員行動」水口憲人・北原鉄也・久米郁男（編）『変化をどう説明するか：政治篇』，木鐸社，99-102頁．
建林正彦（2004）『議員行動の政治経済学―自民党支配の制度分析』，有斐閣．
谷聖美（2002）「日本社会党の盛衰をめぐる若干の考察―選挙戦術と政権・政策戦略」『選挙研究』，第17号，84-99頁．
谷口尚子（2005）『現代日本の投票行動』，慶應義塾大学出版会．

筒井義郎（2009）「幸福の経済学は福音をもたらすのか？」『行動経済学』，第2巻，第2号，1-21頁．

堤英敬（2002）「選挙制度改革と候補者の政策公約—小選挙区比例代表並立制導入と候補者の選挙戦略」『香川法学』，第22巻，第2号，90-120頁．

堤英敬・上神貴佳（2007）「2003年総選挙における候補者レベル公約と政党の利益集約機能」『社会科学研究』，第58巻，第5-6号，33-48頁．

中村悦大（2003）「経済投票モデルと政党選択」『選挙研究』，第18号，164-173頁．

中村悦大（2006-2007）「政党支持と外交・経済意識—多変量長期記憶モデルによる分析（一）・（二）」『法学論叢』，第159巻，第5号，1-21頁；第161巻，第1号，1-22頁．

西澤由隆（1998）「選挙研究における『政党支持』の現状と課題」『選挙研究』，第13号，5-16頁．

西澤由隆（2000）「二票制のもとでの政策評価投票—1996年衆議院総選挙と投票モデル」『同志社法学』，第52巻，第3号，1-25頁．

西澤由隆（2001）「自民党支持と経済業績評価」三宅一郎・西澤由隆・河野勝（編）『55年体制下の政治と経済：時事世論調査データの分析』，木鐸社，第7章，121-138頁．

西澤由隆・河野勝（1990）「日本における選挙景気循環—総選挙と政府の財政政策」『レヴァイアサン』，第6号，152-171頁．

橋本寿朗・中川淳司編（2000）『規制緩和の政治経済学』，有斐閣．

浜中新吾（2004）「投票の空間理論アプローチにおける論争—近接性モデルと方向性モデルの考察」『山形大学紀要　社会科学』，第35巻，第1号，33-53頁．

平野浩（1998）「選挙研究における『業績評価・経済状況』の現状と課題」『選挙研究』，第13号，28-38頁．

堀内勇作（2001）「非序列化離散変数を従属変数とする統計モデルの比較—政治学への応用上の留意点」『選挙研究』，第16号，101-113頁．

増山幹高（2003）「政治家・政党」平野浩・河野勝（編）『アクセス日本政治論』，日本経済評論社，第2章．

待鳥聡史（2003）『財政再建と民主主義—アメリカ連邦議会の予算編成改革分析』，有斐閣．

的場敏博（2003）『現代政党システムの変容—90年代における危機の深化』，有斐閣．

三宅一郎（2001）『選挙制度変革と投票行動』，木鐸社．

三宅一郎・西澤由隆（1992）「日本の投票行動モデルにおける政党評価要因」『選挙研究』，第7号，63-79頁．

三宅一郎・西澤由隆・河野勝（2001）『55年体制下の政治と経済—時事世論調

査データの分析』，木鐸社。
森裕城（1998）「〈書評〉政治過程における合理性と秩序の問題（小林良彰著『現代日本の政治過程』東京大学出版会）」『レヴァイアサン』臨時増刊号，186-192頁。
森裕城（2001）『日本社会党の研究―路線転換の政治過程』，木鐸社。
山口二郎（2004）『戦後政治の崩壊―デモクラシーはどこへゆくか』，岩波新書。
山田真裕（2009）「第四章 党派性と投票行動」（山田真裕・飯田健編著『投票行動研究のフロンティア』，おうふう，第4章）。
山本耕資（2006）「投票政党選択と投票―棄権選択を説明する―計量と数理の接点」『レヴァイアサン』，第39号，170-206頁。
山本七平（1983）『「空気」の研究』，文藝春秋。
レイヴァー，マイケル／ケネス・ブノア（上ノ原秀晃訳）（2006）「政党の政策位置を推定する―比較の中の日本」『日本政治研究』，第3巻，第1号，109-133頁。

英語文献

Adams, James, Michael Clark, Lawrence Ezrow, and Garrett Glasgow (2004) "Understanding Change and Stability in Party Ideologies: Do Parties Respond to Public Opinion or to Past Elections Results?," *British Journal of Political Science*, 34(4), pp. 589-610.

Adams, James, Michael Clark, Lawrence Ezrow, and Garrett Glasgow (2006) "Are Niche Parties Fundamentally Different from Mainstream Parties?: The Causes and the Electoral Consequences of Western European Parties' Policy Shifts, 1976-1998," *American Journal of Political Science*, 50(3), pp. 513-529.

Adams, James and Lawrence Ezrow (2009) "Who Do European Parties Represent?: How Western European Parties Represent the Policy Preferences of Opinion Leaders," *Journal of Politics*, 71(1), pp. 206-223.

Adams, James, Andrea B. Haupt, and Heather Stoll (2008) "What Moves Parties?: The Role of Public Opinion and Global Economic Conditions in Western Europe," *Comparative Political Studies*, 42(5), pp. 611-639.

Adams, James and Samuel Merrill, III (1999) "Modeling Party Strategies and Policy Representation in Multiparty Elections: Why Are Strategies So Extreme?" *American Journal of Political Science*, 43(3), pp. 765-791.

Adams, James and Samuel Merrill, III (2000) "Spatial Models of Candidate Competition and the 1988 French Presidential Election: Are Presidential Candidates Vote-Maximizers?" *Journal of Politics*, 62(3), pp. 729-756.

Adams, James and Samuel Merrill, III (2005) "Candidates' Policy Platforms and

Election Outcomes: The Three Faces of Policy Representation," *European Journal of Political Research*, 44(6), pp. 899-918.
Adams, James, Samuel Merrill, III, and Bernard Grofman (2005) *A Unified Theory of Party Competition: A Cross - National Analysis Integrating Spatial and Behavioral Factors*, Cambridge: Cambridge University Press.
Adams, James and Zeynep Somer-Topcu (2009) "Moderate Now, Win Votes Later: The Electoral Consequences of Parties' Policy Shifts in 25 Postwar Democracies," *Journal of Politics*, 71(2), pp. 678-692.
Alesina, Alberto (1987) "Macroeconomic Policy in a Two-Party System as a Repeated Game," *Quarterly Journal of Economics*, 102(3), pp. 651-678.
Alesina, Alberto and Nouriel Roubini (1992) "Political Cycles in OECD Economies," *Review of Economic Studies*, 59(4), pp. 663-688.
Alesina, Alberto, Nouriel Roubini, and Gerald D. Cohen (1997) *Political Cycles and the Macroeconomy*, Cambridge: MIT Press.
Almond, Gabriel A. and Sidney Verba (1963) *The Civic Culture: Political Attitudes and Democracy in Five Nations*, Princeton: Princeton University Press.
Alvarez, R. Michael and Jonathan Nagler (1995) "Economics, Issues, and the Perot Candidacy: Voter Choice in the 1992 Presidential Election," *American Journal of Political Science*, 39(3), pp. 714-744.
Alvarez, R. Michael and Jonathan Nagler (1998) "Economics, Entitlements, and Social Issues: Voter Choice in the 1996 Presidential Election," *American Journal of Political Science*, 42(4), pp. 1349-1363.
Alvarez, R. Michael, Jonathan Nagler, and Shaun Bowler (2000a) "Issues, Economics, and the Dynamics of Multiparty Elections: The British 1987 General Election," *American Political Science Review*, 94(1), pp. 131-149.
Alvarez, R. Michael Jonathan Nagler and Jennifer R. Willette (2000b) "Measuring the Relative Impact of Issues and the Economy in Democratic Elections," *Electoral Studies*, 19(2-3), pp. 237-253.
Ankersmit, Frank R. (2002) *Political Representation*, Stanford: Stanford University Press.
Antweiler, Werner (2001) "Nested Random Effects Estimation in Unbalanced Panel Data," *Journal of Econometrics*, 101(2), pp. 295-313.
Baltagi, Badi H. (2005) *Econometric Analysis of Panel Data*, 3rd edition, Chichester: John Wiley & Sons.
Baltagi, Badi H., Seuck Heun Song, and Byoung Cheol Jung (2001) "The Unbalanced Nested Error Component Regression Model," *Journal of Econometrics*, 101(2), pp. 357-381.
Bartels, Larry M. (1996) "Uninformed Votes: Information Effects in Presidential

Elections," *American Journal of Political Science*, 40(1), pp. 194-230.
Beck, Nathaniel and Jonathan N. Katz (1995) "What To Do (And Not To Do) with Time-Series Cross-Section Data," *American Political Science Review*, 89(3), pp. 634-647.
Beck, Nathaniel and Jonathan N. Katz (2007) "Random Coefficient Models for Time-Series-Cross-Section Data: Monte Carlo Experiments," *Political Analysis*, 15(2), pp. 182-195.
Beck, Nathaniel, Jonathan N. Katz, and Richard Tucker (1998) "Taking Time Seriously: Time-Series-Cross-Section Analyses with a Binary Dependent Variable," *American Journal of Political Science*, 42(4), pp. 1260-1288.
Benoit, Kenneth and Michael Laver (2007) "Estimating Party Policy Positions: Comparing Expert Surveys and Hand-Coded Content Analysis," *Electoral Studies*, 26(1), pp. 90-107.
Benoit, Kenneth, Michael Laver, and Slava Mikhaylov (2009) "Treating Words as Data with Error: Uncertainty in Text Statements of Policy Positions," *American Journal of Political Science*, 53(2), pp. 495-513.
Blondel, Jean and Takashi Inoguchi (2006) *Political Cultures in Asia and Europe: Citizens, States and Societal Values*, New York: Routlege.（猪口孝訳（2008）『アジアとヨーロッパの政治文化―市民・国家・社会価値についての比較分析』岩波書店).
Box, George. E. P., and Gwilyn M. Jenkins (1976), *Time Series Analysis: Forecasting and Control*, Revised Edition. San Francisco: Holden-Day
Brambor, Thomas, William R. Clark, and Matt Golder (2006) "Understanding Interaction Models: Improving Empirical Analyses," *Political Analysis*, 14(1), pp. 63-82.
Brandt, Patrick T., Michael Colaresi, and John R. Freeman (2008) "The Dynamics of Reciprocity, Accountability, and Credibility," *Journal of Conflict Resolution*, 52(3), pp. 343-374.
Brandt, Patrick T. and John R. Freeman (2009) "Modeling Macro-Political Dynamics," *Political Analysis*, 17(2), pp. 113-142.
Brandt, Patrick T. and John T. Williams (2007) *Multiple Times Series Models*, Beverly Hills: Sage.
Budge, Ian (1994) "A New Spatial Theory of Party Competition: Uncertainty, Ideology, and Policy Equilibria Viewed Comparatively and Temporally," *British Journal of Political Science*, 24(4), pp. 443-467.
Budge, Ian and Richard I. Hofferbert (1990) "Mandates and Policy Outputs: U.S. Party Platforms and Federal Expenditures," *American Political Science Review*, 84(1), pp. 111-131.

Budge, Ian, Hans-Dieter Klingemann, Andrea Volkens, Judith Bara, and Eric Tanenbaum (2001) *Mapping Policy Preferences: Estimates for Parties, Electors, and Governments 1945-1998*, Oxford: Oxford University Press.

Calder, Kent E. (1988) *Crisis and Compensation: Public Policy and Political Stability in Japan, 1949-1986*, Princeton: Princeton University Press（カルダー淑子訳（1989）『自民党長期政権の研究―危機と補助金』文藝春秋）.

Cho, Wendy K. Tam (1998) "Iff the Assumption Fits: A Comment on the King Ecological Inference Solution," *Political Analysis*, 7(1), pp. 143-163.

Clark, William R., Matt Golder, and Sona N. Golder (2008) *Principles of Comparative Politics*, Washington D.C.: CQ Press.

Clarke, Harold D., Allan Kornberg, Chris McIntyre, Petra Bauer-Kaase, and Max Kaase (1999) "The Effect of Economic Priorities on the Measurement of Value Change: New Experimental Evidence," *American Political Science Review*, 93(3), pp. 637-647.

Cohen, Carl (1971) *Democracy*, Athens: University of Georgia Press.

Cox, Gary W. (1997) *Making Votes Count: Strategic Coordination in the World's Electoral Systems*, Cambridge: Cambridge University Press.

Cusack, Thomas R. and Lutz Engelhardt (2002) "The PGL File Collection: File Structures and Procedures," Wissenschaftszentrum Berlin für Sozialforschung.

Dahl, Robert A. (1971) *Polyarchy: Participation and Opposition*, New Haven: Yale University Press.

De Boef, Suzanna and James A. Stimson (1995) "The Dynamic Structure of Congressional Elections," *Journal of Politics*, 57(3), pp. 630-648.

Downs, Anthony (1957) *An Economic Theory of Democracy*, New York: Harper Collins Publishers.

Duch, Raymond M. and Michaell A. Taylor (1993) "Postmaterialism and the Economic Condition," *American Journal of Political Science*, 37(3), pp. 747-779.

Durr, Robert H. (1993) "What Moves Policy Sentiment?," *American Political Science Review*, 87(1), pp. 158-170.

Enns, Peter K. and Paul M. Kellstedt (2008) "Policy Mood and Political Sophistication: Why Everybody Moves Mood," *British Journal of Political Science*, 38(3), pp. 433-454.

Erikson, Robert S., Michael B. MacKuen, and James A. Stimson (2002) *The Macro Polity*, Cambridge: Cambridge University Press.

Erikson, Robert S. and David R. Romero (1990) "Candidate Equilibrium and the Behavioral Model of the Vote," *American Political Science Review*, 84(4), pp. 1103-1126.

Erikson, Robert S., Gerald C. Wright, Jr., and John P. McIver (1989) "Political Parti-

es, Public Opinion, and State Policy in the United States," *American Political Science Review*, 83(3), pp. 729-750.
Erikson, Robert S., Gerald C. Wright, Jr., and John P. McIver (1993) *Statehouse Democracy: Public Opinion and Policy in the American States*, Cambridge: Cambridge University Press.
Ezrow, Lawrence (2005) "Are Moderate Parties Rewarded in Multiparty Systems?: A Pooled Analysis of Western European Elections, 1984-1998," *European Journal of Political Research*, 44(6), pp. 881-898.
Ezrow, Lawrence (2007) "The Variance Matters: How Party Systems Represent the Preferences of Voters," *Journal of Politics*, 69(1), pp. 182-192.
Ezrow, Lawrence (2010) *Linking Citizens and Parties: How Electoral Systems Matters for Political Representation*, Oxford: Oxford University Press.
Fearon, James D. (1999) "Electoral Accountability and the Control of Politicians: Selecting Good Types versus Sanctioning Poor Performance," in Adam Przeworski, Susan C. Stokes and Bernard Manin eds. *Democracy, Accountability, and Representation*, Cambridge: Cambridge University Press, pp. 55-97.
Ferejohn, John J. and Frances M. Rosenbluth (2010) "Electoral Representation and the Aristocratic Thesis," in Yan Shapiro Susan C. Stokes, Elisabeth Jean Wood, and Alexander S. Kirshner eds. *Political Representation*, Cambridge: Cambridge University Press, pp. 271-303.
Fiorina, Morris P. (1978) "Economic Retrospective Voting in American National Elections: A Micro Analysis," *American Journal of Political Science*, 22(2), pp. 426-443.
Fowler, James H. and Oleg Smirnov (2007) *Mandates, Parties, and Voters: How Elections Shape the Future*, Philadelphia: Temple University Press.
Frey, Bruno S. and Alois Stutzer (2000) "Happiness, Economy and Institutions," *Economic Journal*, 110(446), pp. 918-938.
Frey, Bruno S. and Alois Stutzer (2002a) *Happiness and Economics: How the Economy and Institutions Affect Well-Being*, Princeton: Princeton University Press(沢崎冬日・佐和隆光訳 (2005)『幸福の政治経済学――人々の幸せを促進するものは何か』, ダイヤモンド社).
Frey, Bruno S. and Alois Stutzer (2002b) "What Can Economists Learn from Happiness Research," *Journal of Economic Literature*, 40(2), pp. 402-435.
Fujimura, Naofumi (2009) "Executive Leadership and Fiscal Discipline: Explaining Political Entrepreneurship in Cases of Japan," *Japanese Journal of Political Science*, 10(2), pp. 175-190.
Gallagher, Michael and Paul Mitchell (2005) "Introduction to Electoral System," in Gallagher, Michael and Paul Mitchell eds., *The Politics of Electoral Systems*,

Oxford: Oxford University Press, pp. 3-23.
Golder, Matt (2003) "Explaining Variation in the Electoral Success of Extreme Right Parties in Western Europe," *Comparative Political Studies*, 36(4), pp. 432-466.
Grofman, Bernard (2004) "Downs and Two-Party Convergence," *Annual Review of Political Science*, 7, pp. 25-46.
Hamilton, James D. (1994) *Time Series Analysis*, Princeton: Princeton University Press.
Hibbs, Jr., Douglas. A. (1977) "Political Parties and Macroeconomic Policy," *American Political Science Review*, 71(4), pp. 1467-1487.
Hibbs, Jr., Douglas. A. (1994) "The Partisan Model of Macroeconomic Cycles: More Theory and Evidence for the United States," *Economics and Politics*, 6(1), pp. 1-24.
Inglehart, Ronald (1971) "The Silent Revolution in Europe: Intergenerational Change in Post-Industrial Societies," *American Political Science Review*, 65(4), pp. 991-1017.
Inglehart, Ronald (1990) *Culture Shift in Advanced Industrial Society*, Princeton: Princeton University Press.
Inglehart, Ronald and Paul R. Abramson (1994) "Economic Security and Value Change," *American Political Science Review*, 88(2), pp. 336-354.
Ito, Takatoshi (1990) "The Timing of Elections and Political Business Cycles in Japan," *Journal of Asian Economics*, 1(1), pp. 135-156.
Iversen, Torben (1994) "Political Leadership and Representation in West European Democracies: A Test of Three Models of Voting," *American Journal of Political Science*, 38(1), pp. 45-74.
Kam, Christopher J. (2009) *Party Discipline and Parliamentary Politics*, Cambridge: Cambridge University Press.
Kato, Junko (2003) *Regressive Taxation and Welfare State*, Cambridge: Cambridge University Press.
Kinder, Donald R. and D. Roderick Kiewiet (1979) "Economic Discontent and Political Behavior: The Role of Personal Grievances and Collective Economic Judgments in Congressional Voting," *American Journal of Political Science*, 23(3), pp. 495-527.
Kinder, Donald R. and D. Roderick Kiewiet (1981) "Sociotropic Politics: The American Case," *British Journal of Political Science*, 11(2), pp. 129-161.
King, Gary (1997) *A Solution to the Ecological Inference Problem: Reconstructing Individual Behavior from Aggregate Data*, Princeton: Princeton University Press.
King, Gary and Robert X. Browning (1987) "Democratic Representation and Parti-

san Bias in Congressional Elections," *American Political Science Review*, 81(4), pp. 1251-1273.

Klingemann, Hans-Dieter, Andrea Volkens, Judith Bara, Ian Budge, and Michael McDonald (2006) *Mapping Policy Preferences II: Estimates for Parties, Electors, and Government in Eastern Europe, European Union and OECD, 1990-2003*, Oxford: Oxford University Press.

Kohno, Masaru (1997) *Japan's Postwar Party Politics*, Princeton: Princeton Universtiy Press.

Kohno, Masaru and Yoshitaka Nishizawa (1990) "A Study of the Electoral Business Cycle in Japan: Elections and Government Spending on Public Construction," *Comparative Politics*, 22(2), pp. 151-166.

Laver, Michael J., and Ian Budge, eds. (1992) *Party Policy and Government Coalitions*, London: Macmillan.

Leeper, Eric M., Christopher A. Sims, and Tao A. Zha (1996) "What Does Monetary Policy Do?" *Brooking Papers on Economic Activity*, 2, pp. 1-78.

Lewis-Beck, Michael S. and Martin Paldam (2000) "Economic Voting: An Introduction," *Electoral Studies*, 19(2-3), pp. 113-121.

Lijphart, Arend (1999) *Government Forms and Performance in Thirty-Six Countries*, New Haven: Yale University Press（粕谷裕子訳（2005）『民主主義対民主主義——多数決型とコンセンサス型の36ヶ国比較研究』, 勁草書房).

Lin, Tse-min, James M. Enelow, and Han Dorussen (1999) "Equilibrium in Multicandidate Probabilistic Spatial Voting," *Public Choice*, 98(1-2), pp. 59-82.

Lind, Jo Thori and Halvor Mehlum (2007) "UTEST: Stata Module to Test for a Ushaped Relationship," *Statistical Software Components*, Boston College Department of Economics.

MacKuen, Michael B., Robert S. Erikson, and James A. Stimson (1989) "Macropartisanship," *American Political Science Review*, 83(4), pp. 1125-1142.

Maeda, Yukio (2011) "Economy, Cabinet Approval, and LDP support," 『社会科学研究』, 第62巻1号, pp. 151-171.

Manin, Bernard (1997) *The Principles of Representative Government*, Cambridge: Cambridge University Press.

Manin, Bernard, Adam Przeworski, and Susan C. Stokes (1999) "Introduction" and "Elections and Representation," in Adam Przeworski, Susan C. Stokes and Bernard Manin eds. *Democracy, Accountability, and Representation*, Cambridge: Cambridge University Press, pp. 1-53.

McCubbins, Matthew D. and Gregory W. Noble (1995) "Perceptions and Realities of Japanese Budgeting," in Peter F. Cowhey and Matthew D. McCubbins eds. *Structure and Policy in Japan and the United States*, Cambridge: Cambridge Uni-

versity Press, pp. 81-115.
McCubbins, Matthew D. and Frances M. Rosenbluth (1995) "Party Provision for Personal Politics: Dividing the Vote in Japan," in Peter F. Cowhey and Matthew D. McCubbins eds. *Structure and Policy in Japan and the United States*, Cambridge: Cambridge University Press.
McDonald, Michael and Ian Budge (2005) *Elections, Parties, Democracy: Conferring the Median Mandate*, Oxford: Oxford University Press.
Meguid, Bonnie (2008) *Party Competition between Unequals*, Cambridge: Cambridge University Press.
Meguid, Bonnie M. (2005) "Competition between Unequals: The Role of Mainstream Party Strategy in Niche Party Success," *American Political Science Review*, 99(3), pp. 347-359.
Merrill, Samuel, III and James Adams (2002) "Centrifugal Incentives in Multi-Candidate Elections," *Journal of Theoretical Politics*, 14(3), pp. 275-300.
Meyer, Steven A. and Shigeto Naka (1998) "Legislative Influences in Japanese Budgetary Politics," *Public Choice*, 94(3-4), pp. 267-288.
Miller, Warren E. and Donald E. Stokes (1963) "Constituency Influence in Congress," *American Political Science Review*, 57(1), pp. 45-56.
Muramatsu, Michio and Ellis S. Krauss (1987) "The Conservative Policy Line and the Development of Patterned Pluralism," in KozoYamamura and Yasukichi Yasuba, eds. *The Political Economy of Japan: Volume 1: The Domestic Transformation*, Stanford: Stanford University Press, pp. 516-554.
Page, Benjamin I. and Robert Y. Shapiro (1992) *The Rational Public: Fifty Years of Trends in American's Policy Preferences*, Chicago: University of Chicago Press.
Pitkin, Hanna F. (1967) *The Concept of Representation*, Berkeley: University of California Press.
Plümper, Thomas and Vera E. Troeger (2007) "Efficient Estimation of Time-Invariant and Rarely Changing Variables in Finite Sample Panel Analyses with Unit Fixed Effects," *Political Analysis*, 15(2), pp. 124-139.
Powell, G. Bingham Jr. (2000) *Elections as Instruments of Democracy: Majoritarian and Proportional Visions*, New Haven: Yale University Press.
Powell, G. Bingham Jr. (2004) "Political Representation in Comparative Politics," *Annual Review of Political Science*, 7, pp. 273-296.
Przeworski, Adam, Michael E. Alvarez, Jose Antonio Cheibub, and Fernando Limongi (2000) *Democracy and Development: Political Institutions and Well-Being in the World, 1950-1990*, Cambridge: Cambridge University Press.
Rae, Douglas W. (1967) *The Political Consequences of Electoral Laws*, New Haven: Yale University Press.

Ramseyer, J. Mark and Frances M. Rosenbluth (1993) *Japan's Political Marketplace*, Cambridge: Harvard University Press（川野辺裕幸・細野助博訳（1995）『日本政治の経済学——政権政党の合理的選択』, 弘文堂).

Ramseyer, J. Mark and Frances M. Rosenbluth (1998) *The Politics of Oligarchy*, Cambridge: Cambridge University Press（河野勝監訳／青木一益・永山博之・斉藤淳訳（2006）『日本政治と合理的選択——寡頭政治の制度的ダイナミクス 1868−1932』, 勁草書房).

Rubio-Ramírez, Juan F., Daniel F. Waggoner, and Tao Zha (2010) "Structural Vector Autoregressions: Theory of Identification and Algorithms for Inference," *Review of Economic Studies*, 77(2), pp. 665-696.

Sattler, Thomas J., John R. Freeman, and Patrick T. Brandt (2008) "Popular Sovereignty and the Room to Maneuver: A Search for a Causal Chain," *Comparative Political Studies*, 41(9), pp. 1212-1239.

Sattler, Thomas J., John R. Freeman, and Patrick T. Brandt (2009) "Erratum: Popular Sovereignty and the Room to Maneuver: A Search for a Causal Chain," *Comparative Political Studies*, 42(1), pp. 125-131.

Schofield, Norman, Andrew D. Martin, Kevin M. Quinn, and Andrew B. Whitford (1998a) "Multiparty Electoral Competition in the Netherland and Germany: A Model Based on Multinominal Probit," *Public Choice*, 97(3), pp. 257-293.

Schofield, Norman, Itai Sened, and David Nixon (1998b) "Nash Equilibrium in Multiparty Competition with 'Stochastic' Voters," *Annals of Operations Research*, 84, pp. 3-27.

Sims, Christopher A. (1980) "Macroeconomics and Reality," *Econometrica*, 48(1), pp. 1-48.

Sims, Christopher A. (1986) "Specification, Estimation, and Analysis of Macroeconomic Models," *Journal of Money, Credit and Banking*, 18(1), pp. 121-126.

Sims, Christopher A. and Tao Zha (1999) "Error Bands for Impulse Responses," *Econometrica*, 67(5), pp. 1113-1156.

Somer-Topcu, Zeynep (2009) "Timely Decisions: The Effects of Past National Elections on Party Policy Change," *Journal of Politics*, 71(1), pp. 238-248.

Stevenson, Randolph T. (2001) "The Economy and Policy Mood: A Fundamental Dynamic of Democratic Politics?" *American Journal of Political Science*, 45(3), pp. 620-633.

Stimson, James A. (1991) *Public Opinion in America: Moods, Cycles and Swings*, Boulder: Westview Press, 1st edition.

Stimson, James A. (1999) *Public Opinion in America: Moods, Cycles and Swings*, Boulder: Westview Press, 2nd edition.

Stimson, James A. (2007) "Perspective on Representation: Asking the Right Questions and Getting the Right Answers," in Russel J. Dalton and Hans-Dieter Klingemann eds. *The Oxford Handbook of Political Behavior*, Oxford: Oxford University Press.

Stimson, James A., Michael B. MacKuen, and Robert S. Erikson (1995) "Dynamic Representation," *American Political Science Review*, 89(3), pp. 543-565.

Stokes, Susan C. (1999) "What Do Policy Switches Tell Us about Democracy?," in Adam Przeworski, Susan C. Stokes and Bernard Manin eds. *Democracy, Accountability, and Representation*, Cambridge: Cambridge University Press, pp. 98-130.

Tavits, Margit (2007) "Principle vs. Pragmatism: Policy Shifts and Political Competition," *American Journal of Political Science*, 51(1), pp. 151-165.

Tsutsui, Yoshiro, Miles Kimball, and Fumio Ohtake (2010) "Koizumi Carried the Day: Did the Japanese Election Results Make People Happy and Unhappy?" *European Journal of Political Economy*, 26(1), pp. 12-24.

Urbinati, Nadia (2006) *Representative Democracy: Principles and Genealogy*, Chicago: University of Chicago Press.

Urbinati, Nadia and Mark E. Warren (2008) "The Concept of Representation in Contemporary Democratic Theory," *Annual Review of Political Science*, 11, pp. 387-412.

Van Wolferen, Karel (1989) *The Enigma of Japanese Power: People and Politics in a State Nation*, Norton: New York.

Volkens, Andrea, Onawa Lacewell, Pola Lehmann, Sven Regel, Henrike Schultze and Annika Werner (2011) *The Manifesto Data Collection. Manifesto Project (MRG/CMP/MARPOR)*, Berlin: Wissenschaftszentrum Berlin für Sozialforschung (WZB).

Whitten, Guy D. and Laron K. Williams (2011) "Buttery Guns and Welfare Hawks: The Politics of Defense Spending in Advanced Industrial Democracies," *American Journal of Political Science*, 55(1), pp. 117-134.

Wooldridge, Jeffrey M. (2010) *Economic Analysis of Cross Section and Panel Data*, Cambridge: MIT Press, 2nd. ed.

Zha, Tao (1999) "Block Recursion and Structural Vector Autoregressions," *Journal of Econometrics*, 90(2), pp. 291-316.

あとがき

　本書をまとめるにあたって，筆者が常に意識し続けたことは，「わたしたちに身近なことから政治経済のダイナミクスを説明する」ということである。本書の分析の多くにおいて，従属変数となっている政府支出，政党の政策などは高次の政治経済的要因によって決定されることが自明とされ，政治学，あるいは経済学の複雑な理論・実証分析の対象となってきたものである。しかし，日常からかけ離れたところでそれらが決まっていて，私たち研究者はその決定を遠巻きに観察し説明することしかできないなら，社会科学に携わるものとして，なんとももどかしいことだと思っていた。そしていつしか，一市民である自分自身の日々の体感が，もし何らかの「細い線」で政府や政党の高次の意思決定につながっているとするなら，その道筋をたどることが筆者の取り組むべき課題なのではないかと考えるようになった。本書を書き終えたいま思うことは，そうした一般市民と政府・政党を結ぶ「細い線」こそが，本書のいう政策的応答性なのであり，それを明らかにしようとすることが政治代表の実証分析にほかならないのだということである。

　そして，本書の基盤となる問いかけは，序論の冒頭にもあげたように，「戦後日本の民主主義は機能していたのか」という大きなものとなった。もちろん，筆者一人の力で，その答えを完全に導くことなどできない。筆者が本書の論証を通して，一貫して強調したかったことは，「各章の分析を通して導かれた証拠がある以上，戦後の日本において代議制民主主義が機能していなかったと結論付けることは難しい」ということである。政策ムードと呼びうる世論の動態が認められ，それがどうやら政策選択と連動し，政党の政策とも連動していた。そしてなにより，一般有権者は合理的に政策に注目していたと考えられる——こうしたそれぞれの知見を総合すると，日本において「代議制民主主義が機能していなかった」と断定することは必ずしも妥当ではなく，政治代表が認められた時期も確かにあったのだと

いうことを筆者は伝えたかった。

　そうした背景を持つ本書は，京都大学大学院法学研究科に提出した博士論文「戦後日本政治における政治代表の分析」を大幅に加筆修正したものである。各章には以下のように，原型となった論文も存在する。しかし各章とも，論文構成や実証分析について，博士論文執筆時と本書公刊時に大幅な加筆修正を行っているため，それぞれのもとの形態をほとんどとどめていないことをお断りしておきたい。

第1章：「政治代表の多国間比較と日本政治分析の可能性」，『選挙研究』，第27巻1号，26－42頁，2011年。
第3章と第8章：同上の論文と「代表制研究の現状と課題」『法学論叢』，掲載予定。
第10章：「戦後日本政治における政党のコミットメントと世論──世論と政党の政策に関する2つの問いの検証」，『選挙研究』，第26巻第2号，104－109頁，2010年。

　いま「あとがき」を書くに臨んで，この本の執筆過程を振り返ると，本書の刊行がいかに多くの方に支えられてのものであったかが思いおこされる。
　なかでも筆者の指導教員である，京都大学の待鳥聡史先生から受けた学恩は計りしれない。博士後期課程に入学して以来，論文を書き終える度に先生に提出し，真っ赤になった論文を受けとる作業を幾度となく繰り返した。コメントをいただいた論文の束は，現在も自宅の本棚に高く積みあがっている。決して妥協を許さない先生の姿勢に，涙を流したこともあったが，現在ではその論文の束こそが筆者の研究生活を支えている。
　こうした研究指導と授業を通じて，筆者が先生から受け取っているメッセージは（多少の拡大解釈も入っているかもしれないが），「方法のために研究があるのではなく，研究のために方法があるのであり，研究のために社会があるのではなく，社会のために研究がある」ということに尽きると思っている。先生からのご指導に対して，いまのところ万分の一も応えきれていないことに忸怩たる思いであるが，これからどういった研究をする時であっても，先生の上述の指針に忠実であり続けることが，これまでの

学恩に報いていく正道なのだと信じている。また，修士課程の時に手に取った先生の著書に，「マクロ・トレンド」という説明を見出したことも，今日の研究の礎となった。当時の筆者にとって先生の議論はあまりにも難解だったが，時を経て，それが本書の政策ムードの分析につながることになったからである。

　京都大学では，新川敏光先生，鈴木基史先生，真渕勝先生，故・的場敏博先生に論文報告や授業を通じて多くのことを教えていただいた。博士論文の副査である新川先生と鈴木先生からは，アメリカ政治学で生まれた分析枠組みを日本政治に応用した筆者の博士論文に対して，北米仕込みのタフなコメントをいくつもいただいた。両先生からは，各国政治の特異性と，それを踏まえた一般化への試みの難しさについて数多くのことを学ぶことができた。また，真渕先生には政治学的視点だけではなく行政学的視点から政治・社会を見ることの重要性を叩き込んでいただいた。そして故・的場先生は，公表を焦って論文をかたちにしようと数字ばかりを追いかけていた筆者に，数字の背景にある政治の実態や政治学それ自体を追求することの面白さを垣間見させて下さった。

　また，大阪大学法学部の河田潤一先生にも感謝申し上げたい。大阪大学において院生生活を過ごしていた頃の筆者は，やりたいことが常に変わっていた。報告をするごとにテーマが変わる筆者の研究に対して，河田先生は決して見放すことなく建設的なコメントをいつでも下さった。また，神戸大学の曽我謙悟先生と大阪大学の上川龍之進先生にも大変お世話になった。もともとは外交史を専攻していた筆者が，今日の研究につながるきっかけを得られたのも，両先生の的確なコメントや解説に負っているところが大きい。また神戸大学の栗栖薫子先生は，大学院に入学して以来，女性である筆者が研究者として進んでいくことに悩んだ際，どんな時でも時間をかけてその悩みに付き合って下さった。

　この本の出版にあたっては，3人の先生方に博士論文を読んでいただく光栄に浴した。京都大学の建林正彦先生，大阪市立大学の砂原庸介先生，神戸大学の藤村直史先生である。

　建林先生には，本書のドラフトに対するご指導だけではなく，政治学の授業において，議員行動研究をご教示いただいている。また筆者が，計量分析を用いた実証研究を始めようと決意したのは，建林先生の影響にほか

ならない。筆者が初めて参加した大規模な研究会において先生ご自身の著書とそれに続く研究成果の報告を聞き，明快な議論にすっかり魅せられてしまった。その経験が，留学して実証的な政治学を本格的に修めようという確たる決意につながった。

　砂原先生と藤村先生は，ともに同世代のリーディング・スカラーであると同時に，身近な研究上の先輩でもあった。砂原先生からは，本書に対して直接的にいただいたコメントのみならず，研究会で他の方に投げかけられる極めて鋭い疑問や感想からも，本書の改善に至る重要な示唆をいくつも得てきた。また藤村先生には，京都大学の博士後期課程に在学中に，先輩として，公私にわたって多くのご助言やご指導を受けた。そして，そのユーモア溢れる言動が，筆者の単調な研究生活を常に彩りのあるものとして下さった。お二人の政治学に対する情熱や該博な知識には，これからも多くの影響を受けていくと同時に，これまでの温かいご指導に対してこの場をお借りして厚く御礼申し上げたい。

　博士後期課程から京都大学に移った筆者にとって，大学生活を円滑に，そして充実して送ることができたのも同大学内での人間関係に恵まれたおかげである。特に，辻由希先生と安周永先生は本書の改善に至る多くの有益なコメントを下さっただけでなく，諸般の事情から大学になかなか行くことができない筆者に，ことあるごとに励ましの言葉と貴重な情報を運んでくれた。改めて感謝の気持ちをお伝えしたい。

　筆者が博士後期課程に入学するのと同時期に，関西で定期的に開催されているいくつかの研究会にも参加するようになった。大学や専攻分野の垣根を越えて，ひとつのテーマについて熱く議論を交わすそれらの研究会（とその後の懇親会）は，筆者にとって貴重な研鑽の機会となった。また，本書各章の内容はいくつかの学会や研究会で発表し，多くの先生方に有益なコメントをいただきながら改善の機会を経てきたものである。関西の研究コミュニティでお世話になった方々，そして論文に対してコメントを下さった方々にこの場をお借りして，心からの感謝の気持ちをお伝えしたい。

　また木鐸社の坂口節子氏は，論文公表・出版の事情に暗かった筆者を，いつでも温かく導いて下さった。そして研究者としての生き方についても，貴重なご助言を数多く頂戴してきたことを記しておきたい。坂口氏のご指導と笑顔にどれだけ励まされたか知れず，博士論文をこうして出版しえた

ことに，いまはただ御礼を申し上げるばかりである。

　本書をまとめるに際しては，こうした各先生方からのコメントを思い返しつつ，少しでもそれらが反映できるように努めた。しかし，まだいくつもの至らない点が残されていると思う。それらはもちろん筆者ひとりの責任に帰するものであり，その点をこれからの研究で少しでも改善していくことを通して，皆さまのご厚意に応えていきたい。

　なお本書は，3つの研究支援の賜物である。まず本書は，京都大学総長裁量費若手研究者に係る出版助成事業による助成を受け，出版されるものである。そして本書は，平成23年度科学研究費補助金：研究活動スタート支援（課題番号：23830034）の成果の一部でもある。さらに，住友生命「未来を築く子育てプロジェクト・女性研究者への助成」は筆者の研究と育児の両立を助けてくれた。この支援なくしては，筆者が娘を育てながら，研究を継続するための生活の基盤が整わなかった。一人でも多くの女性研究者がこの支援の有益さを知り，研究・子育て生活の一助にしてくだされば切に望んでいる。

　最後に，この場をお借りして，家族への感謝の意を伝えることができればと思う。筆者は，父・髙嶋雅樹のあふれる知的好奇心に幼少期から圧倒されてきた。「勉強を続ける」ということのありがたさを，厳格に，身をもって示してくれた父の存在は，筆者がこの職業を選ぶに際して非常に大きかったように思う。また，義父・芳旦，義母・弘子のありとあらゆる支援がなければ，筆者の研究は成り立たなかった。いかなる事由であっても，愛知県から駆けつけてくれる義母・弘子の助力があってこそ，出産後も研究を続けることができた。そして夫・啓喬と娘・宝子の底抜けの明るさが，いろいろな失敗に落ち込みがちであった筆者を学究の道に踏みとどまらせてくれた。啓喬とは同業者ということもあって，今後も「Intra-family competition」をくぐりぬけていかねばらないのかもしれない。だがそれこそが，研究者夫婦の良さなのだろうと信じている。

　そして本書を，筆者が生まれたときから今日まで，母親代わりとなって育ててくれた祖父・髙嶋鐵夫，祖母・髙嶋邦子，大叔母・髙嶋光美に捧げることをお許しいただきたい。

　　　　2012年2月　　　　　　　　　　　　　　　　　　大村華子

Overview

The Japanese Macro Polity: An Analysis of Dynamic Representation in Japan

OHMURA, Hanako

Does democracy work in contemporary Japan? How can we determine whether political representation existed in postwar Japan? These are the fundamental questions of this book, *The Japanese Macro Polity: An Analysis of Dynamic Representation in Japan*. This book casts a new look at policy responsiveness in postwar Japan, focusing on the dynamic sequence of mandates between the electorate and the government, and the political parties.

PART I   Framework: Japanese Macro Polity
Chapter 1 Introduction

The groundwork of Japanese politics has two major focuses: *electoral institutions* and *micropolitical actors*. Many researchers on Japanese politics are actor- and institution-oriented, and yielded meaningful knowledge on political behavior. Behavioral studies on Japanese legislatures and voters have carefully analyzed electoral institutional conditions and sought to reflect them in their research design. Concrete findings revealed that Japanese legislatures gradually changed their policy activities after the 1993 electoral reform from the single non-transferable voting (SNTV) system to the single member district and proportional representation (SMD/PR) system. Owing to this massive change, Japanese voters were thought to have changed their political attitudes, political participation, and voting behavior.

In my discussions in Chapters 1 and 2, meanwhile, I contrast my arguments with the literature on Japanese politics by employing new perspectives, focusing primarily on *policy* instead of institution, and on *macropolity* instead of micro individual. Founded on these perspectives, this book follows the framework of the "Japanese Macro Polity," directly derived from the main concept of *The Macro Polity* (Erikson et al. 2002). Through this framework, this book highlights the link between citizens and government, and political parties, and how policy responsiveness, which refers to the dynamic sequence of mandates, functioned in postwar Japan.

Empirical studies of political representation in the field of political science in Western countries generally fall under two main areas of research. The first relies on the institutional aspects of political representation. Rooted in the behavioral science revolution in the 1960s, this research area examines the electoral institution itself, determining the link between voters and legislatures, and its impact on individual behavior. More importantly, this approach is apt to take a micro perspective and investigates that the individual is constrained by political institutions. Since the end of the 1980s, research on policy aspect studied the direct link between the public and the government, and the political parties. Founded on this institution-policy contrast, institution-oriented studies excel in understanding procedural democracy in nations, while policy-oriented studies befit examining substantive democracy.

Based on the aforementioned classification of political representation studies, a major concern in research on Japanese politics has been the institutional aspect and its ability to explain actors' behaviors. The literature on Japan's postwar politics tends to tackle with the academic issues relating to the procedural democracy. In contrast, this book examines policy and the link among the actors, government, parties, and electorate in Japan, to reveal the actual condition of substantive democracy, which is founded on policy responsiveness. Relying on this macro perspective, in Chapter 2, I discuss how the analytical framework of this research is drawn.

Chapter 2 What is the Japanese Macro Polity? The Framework

What has led to the focus on Japan's electoral institution and its reform in political science in Japan? A detailed discussion of this question is required for an elaboration of the fundamental setting of this study. I raise, therefore,three key points which should be reconsidered in literature: the micro perspective on political phenomena, the nondemocratic feature of the middle member dis-

abstract   255

trict system, and the Liberal Democratic Party (LDP) dominance and the Japanese government.

The first point, as repeatedly discussed in Chapter 1, has been a main issue in the study of Japan's politics; the emphasis on the political individual conditioned by political institutions. In the early 1990s when macro political study had just begun in American politics field, Japanese politics underwent significant changes, garnering the attention of researchers, who concentrated exclusively on institutional change and its influence on political actors' behavioral changes. Although research in this area examined the relationship between electoral institutions and political behaviors, they overlooked the link between electorate and government/ parties, that is, policy responsiveness.

The second point especially stems from the SNTV system, which have produced two influential claims regarding the nondemocratic aspect of the party system and policy responsiveness. During 1955 regime, the absence of a political power shift partially meant the absence of democracy in Japanese politics. This one-party dominance led to significant questions as to whether representative democracy functioned in Japan, and to many academic arguments regarding the flaws of political representation under this party system. Although these assertions certainly have valid points based on procedural democracy, such one-party dominance does not necessarily mean the absence of substantive democracy. Even though the frequent power shifts that characterize procedural democracy was ostensibly lacking, a dynamic sequence of mandates was still maintained. The problem is the research on this substantive aspect of democracy has been dismissed in literature.

Last, the third point is about the pork barrel politics under the SNTV system, which has gained attention in academia, and is naturally interpreted as the bias of political representation in Japan. However, we cannot conclude with certainty whether the pork barrel, mainly facilitated by the LDP, readily means a biased political representation in the government of Japan. In addressing this issue, I determine whether an examination of the LDP requires an examination of political outcomes led by the government of Japan, in other words, whether the LDP dominance and government policy outcomes can be treated on the same level. By relaxing the assumption that the LDP policy and government policy outcome are almost same, however, we can investigate the following two points: first, by distinguishing between party policy and government policy outcomes, we can determine whether the Japanese government exhibits the same representation bias found in LDP politics; second, we can investigate the political representations not merely of the LDP, but also of the opposing parties, some of which can be classified as niche parties, and incorporate them into our estimations.

In order to reconsider the three key issues identified earlier, this research stresses the importance of the macro perspective, the attention on policy responsiveness, and the separation of party dominance and government policy outcomes. To this end, especially in addressing the third point, the analyses of this book are categorized into two parts: the link between public opinion and government (PART II), and the link between public opinion and political parties (PART III). PART II consists of defining the policy moods in Japan (Chapter 4), exploring their determinants (Chapter 5), and estimating their impacts on policy outcomes (Chapter 6). After comprehensively examining the relationship between public expectations toward policy and political outcomes, PART III investigates how the rational Japanese public evaluates party policy (Chapter 9), and whether political parties follow public preferences in developing their policy manifesto (Chapter 10). These analyses, altogether, evaluate the impact of electoral institutional reform as an alternative hypothesis for determining public opinion on party policy and policy outcome.

PART II   Link between Public Opinion and Government
Chapter 3 Literature on the Link between Public Opinion and Government

In reviewing the development of macro political research, Chapter 3 firstly digests earlier research on political representation mainly in American politics, then outlines the book's goals based on related macro political research in Japan.

Early political representation studies mainly conducted on the U.S. sought to construct appropriate macro political indices: macropartisanship (aggregated party identification) and policy mood (aggregated policy preference). The development of these measurements yielded two major advances: first, the macro-level analysis for the Michigan model of voting behavior; second, and more importantly, the analysis of political representation studies, especially based on research on policy mood in the U.S., led by the seminal work of James A. Stimson, Michael B. MacKuen, and Robert S. Erikson, "Dynamic Representation", which demonstrated how the government reacted to the liberal policy mood of the American electorate.

Meanwhile, in Japan, the monthly approval rates for parties and the Cabinet developed by Jiji Press has been utilized as a macro political index. Some studies considered the party approval ratings as representative of macropartisanship and studied the impact of economic variables, such as the consumer price index (CPI), on the transition of approvals. Recently, researchers analyzed the relationship between approval ratings and policy outcome (e.g., budget, government expenditure, compensation), a subject that is closely related to the focus of this book. A representative work by Saito (2010) argued that *perverse accountability*, wherein voters are considered accountable for the dominance of the LDP, and for political and economic outcomes, revealed that the LDP increased their compensation for voters during the lower approval rate periods for the party.

To reflect the key concepts of previous studies on macro polity in the U.S., and at the same time contribute to the current body of literature in Japan, this study directly considers the aggregated policy preference of Japanese voters as policy mood, and employs two types of policy outcomes, which is discussed in detail in Chapter 6.

Chapter 4 Computing Policy Moods in Postwar Japan

In line with existing literature, Chapter 4 computes and defines policy moods in Japan. The same type of policy mood found in the U.S. is not expected to be found for Japan. Instead, I draw from a calculation more suitable to Japan's postwar polity, based on an algorithm by Stimson (1991, 1999). Relying on data from "The Cabinet Office's National Survey on Lifestyle, 1960-

2005," I identified two types of policy moods: a mood that enjoys economic growth (hereinafter, *growth mood*) and a mood that relieves weaknesses (hereinafter, *relief mood*).

Growth mood is clearly in tandem with the growth domestic production (GDP) rate, that is, a higher growth mood is more likely to perpetuate this mood, as evidenced through simple regression analysis. Meanwhile, relief mood is apt to move in the opposite direction, that is, it is higher as the economy experiences a downturn. By identifying the different Japanese policy moods, I underline the significance of examining the relationship between economic status and policy moods, amidst a literature background that focuses on three determinants of policy moods: social, political, and economic factors.

Chapter 5 Determinants of Policy Moods: A Closer Look at Economic Factors

In concordance with the implication from Chapter 4, in this chapter, I examine whether and how economic status and the electorate's economic evaluation determine policy moods in Japan. To operationalize economic status and evaluation, I employ two criteria for distinguishing the various economic dimensions.

The first criterion is related to whether the electorate stresses the sociotropic or egotropic dimensions of economy. It reflects the voter's relative orientation toward *social* (e.g., economic growth, business condition, price trend, employment status) or *individual* (e.g., household) economic status. On the other hand, the second criterion refers to whether the electorate *objectively* or *subjectively* evaluates the economy. Combining these two criteria into a sociotropic-egotropic and objectivity-subjectivity spectrum, I then classify the independent variables related to economic status and evaluation into four categories, and match them to the corresponding macro economic index as follows: (1) GDP growth rate for the sociotropic dimension and objective evaluation, (2) CPI for the egotropic dimension and objective evaluation, (3) life-satisfaction (happiness) for the sociotropic dimension and subjective evaluation, and (4) individual economic circumstance for the egotropic dimension and subjective evaluation. An empirical analysis using the structural vector autoregression (SVAR) model shows that the deterioration of economic status and the electorate's evaluation causes an upturn of the relief mood, but does not show a clear significant result for the growth mood. Furthermore, the electoral institutional reform does not appear to influence the movement of policy moods.

Chapter 6 Dynamic Representation in Postwar Japan: Is Policy Determined by Public Opinion Shift?

Chapter 6 performs one of the main analyses of this book. It directly analyzes the relationship between public opinion and public policy outcome, following the causal path in "Dynamic Representation" (Stimson et al.'s 1995). In explaining this analysis as the operationalization of the voters' aggregated policy preferences, I use policy moods, employing two types of economic variables for the dependent variables of policy outcome.

The first dependent variable captures government compensation. In literature, compensation is emphasized in the study of political crisis and election in Japan, and has been highlighted in many works such as that by Saito (2010). In this book, the empirical logic is that when the government responds to the public aggregated sentiment for relief, it increases public compensation in the form of public works and inventory investment. Meanwhile, the second variable is social expenditure, which also accounts for a major part of government expenditure, Saito (2010), for example, incorporates only the aspect of compensation in his analysis though.

The SVAR estimation using these variables uncovered that a higher relief mood is likely to increase both the government's public compensation and social expenditure. However, a similar causal path is not confirmed for growth mood. These results provide empirical evidence of policy responsiveness in Japan, as indicated by the relationship between the relief mood and the two types of government measures. In other words, the dynamic representation between public opinion and public policy outcome does exist.

Additionally, I also perform an analysis to estimate the direct impact of electoral reform, and contrastingly assess the explanatory power of public opinion and institutional reform for policy outcomes. The results show that the variable for before and after electoral reform does not have significant impact relative to public opinion, that is, the impact of institutional reform is very limited relative to that of public opinion shift.

Chapter 7 Analysis of Political Representation in a Specific Policy Area

In order to complement the findings for dynamic representation in the previous chapter, I examine policy responsiveness in specific policy fields, namely social welfare, education, and agriculture (e.g. relationships such as that between public opinion and social welfare, and social welfare policy outcome). I perform six types of estimations dealing with the legislative and financial outcomes, and found varying results for the three fields. For social welfare, policy responsiveness is clearly confirmed in both legislative and financial aspects. For education, however, the expected statistical result is not confirmed in legislative outcome. Last, for agricultural, the results reveal farmers' pensions increase as public expectation of agricultural development decreases. While results seem to show that biased representation existed in postwar Japan, but that bias in policy responsiveness is thought to be limited to specific policy fields.

PART III Link between Public Opinion and Political Parties

Chapter 8 Literature on the Link between Public Opinion and Political Parties

In Part III, three chapters highlight the relationship between public opinion and party policy. At first, Chapter 8 reviews recent studies on political representation. Prior to this review, however, I identify two problems in earlier research on political representation: the vulnerable connection between theory and empirics, and the unclear relationship between party policy and government policy outcomes. The implications of preceding works such as Stimson et al.'s "Dynamic Representation" is closely related to spatial theory, which emphasizes the relationship between the median voter and party, mediated by party policy. This theoretical background needs to be directly incorporated into the empirical analysis of political representation studies. Next,

"Dynamic Representation" examines the relationship between public opinion and government *policy outcome*, but does not directly examine that between public opinion and party, despite of the importance of estimating it.

After the mid-2000s, as improvements for these problems, the new type of macro-political analysis, which has four key characteristics, was developed. First, it tests hypotheses directly drawn from the spatial theory, thereby successfully establishing a link between theory and empirical analysis. Second, it changes the unit of analysis. Whereas "Dynamic Representation" uses time-series data, recent studies used both time-series and cross-sectional data and the unit of analysis by party-year. Third, most political representation studies adopted a comparative approach, not single case studies in the U.S. Last, this comparative approach can be achieved with the development of a Comparative Manifesto Project (CMP) dataset.

While related research in Japan has conducted studies on party manifestos, they did not directly evaluate the relationship between parties and citizen. This study, therefore, addresses these issues by employing CMP data. It contributes to the current body of literature by examining the link between Japanese political parties and public opinion, more specifically, whether the effect of time-invariant and unobservable factors such as political culture formed by the anomalous electoral institution, is significant and cannot be dismissed or not.

Chapter 9 Analysis of the Rational Public in Japan: Does the Japanese Electorate Concern Party Policy?

The analysis of the Japanese *micro voter* has been studied based on the Michigan model. Many political behaviorists showed that the individual voter votes by taking party policy into consideration. However, macro perspective analyses for verifying whether the Japanese *macro electorate* pays attention to party policies have not been performed. In addressing this issue, this book directly refers to *The Rational Public* (Page and Shapiro 1992). In chapter 9, I determine whether the rational Japanese public can be confirmed, and if so, what its characteristics are. The relevant question for the context of Japan is whether electoral reform influenced the electorate's policy evaluation. If, after the electoral reform, the voters' opinions on the party policy are weakened, then we can conclude that the postwar Japanese electorate *constantly* evaluated party policy positions. Meanwhile, if the voters' opinions did not change before and after the reform, we can conclude that the Japanese electorate does have certain rationality.

Chapter 9 performs this analysis using the following logic: if the Japanese electorate pays attention to party policy, then the electoral outcome (i.e., the party's vote share, reflecting the voters' evaluations of the parties) is determined by party policy. To acknowledge the parties' major policy positions, especially their economic and foreign policy positions, I use CMP data. In doing so, the analysis contributes to the existing political representation studies.

Specifically, I define two types of variables for parties' foreign policy position: a realistic foreign policy (RFP) variable and an unarmed neutrality foreign policy (UNFP) variable. In the context of postwar Japan, RFP reflects the orientation toward rearmament or strengthening defense. In contrast, UNFP captures the party's orientation toward non-armament and recusal from the U.S.-Japan alliance. According to the descriptive statistics of both variables, they directly coincide with the expectations that the right-wing party, that is, the LDP, shows a higher RFP value and a lower UNFP value, while the left-wing parties, namely the Japan Socialist Party (JSP) and the Japan Communist Party (JCP), exhibit the opposite tendency. The economic variable, as evidenced in the CMP data, expresses the parties' orientation toward a small government.

The estimation using a mixed effect model for panel data analysis and incorporating the multiple levels of parties, that is, the ruling-opposite level and individual party level, revealed that the Japanese electorate's consideration of the parties' foreign policies before and after electoral reform does not change significantly, that it pays attention to the ruling party or parties' economic policies, and that they are influenced more by a neo-liberalism trend (socio-economic change) than by electoral institutional reform (political change).

abstract 263

Chapter 10 Party Policy Commitment and Public Opinion

Based on the previous chapter's foreign and economic policy variables, in this chapter, I determine the relationship between public opinion and party policy commitment. In addition, this chapter's analysis consists of two parts corresponding to the questions studied in recent political representation studies.

The first question pertains to whether public opinion determines party policy position, that is, whether party policy commitment significantly responds to a median voter's position. Based on this issue, I investigate the difference in policy responsiveness in both mainstream and niche parties. In accordance with previous studies, I confirm whether postwar Japanese parties determine their policy commitments following the voters' aggregated policy preferences, and reveal the difference between the mainstream and niche party responses. Furthermore, I also test whether the impact of electoral reform is significant.

The second question is somewhat more complex than the first, and pertains to how parties following public preference perform in national elections. While from a straightforward perspective parties with policies close to the preferences of the median voter appear to gain more vote share, they could also lose the votes of the core party supporters, who have defected owing to the policy shift. The electoral results can be also assumed to differ according to party types.

The results obtained in this analysis can be summarized in the following two points. Firstly, there is a stark difference among the different parties' policies, in that mainstream ruling parties lean more toward realistic foreign policies, while the opposing niche parties tend to lean more toward unarmed neutral policies, in line with the public preference. Second, through such responses, parties maintain their vote share from their core supporters. The results, however, did not confirm the differences between the ruling-opposite and mainstream-niche parties in terms of economic policies.

PART IV Conclusion

Chapter 11 Conclusion and Implication: Actual Condition of Japanese Macro Polity

In the concluding remarks, I first summarize findings from the analysis. Since, *ceteris paribus*, public opinion does determine party policy and governmental policy outcome; we can conclude that policy responsiveness likely exists in contemporary Japan. Regarding the electoral institution, which is an alternative variable for determining polity, the findings show that while the institution's effect on individual actor behavior is significantin literature, it does not directly influence a link between citizens and government/parties, i.e. polity.

After reiterating the main concepts argued in this book, this chapter seeks to elaborate the main feature of Japanese Macro Polity as a main implication. I assert that in Japan's postwar democracy, macro polity can be characterized as *a democracy that emphasizes the relief of the weak*. This implication is directly drawn from the analysis in PART II and III, which found that the government has responded to the relief mood among the Japanese electorate, that is, that the Japanese government has implemented appropriate measures in response to the public's request for greater relief.

This conclusion, however, does not hold in all fields. For example, findings in Chapter 7 exhibits that the government does not always respond to the shift in public opinion,especially implied in agriculture. This means that we cannot completely disregard bias in political responsiveness. Furthermore, from a macro perspective, we cannot easily decompose the relief mood, which may have been facilitated by the weak actors, such as those with special interests as evidenced by the traditional pork barrel politics. Thus, this book is limited in that it was unable to decompose the unit of analysis into further sublevels.

Although this limitation is an important one, this book still makes a significant contribution by finding that bias does not extend to all policy fields, but rather limited to specific areas, such as in the agricultural field. To draw more solid and precise results regarding political representation in Japan, future research needs to be conducted from a time-series perspective. Future research avenues include examining how the huge earthquake in 2011 has dramatically affected policy mood, and how it was and will be reflected in party and government policy outcomes. Another issue requires consideration in the trend in market deregulation, where the discrepancy between the relief mood and policy outcome is predicted to widen. Since such issues have not been examined in this research, they serve as suitable topics in reanalyzing macro polity using new time-series information.

索引

あ行

アダムス，ジェームズ（Adams, James）　141n103, 142, 143n105, 159-160, 178, 180n134, 182, 184, 191n140, 206-207
飯田健　52, 59n37, 166n128
一般有権者　19, 19n8, 22n10, 27, 31, 42, 130, 132, 156-158, 173, 195, 197
　　—合理的一般有権者　27, 31, 42, 51-52, 156-158, 173, 197
猪口孝　21n10, 29, 97, 102-103, 148
インパルス・レスポンス関数（Impulse Response Function）　80, 82-83, 88, 104-109, 216-225, 216n152
上神貴佳　149
エズロウ，ローレンス（Ezrow, Lawrence）　143n105, 159-160, 178, 180n134, 183-184, 206-207
エリクソン，ロバート・S.（Erikson, Robert S.）　19-20, 19n8, 20n9, 30, 47, 48n29, 49n31, 51-52, 58n36, 67-68, 70-71, 79-80, 137n101, 138, 147n109, 157n114, 175
遠藤晶久　138n101
尾野嘉邦　141n102; n103
恩顧主義　18, 21, 33

か行

概算要求基準　55, 95, 117
カッツ，ジョナサン・N.（Katz, Jonathan N.）　151n110, 153, 168, 177
蒲島郁夫　31n19, 132, 155
規制緩和　163n124, 203-204
　　—定義　203n147
逆説明責任　18, 33, 33n23, 54n34, 132-133, 202
共産党　162, 180, 190, 191n140, 232
行政的帰結　91-93
　　—政府支出　93-101, 115, 119-121, 124-126, 128-131

空間競争理論　→「中位投票者理論」を参照
クラーク，ウィリアム・R.（Clark, William R.）　15, 23, 31, 32n21, 93n70
グランジャーの意味での因果性検定（Granger Causality Wald Test）　86, 216-217, 216n155
　　—説明　216n155
　　—使用した分析　86, 106n78, 217-225
グロフマン，バーナード（Grofman, Bernard）　140-141
経済危機　21, 57, 61-65
　　—第一次オイル・ショック　21, 62, 65, 199, 199n142
　　—アジア通貨危機　21, 62
　　—バブル崩壊　57, 62, 65, 78n61
経済状態
　　—社会志向　72-75, 73n51, 88
　　—個人志向　72-75, 73n51, 88
経済評価　→「西澤由隆」も参照
　　—客観的評価　73-78
　　—主観的評価　73-78
現実主義的対外政策変数　162-163, 168-173, 177-183, 186-191
　　—定義　162, 162n122
交差項分析　95, 103, 109-112, 166, 168-172, 178, 181-183, 185-189
　　—説明　103
構造ベクトル自己回帰モデル（Structural Vector Autoregressive model）
　　—説明　80-81, 212-215
　　—使用した分析　82-86, 104-109, 212-215
公的資本形成　95-96, 96n72
幸福度　75-78
幸福の経済学　76-78
公明党　163-164, 167, 176, 191
ゴールダー，マット（Golder, Matt）　147
国内政策リベラリズム・ムード　→「政策ムード：国内政策リベラリズム・ムード」
小林良彰　18, 32n20, 34-35, 53, 55, 97, 148-

索 引

149
コンセンサス型民主主義（合意形成型民主主義）　23, 200n145

さ行

再帰的二項モデル　58-59, 61-62, 62n38
斉藤淳　18, 33, 54-55, 55n34, 95-96, 103-105, 113, 132-134
再分配　→社会保障費，租税負担率
参議院議員選挙　102-104, 110-113, 205
自己相関移動平均モデル
　―説明　82
　―使用した分析　87, 105, 109-112, 119-121, 124-126, 128-131
実質的民主主義　15, 15n6, 17-18, 20, 28, 35-36, 112
品田裕　149-150
自民党　32-38, 33n23, 40, 40n28, 52-55, 54n34, 73, 73n52, 77, 94-95, 102, 113, 119, 132-134, 155n112, 159, 162-164, 162n123, 167, 176, 178, 180, 182, 191, 199, 201, 205, 232-233
　―自民党と政府の同一視　35-38, 40
シムス，クリストファー・A.（Sims, Christopher A.）　82, 83n66, 212, 213n150, 216n154
司法的帰結　91, 93n70
社会（社民）党　162-163, 167, 180, 190, 191n140, 232
社会保障費　98-102, 107-113, 118-121
　―定義・指標化　99n73, 116n85
弱者救済ムード　→「政策ムード：弱者救済ムード」を参照
弱者救済を重視する民主主義　198-200, 200n144
シャピロ，ロバート・Y.（Shapiro, Robert Y.）　31, 42, 156, 173
衆議院議員（総）選挙　34, 102-104, 110-113, 205
主流政党　38, 145n108, 147-148, 176, 178, 182-183, 191-192, 205
新川敏光　200n144
新進党　157n115, 163
すき間政党　38, 143n105, 145, 145n108, 147-148, 176, 176n132, 178, 180n134, 182-185, 191-192, 191n140, 206-207
　―定義　38n26, 145n108, 176
スティーヴンソン，ランドルフ・T．（Stevenson, Randolph T.）　68-71, 69n47, 86
スティムソン，ジェームズ・A．（Stimson, James A.）　15n5, 25, 30, 36, 36n24, 40-41, 47-52, 50n32, 58-59, 61, 62n38, 69n47, 91-92, 137-139, 144, 146, 196
　―スティムソンのアルゴリズム　→「再帰的二項モデル」を参照
政策
　―政治代表における政策への注目　14-16, 30, 207
　―政策と政策選択の分化　35-38, 40-43
　―政策位置　28, 35, 43, 68n46, 92-93, 139-140, 142-146, 147n109, 150
　―日本の政党の政策位置　148-150
政策選択
　―指標化　→補償変数，社会保障費，租税負担率
　―政府の政策選択　→「政策：政策と政策選択の分化」を参照
政策的応答性
　―定義　15n5
　―政策的応答性の偏り・バイアス　17-18, 35-37, 129-134, 200-201
　―限定された政策的応答性の偏り　133-134, 201-203
政策ムード　40-41, 48-52, 49n31, 50n32; n33, 57-89, 91-113, 115, 196-200, 211-212, 212n149, 216, 216n152
　―定義　40, 48-49, 62-66
　―国内政策リベラリズム・ムード（アメリカの政策ムード）　25, 40n28, 48-49, 58-59, 70, 197
　―日本の政策ムード　62-66
　―成長好感ムード（成長ムード）　62-64, 66, 81-89, 96-97, 99, 105-113, 196-197, 216-225
　―弱者救済ムード（救済ムード）　49n31, 50n32; n33, 62, 65-66, 81-89, 97-98, 101, 105-113, 196-197, 212n149, 216, 216n152
政治代表
　―定義　24
　―政治代表における制度への注目　13-14

268　索　引

　　―政治代表における政策への注目　13-14,
　　　16
　　―動態的代表　→「動態的代表」を参照
　　―静態的代表　→ 31
　　―政治代表の偏り・バイアス　→「政策的
　　　応答性：政策の応答性の偏り・バイア
　　　ス；限定された政策的応答性の偏り」も
　　　参照　24, 32-35, 39-40, 128-134, 192,
　　　200-202, 204-205
　　―政治代表の一カ国研究　47-55, 137-139
　　―政治代表の多国間比較分析　139-148
　　―政治代表研究の課題　150-154
政治的危機
　　―危機と補償　54-55, 94-96, 113, 199
　　―操作化　54-55, 94-96
政治的景気循環（政治的予算循環）　54, 94,
　　102-103
政治文化　152-154, 198
　　―定義　153n111
生態学的誤謬　→「世論：生態学的誤謬」を
　　参照
成長好感ムード　→「政策ムード：成長好感
　　ムード」を参照
政党の政策（公約）
　　―規定要因の研究のリヴュー　142-145
　　―政策公約と選挙結果の関係　145-148
　　―日本における政党の政策研究のリヴュー
　　　148-150
政府投資　26, 54-55, 95-96, 101, 104-107,
　　109-112
世論
　　―内閣支持率　52-55, 77, 95, 104
　　―政党支持率　52-53
　　―世論と政党（政策）の関係　41-42
　　―世論と政府（政策選択）の関係　42-43
　　―政策ムード　→「政策ムード」を参照
　　―マクロ党派性　→「マクロ党派性」を参
　　　照
　　―生態学的誤謬　24n15, 137n101
　　―世論のラグ付き効果　117-118
選挙制度
　　―定義　16
　　―政治代表における制度への注目　13, 16,
　　　30, 205-207
　　―中選挙区制の非民主的側面　32-38

　　―選挙制度改革による説明力の限定性
　　　87-89, 109-113, 121, 124-125, 128-129,
　　　134, 168, 170-173, 195
　　―選挙制度改革ダミー変数（制度改革ダミ
　　　ー）　78, 78n61, 164
曽我謙悟　168, 177
租税負担率　98-101, 107-113
　　―指標化・定義　99n73

た行

代議制民主主義
　　―定義　22-24
　　―代議制民主主義の機能不全とその再考
　　　202-203
ダウンズ，アンソニー（Downs, Anthony）
　　140-141
多数決型民主主義　23, 200n145
建林正彦　30, 30n17, 54, 132, 201n146
谷口（鬼塚）尚子　155, 184n135
単位根　106n78, 119n92, 121n94, 216n155
　　―説明　216n155
　　―ディッキー＝フューラー検定　106n78,
　　　119n92, 121n94, 216n155
　　―単位根と最良不偏推定量　119n92
小さな政府変数　163-164, 177-179, 182, 188
　　―定義　162n122, 163
中位投票者理論（空間競争理論）　139-142,
　　161n121, 191n140
ツァー，タオ（Zha, Tao）　82, 83n66, 212,
　　213n150, 216n154
堤英敬　149
手続き的民主主義　14, 15n5, 16, 35
デュール，ロバート・H.（Durr, Robert H.）
　　68-71
統合理論　141n103, 142, 144-145, 151
動態的代表
　　―定義　50
　　―「動態的代表」論文（"Dynamic Repre-
　　　sentation"）　49-53, 67, 137-139, 144,
　　　146-147, 150, 197
　　―日本政治における動態的代表　91-113
得票率　146-147, 149, 164-165, 168-173, 179,
　　184-192
　　―本書における設定　165, 165n126

な行

内閣府・国民生活に関する世論調査（内閣府データ）　26, 59-60, 66, 77, 77n60, 119-130, 177, 185
　——「政府への要望」項目　26, 59-60, 117, 177
　——生活満足度　76-77, 77n60
内生性　→変数間の内生性
仲重人　95
中村悦大　52-53, 155, 161n120
西澤由隆　48, 52, 73-75, 73n52, 103, 155
日米同盟堅持　→「現実主義的対外政策変数」も参照　162
日米同盟反対　→「非武装中立路線変数」も参照　162, 191n140
日本型多元主義論　21n10
日本型福祉レジーム　200n144
ノーブル，グレゴリー・W．（Noble, Gregory W.）　95

は行

バートルズ，ラリー・M．（Bartels, Larry M.）　137n101
パウエル，G・ビンガム（Powell, G. Bingham Jr.）　13n1, 23, 23n13, 24n14, 36
バッジ，イアン（Budge, Ian）　141n102, 142-143, 145n108, 160n119, 184
パネル・データ分析
　——定義　151n110
　——与野党での個別効果の違い（個別効果の多層性）　166-168, 226-230
　——混合効果モデル　167, 226-230
　——固定効果モデル　166-167, 186, 224, 234
　——変量効果モデル　166-167, 224, 234
浜中新吾　141n102
パルダム，マーティン（Paldam, Martin）　68, 72, 72n50, 73n51
非武装中立的対外政策　162-163, 168-173, 177-183, 186-191
　——定義　162, 162n122
平野浩　73n52
フェアジョン，ジョン（Ferejohn, John）　23-24
福祉拡充（社会保障拡充）　→「再分配」も参照　69, 98, 116, 123
藤村直史　53-55, 95
負託
　——負託の動態　17, 32
ブラント，パトリック・T．（Brandt, Patrick T.）　70-72, 71n49, 79n62; n63, 80-81, 80n63, 83n66, 105, 212, 213n150, 216n154
フリーマン，ジョン・R．（Freeman, John R.）　70-72, 71n49, 79n62, 80-81, 80n63, 83n66, 105, 212, 213n150, 216n154
プレイス＝ウィンステン法（Prais-Winsten transformation）
　——説明　104
　——使用した分析　121-124, 126-128, 131-132
分析単位　14-15, 20, 79, 139-140, 145, 201, 211
　——本書の分析単位　20, 79, 201, 211
　——近年の代表制研究における分析単位の特徴　14-15, 139-140, 145
ペイジ，ベンジャミン・I．（Page, Benjamin I.）　31, 42, 156, 173
ベック，ナタニエル（Beck, Nathaniel）　151n110, 153, 168, 177
変数間の内生性　71-72, 79-81, 79n62, 80n63, 88, 105
防衛強化　→「現実主義的対外政策変数」も参照　162-163, 180, 188-191
防衛強化反対　→「非武装中立路線変数」も参照　162-163, 180-183, 190-191
保守——リベラル軸　50, 58-59, 199
補償変数　93-98, 104, 106-113
　——指標化　96n72

ま行

マイヤー，スティーヴン・A．（Meyer, Steven A.）　95
前田幸男　52
マカビンズ，マシュー・D．（McCubbins, Matthew D.）　94
マキューエン，マイケル・B．（MacKuen, Michael D.）　47-48, 52
マクロ次元の分析視点の導入　14-15, 19-22, 39
マクロ政治指標　→「マクロ党派性」，「政策

ムード」も参照　47
マクロ政体
　—定義　19-21
　—日本のマクロ政体の総括　198-204
　—『マクロ政体』(The Macro Polity)　19, 20n9, 42, 51-52, 150
マクロ党派性　48-49, 49n31, 50n33, 51-53, 70-71, 71n49, 77
マクロ・トレンド　24n15, 59, 62
増山幹高　157n115
マニフェスト国際比較プロジェクト (Comparative Manifesto Project)　27, 38, 145, 158, 177, 197
　—説明・発展経緯　27n16, 142-143, 143n104, 158-160
　—汎用性と意義　143-144, 150-154
　—問題点　154, 159-160
　——カ国研究への応用の限界　143
待鳥聡史　25
マニン，バーナード (Manin, Bernard)　13n2, 15n5, 17n7, 36-37, 42, 138
ミクロ次元
　—ミクロ次元の分析視点　13-15, 29-31, 33, 39, 47-49, 139, 155, 157, 205
　—ミクロ次元の分析と選挙制度　29-40
ミシガン・モデル　20n9, 29, 48-49, 51, 142, 155
　—政策評価　20n9, 30-31, 31n19, 49, 73n51, 154-158, 155n112, 173, 197n141
三宅一郎　29, 52, 155, 155n112
民社党　163, 167, 176

民主党　157n115, 163-164, 204-205
メグイド，ボニー・M. (Meguid, Bonnie M.)　38n26, 145, 145n108, 147, 176
メリルⅢ，サミュエル (Merrill, Samuel, III)　141n102, 142, 146
森裕城　32n20, 38n25, 155

や行

山口二郎　18, 32
山田真裕　48
誘導形ベクトル自己回帰モデル (Reduced Form Vector Autoregressive model)
　—説明　80, 212-215
　—使用した分析　80, 82-86, 104-109, 212-215
ユーロバロメーター (Eurobarometer)　69, 69n47, 147, 152, 159

ら行

利益誘導　→「逆説明責任」も参照　33n22; n23, 54, 54n34, 95-96, 132-134, 201-202
立法的帰結　91-93
　—制定法律への質的注目　91-93, 116, 121-124, 126-128, 131-133
　—制定法律の指標化　116
ルイスベック，マイケル・S. (Lewis-Beck, Michael S.)　68, 72, 72n50, 73n51
レイプハルト，アレンド (Lijphart, Arend)　23, 200n145
ローゼンブルース，フランセス・M. (Rosenbluth, Frances M.)　23-24, 29, 93n70, 94

著者略歴

大村華子（おおむら　はなこ）

1980年　大阪府生まれ
2011年　京都大学大学院法学研究科博士後期課程修了，京都大学博士（法学）
現　在　京都大学大学院法学研究科助教

主要論文

「戦後日本の政党のコミットメントと世論―世論と政党の政策をめぐる2つの問いの検証」
『選挙研究』26巻2号，2010年
「投票行動における福祉と防衛の比較考量―戦後日本の有権者にとっての『大砲』と『バター』」『レヴァイアサン』47号，2010年など。

The Japanese Macro Polity:
An Analysis of Dynamic Representation in Japan

日本のマクロ政体：現代日本における政治代表の動態分析

2012年3月30日第1版第1刷　印刷発行　Ⓒ

著者との了解により検印省略	著　者　大　村　華　子 発 行 者　坂　口　節　子 発 行 所　㈲　木　鐸　社 印　刷　アテネ社　製本　高地製本所	

〒112-0002 東京都文京区小石川5-11-15-302
電話（03）3814-4195番　FAX（03）3814-4196番
振替 00100-5-126746　http://www.bokutakusha.com

（乱丁・落丁本はお取替致します）

ISBN978-4-8332-2453-6　C3031

日本型教育システムの誕生
徳久恭子著（立命館大学法学部）
A5判・352頁・4500円（2008年）ISBN978-4-8332-2403-1 C3031

　敗戦による体制の転換において，教育改革は最優先課題であった。それは米国型の「国民の教育権」を推し進めようとするGHQと旧来の伝統的自由主義にもとづく教育を取り戻したい文部省との対立と妥協の政治過程であった。教育基本法という日本型教育システムの誕生にいたるそのプロセスを，従来の保革対立アプローチの呪縛を脱し，アイディアアプローチを用いて論証する政治学的考察。

教育行政の政治学
村上祐介著（日本女子大学）
A5判・322頁・3000円（2011年）ISBN978-4-8332-2440-6 C3031
■教育委員会制度の改革と実態に関する実証的研究

　教育行政学と行政学は教育委員会制度改革に対する規範的な見解の違いはあるが，現状認識としては，共に教育行政が縦割り集権構造の強い領域であるというモデルの理解に立っている。本書はこれに対し通説とは異なるモデルによって実証的な分析を提示する。更にその実証過程で新しい制度論に基づき，理論的貢献を果たす。

著作権法改正の政治学
京　俊介著（中京大学法学部）
A5判・270頁・3500円（2011年）ISBN978-4-8332-2449-9 C3031
■戦略的相互作用と政策帰結

　多くの有権者，政治家にとって極めて専門的な内容であるロー・セイリアンスの政策分野の一つに著作権法・知的財産政策がある。本書は著作権法改正過程を巡る政治家，官庁，利益集団，外国の戦略的相互作用をゲーム理論を用いて分析し，その上でそれらを民主的手続きの正当性の観点から考察する。

制度発展と政策アイディア
佐々田博教著（立命館大学）
A5判・270頁・3500円（2011年）ISBN978-4-8332-2448-2 C3031

　戦後日本における開発型国家システムの起源はどこにあるか，またそのシステムが戦時期から戦後の長期に亙って維持されたのは何故か。本書は主導的官僚機構と政策アイディアの連続性のポジティブ・フィードバック効果によるアプローチに基づき，満州国，戦時期日本，戦後日本の歴史を過程追跡し，検証する。